臺灣歷史與文化 研究輯刊

三 編

第 7 冊

臺灣藍姓畬民研究初探

曹 曦 著

日治時期臺中州社會教化運動之研究
（1920～1945）

郭 佳 玲 著

花木蘭文化出版社

國家圖書館出版品預行編目資料

臺灣藍姓畬民研究初探　曹曦　著／日治時期臺中州社會教化
運動之研究（1920～1945）　郭佳玲　著 — 初版 — 新北市：
花木蘭文化出版社，2013〔民102〕
目 4+126 面；19×26 公分
（臺灣歷史與文化研究輯刊 三編；第 7 冊）
ISBN：978-986-322-470-9（精裝）
1. 民間信仰　2. 社會運動史　3. 臺灣
733.08　　　　　　　　　　　　　　　　　　102017305

ISBN-978-986-322-470-9

9 789863 224709

臺灣歷史與文化研究輯刊
三 編 第 七 冊　　　　　　　ISBN：978-986-322-470-9

臺灣藍姓畬民研究初探
日治時期臺中州社會教化運動之研究（1920～1945）

作　　者　曹 曦／郭佳玲
總 編 輯　杜潔祥
出　　版　花木蘭文化出版社
發 行 所　花木蘭文化出版社
發 行 人　高小娟
聯絡地址　235 新北市中和區中安街七二號十三樓
　　　　　電話：02-2923-1455／傳眞：02-2923-1452
網　　址　http://www.huamulan.tw 信箱 sut81518@gmail.com
印　　刷　普羅文化出版廣告事業
初　　版　2013 年 9 月
定　　價　三編　18 冊（精裝）新臺幣 40,000 元
版權所有‧請勿翻印

臺灣藍姓畬民研究初探

曹　曦　著

作者簡介

曹曦，淡江大學歷史研究所畢業，現為臺北市政府教育局國民教育輔導員。擔任過明德國小、老松國小及金華國小教務主任、總務主任及輔導主任。曾參與桃園道卡斯平埔族、二水鄉志調查工作，以及協助臺北市文獻委員會辦理兩岸城市創意族譜活動多年。並於中國大陸廣東省梅州、潮州及福建省晉江以及寧德等國際學術研討會發表畬族研究及族譜運用於教學等相關著作。其中〈清代臺灣藍姓畬族移民初探〉一文收錄在《畬族文化研究》北京，民族出版社，2009.11。

提　　要

　　從唐朝漢人入閩設州置縣，史書及民間傳說中不斷記錄著漢人與少數民族之間的衝突，並反映在開漳聖王信仰，畬漢之間有截然不同的價值。位於漳浦赤嶺及湖西深山一帶的藍姓畬民，至二次大戰後仍保有畬民傳統，其相關盤瓠傳說之族圖文物，也至文化大革命才遭焚毀。當地畬民不接受開漳聖王信仰，至今仍被視為畬民。而大部分在臺的藍姓移民，其祖籍就是福建漳浦。他們大都在乾隆年間遷徙來臺，可分為武官業主及一般百姓。除藍廷珍及藍鼎元家族藉由官府勢力招墾發展成為地方勢力外，其他就如同一般漳州移民，招佃拓墾，待經濟穩定後發展宗族。其中道光年間之藍引族系族譜，記載畬民族源傳說、姓氏由來、盤瓠祖圖、分布狀況、祭祀活動，是目前臺灣有關畬民意識相當重要的史料。由於藍姓移民來臺開墾較早，並無當地勢力可引為已用，因此往往受招佃、墾隘，赴漢番交界區維生，也留下許多與平埔族之間的互動紀錄。

　　閩南民間信仰與家族制度的關連，透過家廟與當地神廟的結合，藉由神靈的祭典與崇拜，凝聚家族的共識，美化祖先的傳說，強化內部的團結與控制，在閩南高度發達的宗族社會中，以對抗不同家族的勢力。而漳浦藍姓移民，除了開漳聖王之外，承接當地所信仰之三官大帝、古公三王（三王公），以及因藍理所崇拜的撫順將軍馬仁。其中赤嶺雨霽頂三界公廟，發展成為海內外重要的三官大帝信仰。而宜蘭二結王公廟保存古公三王（三王公）信仰傳說，成為宜蘭古公三王信仰的共主，為海峽兩岸現存之古公三王信仰的典範。這些畬民信仰，如同其他閩南文化，融合著非漢民族的成分，從漳浦藍氏族譜中，透過移民在臺的墾拓，以漢人的面貌面對新的環境，在畬民、平埔族與漢文化的接觸與互動的經驗中，逐步拼湊閩臺人民與少數民族的關係。

謝　誌

　　淡江大學歷史研究所是我求學生涯中駐足最久的地方。承蒙多年來師長及同學們的關心及鼓勵，使得本論文得以順利完成。特別是恩師張素玢老師，自踏入史學研究的路途，循循善誘，一路相伴，不論是治學研究、田野調查以及待人處世上，使我獲益良多。尤其是論文撰寫期間，若無老師的細心指導，不厭其煩的斧正，以及毫不保留的全力支持，這篇論文絕對難以實現，在此致上最誠摯的敬意與感恩。

　　周宗賢老師是本所第一任所長，亦是筆者認識臺灣的啓蒙。過去在臺灣史蹟源流會及國語日報社所辦理的臺灣史教師研習進修中，周老師豐富的學養，奠基了對於研究臺灣的熱愛；在師大人文學科推廣班進修班中，有幸就教於溫振華老師，隨著他從新店山區到深坑老街，拓展了臺灣歷史的視野。兩位口試委員於百忙當中的鼓勵與指正，惠賜諸多精闢的見解與建議，使得本論文更臻完備，在此深致謝忱。

　　感謝廈門大學人類學研究所郭志超教授、石奕龍教授、福建省民族與宗教事務廳民族研究所所長藍炯熹教授以及畬族網創建人藍萬清先生，在文獻蒐集、史料解讀及田野調查等方面給予指導與建議，令筆者能一窺畬民風貌。當然還有我的摯友，廈門大學人類學研究所鐘毅鋒博士，開啓筆者進入畬族研究的領域，毫不保留提供所有畬民研究的文獻資料，探討切磋不同的思惟及論證，是本篇論文最關鍵的力量。

　　求學過程中的茫然波折，幸蒙歷任所長黃繁光老師、王樾老師的關懷與支持，指引明確的方向途徑，使我得以順利完成學業。還有碩士班及碩專班的所有同學，同甘共苦，銘記在心。尤其是聰明和意惠，在論文寫作的過程

中，時時刻刻的勉勵，竭盡所能的協助，讓我此生永難忘懷。

　　還有最親愛的家人，陪伴著我度過這漫長的歲月，無怨無悔的支持，使我無後顧之憂。最後，謹將此論文獻給所有曾經協助及鼓勵過我的師長、摯友及家人。

曹　曦　謹誌於

淡江大學歷史研究所

中華民國 100 年 6 月

目
次

第一章 緒 論

第一節 研究動機

以下一則地方新聞，在報紙角落裡：

〔記者沈繼昌／楊梅報導〕桃園縣楊梅鎮治平中學老師雷曜明，在
去年還叫作「黃金明」，廿七歲的雷曜明說，他七十五歲的父親「黃
春湖」不識字，早年隨軍來台，去年在哥哥陪同下，到福建省林開
縣〔註1〕探親，並到祖墳前祭拜，他哥哥發現族人爲父親立的墓碑
上，竟寫著「雷春福」。

雷曜明說，不識字的父親這才發現原來自己姓雷而不是姓「黃」，「春
福」也是兒時兄長喊他的名字，只因自己不識字，把「雷」看成「黃」，
「春福」以爲是「春湖」，後來申報戶口時，他報告自己叫做「黃春
湖」，這一錯，就一路錯下去。〔註2〕

臨老改姓造成當事人些許困擾，然而閩東及浙南地區爲中國大陸目前保
留最完整的畬族區域，而雷氏正是畬族最主要的傳統姓氏之一，對於文中所
述的改姓原因，顯然不僅是一位不識字的老人所引發的趣聞。文中資訊有限，
但其中未經探索的往事，可能早已存在海峽兩岸數百年間來來往往的移民家

〔註1〕 經查福建地名，並無林開縣。經福建省民族與宗教事務廳民族研究所所長藍
炯熹教授指出，閩侯縣曾在民國33（1944）年後一度改名爲林森縣。民國39
（1950）年4月又改回閩侯縣，所以林開縣可能爲林森縣之筆誤。
〔註2〕 〈老爸不識字　全家改名換姓〉，《自由時報》，2003年4月15日。
http://www.libertytimes.com.tw/2003/new/apr/15/today-life3.htm。

族中。依據中國大陸的民族認定，福建漳浦一帶的藍姓居民爲畬族，換言之，影響臺灣歷史發展的藍廷珍、藍鼎元家族也就是畬民。〔註3〕如今其後裔廣布於臺灣各地，並大都以漳州福佬人自居，完全不知其畬民身分。從漳州人重要的信仰——開漳聖王陳元光的歷史記載中，所載的內容正是漳州一帶居民，自唐朝以來藉由漢人姓氏，擺脫少數民族的標籤之重要依據。

畬民歷史上爲分布於閩粵贛交界山區的少數民族，一如中國東南一帶其他少數民族，沒有自己的文字，現今通用漢文，擁有自己的語言，屬漢藏語系。但除了分佈在廣東羅浮山區的少數人外，根據語言學家的研究，幾乎與客語相通或類似。閩粵贛山區本是百越民族世居之地，當地民族，在文獻中有著不同的稱呼，如山都、木客、蠻撩、莫搖、理、理撩、山越、桐蠻、桐民等等。彼此在遷徙、混化的過程中相互融合，到了南宋時期，產生畬民的稱呼。而畬民分佈區域與客家族群多所重疊，彼此的風俗習慣相互影響，畬客關係密不可分。畬民的歷史不僅僅只是「蠻獠——畬——畬族」的族名繼替或族體延續的過程，而且還是一個「畬／漢」邊界流動的過程；與之同步展開的，則是不同時空背景下的生態經濟變化、文化實踐、族群認同以及歷史記憶的不斷重構。〔註4〕

畬民是福建主要的少數民族。從另一個角度來看，也可以解釋爲自宋代以來，對於福建以刀耕火種的原住民的通稱。從福建的簡稱「閩」，即可了解福建與少數民族的淵源。至於在其他地區，也因不同的生活方式與互動，產生不同的稱呼。由於畬族與畬民不是完全等同的概念，爲避免陷入現代族群、民族理論的認定，本論文對於有關清代的畬民活動一律以「畬民」來表示。

閩粵贛交界區雖分屬三個省份，彼此地理環境毗連一片，山嶺重疊，並不存在有省界之分。方志或族譜記載畬民遷徙地點，時代大都較晚，且都出自明清文人之手，最多只能反映畬族明清時期遷徙情況。〔註5〕畬民作爲中國東南歷史上異於漢人的人群，自宋元至明清，文人就對其有諸多描述。然而時間越往後，關於畬民的記載也變得越少，其重要的原因就是畬漢的互動與

〔註3〕 謝重光，《畬族與客家福建關係史略》，福建福州：福建人民出版社，2002 年6 月，頁 271～284。

〔註4〕 黃向春，〈「畬/漢」邊界的流動與歷史記憶的重構——以東南地方文獻中的「蠻獠——畬」敘事爲例〉，《學術月刊》4：16，上海：學術月刊社，2009 年6 月，頁 138。

〔註5〕 蔣炳釗，《畬族史稿》，福建廈門：廈門大學出版社，1988 年9 月，頁 83。

融合，畲漢融合途徑是多樣的，也是畲漢雙向的，其中既有通婚、收養等血緣上的混化，也有互相隱匿的地緣上的融合，更有國家等外力作用下的推進，因此歷史上既存在畲融於漢的可能，也有漢融於畲的可能。〔註6〕而從蠻獠至畲族的演變，其實也是福建少數民族漢化入籍與歷史記憶重建的過程。

近年來，隨著兩岸政府民族政策的調整，以及畲民研究的擴大與深化，中國大陸有關畲民的族源、形成原因、社會經濟、文化變遷與畲漢關係的研究，已汗牛充棟，然而有關臺灣畲民的研究仍非常少見。本文希望透過核心與邊緣的權力結構，探究臺灣畲民的根源，瞭解清代畲民移民臺灣的過程；並且透過畲民的傳統信仰，釐清閩南文化、客家文化與少數民族的關係。目前臺灣網路上已有民間文史工作者，嘗試進行臺灣畲民的田野調查，試圖找出臺灣畲民的蹤跡。〔註7〕本文希望達到拋磚引玉的效果，對於「畲民研究」能有初步的貢獻。

第二節　研究回顧

最早有關畲民的研究，可以追溯至清末魏蘭所撰之《畲客風俗》為起點。之後的研究發展，大致以 1949 年及 1980 年代中共改革開放後為兩個重要的轉折點，以下分為三個時期說明：

第一個時期，從清末至 1949 年期間，主要為畲民考證與民俗調查為主。其內容多半針對畲民族源、分佈與傳統文化等相關論述，論述重點集中在畲民族源的探討。

此時期有關畲民族源有以下三種說法，史圖博、沈作乾、凌純聲等主張「畲、傜同源說」，其來源為史書中所載的武陵蠻。相關論文有德人 Stabel（史圖博）和李化民《浙江景寧敕木山畲民調查記》（1933 年）；沈作乾《畲民調查記》（1924 年）、《括蒼畲民調查記》（1925 年）；凌純聲《畲民圖騰文化的研究》（1947 年）等。傅衣凌則在《福建畲姓考》中主張「土著說」，認為畲族是古代百越之後；董作賓則是認為「畲民為漢族的一支」，其相關論文為《說

〔註6〕 溫春香，〈「他者」的消失：文化表述中的畲漢融合〉，《貴州民族研究》28：122，貴州：貴州省民族研究所，2008 年 6 月，頁 59。

〔註7〕 民國 94（2005）年 8 月 8 日中平國小 94 年度資優教育《饒平客家研究專題》中，許時烺先生認為桃園一帶的藍姓饒平客家人為畲族。http://host.cpes.tyc.edu.tw/~team76/new_page_0.htm。

畬》、《畬語十八名》、《福建畬民考略》等。族源的爭論在此時期發端，之後長期影響畬民研究的論述，其中尤其表現在「畬瑤同源的遷徙說」和「古越人後裔的土著說」兩者論點。〔註8〕此外，相關的論述還有魏應麟《畬民之起源與「畬」字之商訂》（1932年）；何子星《畬民問題》（1933年）；徐益棠《浙江畬民研究導言》（1933年）；胡傳楷《畬民傳聞記》（1934年）；何聯奎《畬民的文化人類上的新發現》（1934年）、《畬民的圖騰崇拜》（1936年）、《畬民的地理分佈》（1937年）等。〔註9〕

　　第二個時期從1949年至1985年為止。這段時間中國大陸以少數民族識別調查與社會歷史調查為主。在中共全國人民代表大會民族委員會與中央民族學院的推動下，對於畬民進行了三項五次規模較大的調查研究，其中分別在1953年、1955年進行兩次畬民識別調查。1953年，由當時中共華東軍事行政委員會派雷關賢、福建省民政廳派雷恒春兩位畬族官員參加，與北京派出的3人（黃淑娉、陳鳳賢和施聯朱）組成5人的畬民調查小組，赴浙江的景寧縣東衕、福建的羅源縣八井、漳平縣山羊隔等畬村進行為期三個月的識別調查。1955年，又派楊成志、黃淑娉、陳鳳賢等赴廣東識別調查畬民、「蜑民」。兩次的調查均認定畬民具有民族特點的單一少數民族，並於1956年11月8日由中共國務院正式公佈，統稱為「畬族」。

　　中國大陸文化大革命結束之後，為搶救畬民傳統文化，因此中共民族委員會再度責成中央民族大學組成調查組於1982年、1986年進行了兩次的畬民傳統文化的調查。分別到安徽甯國，福建福安、寧德、霞浦、羅源、上杭，浙江景寧、遂昌、麗水、龍泉，廣東潮洲鳳凰山、增城，江西鉛山、貴溪、吉安、興國等縣畬村進行調查畬民傳統文化，留下了不少珍貴的調查報告。

　　1985年3月間於中國廣東省潮州所舉辦第一屆「畬族史學學術討論會」。該學術研討會在廣東、福建、浙江三省民族事務委員會（局）的支持下，邀請了研究畬民的專家學者與從事民族事務的工作者57人，共提交30餘篇論文。會後於1987年由民族出版社出版《畬族研究論文集》，算是這個時期研究的重要里程碑。

〔註8〕　前者以徐規、石光樹、施聯朱為主，後者以已故廈門大學教授傅衣凌、已退休的廈門大學教授蔣炳釗與已退休的福建師範大學教授陳元熙為主。另有潘光旦主張畬族源於東夷，張崇根主張畬族源於東夷中的徐夷，肖孝正、吳炳奎、周沐照認為畬族源於古代的河南夷，是高辛帝的後代。

〔註9〕　本節因相關著作甚多，出版資料詳見參考書目。

　　第三個時期爲 1986 年後至今，此爲中國正處於傳統文化與民族誌風潮，以及風起雲湧的畬族申請恢復民族身分運動的時期。自從 1980 年代中國啓動改革開放政策以來，畬民地處東南沿海，受到這股經濟發展風潮的衝擊，村落青年外流，傳統文化消長立見。自 20 世紀 80 年代起陸續出版和發表了許多有關畬民的著作和論文。據統計約有 250 多篇本，比二次大戰之前增加了 5 倍有餘，其中僅著作就有 20 多本之多。主要如下：施聯朱撰寫與主編的《畬族研究論文集》（1987 年）、《民族知識叢書·畬族》（1988 年）、《畬族風俗志》（1989 年）、《中國少數民族文化史·畬族文化史》（1994 年）；蔣炳釗：《畬族史稿》（1988 年）；施聯朱、雷文先主編：《畬族歷史與文化》（1995 年）；朱洪、薑永興：《廣東畬族研究》（1991 年）；《景寧畬族自治縣概況》（1986 年）；《麗水地區畬族志》（1992 年）；《福安市畬族志》（1995 年）；《霞浦縣畬族志》（1993 年）；《上杭縣畬族志》（1994 年）；毛宗武、蒙朝吉：《畬語簡志》（1986 年）；浙江省民委等：《畬鄉風雲錄》（1991 年）；肖孝正：《閩東畬族歌謠集成》（1995 年）；雷彎山：《思維之光——畬族文化研究》（1997 年）；陳國強主編：《畬族民俗風情》（1997 年）；《浙江省少數民族志》（1999 年）；游文良：《畬族語言》（2002 年）；藍炯熹：《畬民家族文化》（2002 年）；陳永成主編：《福建畬族檔案資料選編》（1937～1990 年）（2003 年）；景寧畬族自治縣民族事務委員會：《景寧畬族自治縣畬族志》（內部發行）（1991 年）；鐘大湖：《閩東畬族革命鬥爭記實》（內部刊物）（1984 年）；施聯朱、陳元煦、陳佳榮：《畬族簡史簡志合編》（內部刊物）（1963 年）；福建省民委等：《畬族經濟研究文集》（內部發行）（1987 年）。

　　由於畬民研究者憂心文化的流失，而且地方當局將文化視爲觀光資源而開始重視，兩者匯流推動之下，自 1986 年於福建省福安市舉辦首屆畬族歌會以來，出版了許多有關畬民傳統文化、風俗民情、畬族簡史、地方畬族志的論述。例如：《畬族哀歌選集》（1986 年）、《福建省首屆畬族歌會文集》（1986 年）、《畬族》（1988 年）、《畬家風情》（1989 年）、《畬族故事》（1989 年）、《畬族風俗志》（1989 年）、《閩東畬族諺語》（1990 年）、《閩東畬族故事》（1990 年）、《畬族民歌》（1991 年）、《景寧畬族自治縣族志》（1991 年）、《麗水地區畬族志》（1992 年）、《崇儒鄉畬族》（1993 年）、《霞浦縣畬族志》（1993 年）、《上杭縣畬族志》（1994 年）、《畬族歷史與文化》（1994 年）、《畬族史源》（1994 年）、《閩東畬族歌謠集成》（1995 年）、《福安畬族志》（1996 年）、《畬族民俗

風情》（1997 年）、《畬族民間歌曲集》（1998 年）、《中國民族文化大觀——畬族篇》（1999 年）、《閩東畬族志》（2000 年）等等。此外還有許多尚未出版的碩士論文，如《福建畬族服飾研究》（1985 年）、《試論閩東畬族文化變遷模式》（1991 年）、《贛南畬族研究》（1996 年）。

　　1990 年以後，畬民與漢族文化接觸的研究漸漸浮出檯面。由於畬族和客家的主要分佈地區都是在閩粵贛交界的山區，兩者的語言有相當多的雷同，而風俗民情也有不少的相似性，於是有不少學者開始注意到畬客關係的討論。例如：王增能〈客家與畬族的關係〉（1989 年），朱洪〈談畬族與漢族客家的文化互動關係〉（1995 年），楊鶴書〈黃畬客家的喪禮喪服及其變革〉（1992 年），蔣炳釗〈客家的形成與畬族關係密切〉（1994 年）、〈試論客家的形成及其與畬族的關係〉（1995 年），黎章春〈贛南客家與畬族關係初探〉（1992 年），嚴恩萱的〈試論贛南客家與畬族的文化同化〉（1992 年），謝重光從歷史的角度所寫成的《畬族與客家福佬關係史略》以及《客家文化論述》，其中可見到畬族與客家以及閩南文化之間的互動關係。鄧曉華在日本《民博報告》1999——24 卷 1 號發表的〈福建境內的閩、客族群及畬族的語言文化關係比較之試論〉，則是從族群互動，語言接觸及與地域文化特徵的關係的角度，對閩、客、畬族群及方言文化的形成，及其與中原漢文化及周邊其他族群的互動關係，作一個嘗試性的分析和討論，以期建立一種方言文化特徵與地域文化傳統及族群互動有密切關係的族群關係與語言演變理論。

　　除了畬民的人類學調查外，漢人社會中有關畬民的記錄，也是研究的重點。《平閩十八洞》是一部在閩臺地區以及南洋華人社會流傳廣泛的章回小說。其中有許多關於福建當地畬民的民間記錄，是相當重要的史料。這本小說版本甚多，廈門大學葉國慶教授曾收有七種，書名也有《平閩全傳》、《楊文廣平閩十八洞》等，最早的版本為光緒 11（1885）年版。民國 15（1926）年，林玉堂先生於《廈門大學國學研究院週刊》第二期上發表了《平閩十八洞所載古跡》一文，指出《平閩全傳》為作者借用楊家府名將楊文廣，說明陳元光開漳的歷史。民國 24（1935）年葉國慶教授又在廈門大學學報發表了題為《平閩十八洞研究》的論文，進一步以文學與史學的關係問題進行探討。自此，《平閩全傳》中的楊文廣就是陳元光這一說已被學界、讀者、乃至聽故事者所廣泛認同。民國 83（1994）年，臺灣李亦園先生在《臺灣與福建社會文化研究論文集》中發表了《章回小說〈平閩十八洞〉的民族學研究》一文，

文中特別提到該書最有價值的是有關福建少數民族——畬民的描述，隱含著很多民族學的研究資料。其中針對畬民與開漳聖王信仰之間的研究，也有相當的助益。〔註10〕

綜而言之，以上畬民的研究可分三期。第一個時期從畬民調查，配合史料以及田野調查的方法，開啓了畬民起源論述；第二個時期則是民族識別調查與社會歷史調查階段，追本溯源以及描述其民族文化的特殊性，成爲社會歷史調查論述的重要依據。由於史料的耙梳及配合田野調查的研究，留下許多重要的調查資料，甚至發展成爲畬民研究的典範，直接影響了第三時期傳統文化與民族誌風潮，以及畬客文化接觸研究的論述取向，進而建立現今之畬民民族自我意識。

近 20 年來，日本有關中國少數民族研究文獻也有許多貢獻，例如早在 20 年前，日本人類學者瀨川昌久就赴廣東潮州地區進行畬民調查，提到當地畬民對外多能流暢使用鄰近的漢語潮州方言，且標榜其自身擁有自身的語言「畬言」，但客觀評定其「畬言」，實際上類似漢語中的客家方言。〔註11〕此外，還有竹村卓二的《瑤族歷史與文化：對華南東南亞山地民族的社會人類學研究》（弘文堂，1981 年），收錄有關中國大陸南部畬族及瑤族等生態適應與民族支群的分歧、民族共生論、泰國北部瑤族社會組織與禮儀體系、「姓」與命名法、過山瑤族的起源神話等論文；君島久子的〈觀看畬族「祖圖」〉，《民博通訊》第 17 期，（1982 年）；長繩誓子的〈有關畬族來源遷徙與一年中按照慣例舉行儀式的記錄比較〉，（1983 年）；鄭德坤〈畬族及文化〉《三上次男博士喜壽紀念論文集・考古篇》，（1985 年）等。

至於瑤族的著作有：田畑久夫和金丸良子著的《中國少數民族志：雲貴高原的瑤族》（ゆまに書房，1995 年），收有 170 幅彩照，並附有 10 萬多字的解說，內容包括瑤族的社會信條、宗教信仰、傳統文化、經濟生活、社會結構、婚姻家庭、祭祀禮儀、語言文字、科學技術和藝術等多方面，通過具體事例系統論述瑤族的民族特徵，書末附有瑤族研究中日文引用文獻；竹村卓二在《中國大陸古文化研究》介紹清代瑤族地方誌〈連陽八排風土記〉和〈連

〔註10〕 李亦園，〈章回小說《平閩十八洞》的民族學研究〉，莊英章、潘英海主編，《臺灣與福建社會文化研究論文集》，臺北：中央研究院民族學研究所，1994 年 6 月，頁 23～28。

〔註11〕 瀨川昌久，〈畬族の漢化とアイデンティティー〉，《東北大學教養部紀要》56，仙台：東北大學教養部，1991 年 12 月，頁 13～14。

山綏猺廳志）；此外在《瑤族的「家先單」和它的運用》（民博報告別冊，14，1991 年）一文，作者根據在泰國收集的李進貴、鄧某氏、鄧福昌、黃某氏，廣東省曲江縣荒洞村盤添心，乳源縣海岱鄉邵某氏等的家先單，介紹了瑤族「家先單」主要內容、形式，「家先單」的運用及其禮儀的意義等情況，並與漢族中流行的家譜進行了比較；胡起望的《大瑤山盤瑤的社會組織》（東京大學東洋文化研究所紀要，第 94 冊，1984 年）、《近代小瑤山地區土地關係的歷史研究》（聖德學園岐阜教育大學紀要，第 34 集，1997 年）和《中國最西南角上的瑤族》（聖德學園岐阜教育大學紀要，第 35 集，1998 年）等；松本光太郎的《關於中國西南瑤族的社會適應性》（民族學研究，50-1，1985 年）；白鳥芳郎的《瑤族「過山榜」選編》（東南亞，14，1985 年）等。

　　臺灣對於畬民研究，大都以人類學者為主。除了中研院民族學研究所早期對於中國少數民族研究的延續，如李亦園〈章回小說《平閩十八洞》的民族學研究〉（1994 年），〔註12〕針對流傳於中國南方各地，包括南洋台灣等地的民間故事。其中雖然有些荒誕不羈，但是書中有關福建少數民族的描述，隱含許多民族學的研究資料。中央研究院民族學研究所兼任研究員石磊，則以〈阿美族與畬族親屬制度的比較：兼論並系繼承制度的特性〉（2000 年）分析台灣阿美族與福建畬族在家庭延續上，都不是靠單系的繼承法則而是靠居處法則。近來來由於客家議題受到重視，畬客關係也開始受到學界的注意。如莊英章在〈族群互動、文化認同與「歷史性」：客家研究的脈絡〉（歷史月刊，201），提到客家文化形成的過程中，受到畬民文化的影響；以及許時烺先生在〈饒平客家研究專題〉中所提出許多畬客關係，他以明弘治 16（1503）年潮州府饒平縣城（今三饒鎮）的《本府告示》碑刻說明客家與畬族的沿革與歷史文化，探討臺灣饒平客家人在地化的過程。〔註13〕此文雖為國小鄉土教材，但是文中累積相當的田野調查，引導許多可探究的方向。

　　而有關畬民信仰，則集中在探討開漳聖王與畬民的關係」，以及漳浦兩大畬民祖籍地，「漳浦赤嶺雨霽頂三官大帝廟」以及「漳浦湖西三王公」信仰。漳浦赤嶺雨霽頂三官大帝，建築結構奇特，在漳浦乃至漳州地區，甚至在海

〔註12〕李亦園，〈章回小說《平閩十八洞》的民族學研究〉，《中央研究院民族學研究所集刊》76，臺北：中央研究院民族學研究所，1994，頁 1～20。

〔註13〕許時烺，〈饒平客家研究專題〉，收入中平國小編，《中平國小 94 年度資優教育》，桃園：中平國小，2005 年 8 月 8 日。http://host.cpes.tyc.edu.tw/~team76/new_page_0.htm。

外影響力極大的廟宇。臺灣三界公廟多以三界公廟、三元宮、三官大帝廟爲名。三界公在臺灣民間信仰有其特殊地位，信仰非常普遍，往昔三合院式的民宅正廳皆垂吊有「三界公爐」，有時會以三界公爐懸吊鐵鍊的耳朵來區分族群，三耳的是漳州人，四耳的是泉州人。庄社祭祀三界公的情形也很普遍，有些地方早期有「三界公壇」簡稱爲「公爐」，許多「公爐」、「公厝」即是以三界公爲主神。往昔也有庄社有「三界公會」，以頭家、爐主的方式祭祀三界公，即使沒有「三界公壇」，也會在土地公廟或村廟，或是在值年爐主的家中祭祀三界公。相對的，湖西三王公（古公三王）信仰則在漳浦一帶式微，臺灣各地也僅存由宜蘭二結鎮安廟及進興廟所代表的三王公（古公三王）信仰所拓展的分香脈絡，其他各地也大都由其他信仰所取代。相關的研究有李煒在《中國道教》所發表的〈閩南雨霽頂三官大帝廟〉，廈門大學張宏明碩士論文，〈村廟祭典與家族競爭：漳浦赤嶺雨霽頂三界公廟的個案研究〉，還有漳浦博物館館長王文徑先生對於三王公信仰所發表的文章。

　　臺灣畬民大都在乾隆年間之前隨著漳州移民來臺開墾，過程中與平埔族產生相當的互動。根據藍氏族譜，主要分布在桃園南崁及龍潭一帶，而宜蘭地區，則較少有關平埔族的著墨。相關研究有張素玢的〈南崁地區的平埔族〉中有關坑仔社藍煥章家族的崛起，以及〈龍潭十股寮蕭家：一個霄裡社家族的研究〉中關於霄裡社蕭家十股寮的開墾與三元宮的創建。

第三節　史料與文獻

一、調查紀錄

　　民國 46（1957）年至民國 47（1958）年之間，中共民族委員會及國家民族事務委員會派出一千多人所組成的 16 個調查組，分赴中國大陸各民族地區進行少數民族社會歷史的調查。民國 47（1958）年，福建少數民族社會歷史調查組以及福建,省民政廳、文化局、廈門大學等單位學者共同參與，人數多達 50 多人，分赴浙江、福建、江西等省二十幾個畬村調查，整理了二十幾份的調查報告。之後在施聯朱（社會科學院民族研究所）、陳元熙（福建師範大學）、陳佳榮（中央民族學院）、蔣炳釗（廈門大學）等學者合作之下，相繼完成了《畬族簡史簡志合編》（1961 年）、《畬族簡史》（1980 年）、《畬族社會歷史調查》（1982 年）等調查報告。這些調查報告除呈現當時的

畬族生活型態之外，由於報告中蒐集並整理了散落於各地的史料、方志及族譜，因此相當程度避免受到民國55（1966）年之後所展開的10年文化大革命的影響。

二、地方志

　　從唐代開始，隨著漢人活動範圍逐漸進入東南一帶，閩粵贛一帶「鹽寇」、「峒寇」以及流民就一直處於衝突動盪之中。由於實際治理範圍尚未完全深入，族群之間的利益衝突在所難免。明代之後，閩粵贛山區開始大量設置新縣，國家教化的推行引起畬民社會結構的變化，人民活動直接為政府所控制，昔日的「桀驁難馴」，逐漸轉變成國家統治下使役納糧的人民。因此在設縣以後大量出現之地方志，大都呈現相同的觀點。但是在畬族逐漸漢化，與當地民族生活習慣相互交融，相關記載則消失許多。閩南地區方志主要為《漳浦縣志》、《漳州府志》、《平和縣志》、《漳平縣志》等，以及鄰近粵東地區如《惠州府志》、《潮州府志》。有關畬民現況及族圖等，則參考閩東地區方志如《霞浦縣畬族志》、《福安畬族志》。而藍姓移民來臺分布，則以屏東《里港鄉志》以及臺北《台北縣志》、桃園《蘆竹鄉志》與宜蘭《噶瑪蘭廳志》《宜蘭縣冬山鄉簡介》一帶方志有簡略的敘述。

三、族譜、祭祀公業相關文書

　　臺灣現存公開典藏的藍氏族譜（表 1-1），分別存放在臺北故宮博物院、中央研究院民族研究所及傅斯年圖書館、國家圖書館、宜蘭縣縣史館、臺北市文獻委員會、台灣省各姓淵源研究學會以及民間族譜蒐藏家廖慶六先生的「萬萬齋」等地。根據這些祖譜顯示，清代來臺藍氏移民祖籍地以福建省漳州府漳浦縣為主，少數來自廣東省潮州府、嘉應州以及福建省泉州府。而其中來自福建省泉州府藍林泉公一派，經查故宮博物院所典藏藍義信先生所提供之道光17（1837）年「藍氏家譜」，其先祖亦來自福建省漳州張坑。〔註14〕根據這些來臺族譜的記載，可以看出其移民路線、分佈區域，其中甚至仍保留畬民族源的記錄。

〔註14〕《藍氏家譜》，臺北，道光19（1839）年，故宮博物院據藍義信藏民國間寫本縮製，微縮片編號1307050（29-7）

表 1-1　臺灣藍氏族譜典藏單位一覽表

書　名	編者	版　本	大陸地緣	臺灣地緣	典藏單位
藍氏家譜	不詳	據何兆欽藏民國間寫本縮製；原分 16 頁	福建－泉州府－南安縣	臺北縣淡水鎮	故宮博物院
藍氏家譜	不詳	據林美嬪藏民國間寫本縮製；原分 3 頁	福建－漳州府－漳浦縣	花蓮縣玉里鎮	故宮博物院
藍氏世系族譜	不詳	據藍兩椿藏清同治 6（1867）年寫本縮製；原分 1 冊	福建－漳州府－漳浦縣	新竹縣	故宮博物院
藍家系統圖	不詳	據藍木藏民國 65（1976）年打字印本縮製；原分 1 頁	福建－漳州府－漳浦縣	高雄縣岡山鎮	故宮博物院
汝南堂藍氏族譜	不詳	據藍乾章藏民國 74（1985）年鉛印本縮製；原分 1 冊	福建－漳州縣－漳浦縣	臺北縣	故宮博物院
汝南堂上藍氏歷代祖先族譜簡介	不詳	據藍朝敦藏民國 69（1980）年寫本縮製；原分 1 冊	廣東－潮州府－大埔縣	臺北縣	故宮博物院
藍家家譜	不詳	據楊張旬妹藏民國 73（1984）年鉛印本縮製；原分 1 冊	廣東－潮州府－饒平縣	花蓮縣玉里鎮	故宮博物院
藍氏家譜	不詳	據藍太元藏民國間寫本縮製；原分 2 頁		臺南縣	故宮博物院
藍氏族譜	不詳	據藍大彬藏民國間寫本縮製；原分 1 冊		臺中縣	故宮博物院
韓何藍氏族譜	何兆欽	據哈佛大學哈佛燕京圖書館藏民國 53（1964）年基隆市成光出版社鉛印本縮製；原分 1 冊	中國－閩南	臺灣省	故宮博物院
藍氏協忠公房譜	藍延賢	據藍朝敦藏民國 74（1985）年寫本縮製；原分 2 冊		臺北縣	故宮博物院
藍家族譜	藍家芳	據藍家芳藏民國間寫本縮製；原分 1 冊	福建－漳州府－漳浦縣	屏東縣里港鄉	故宮博物院
藍家譜表	藍國岳	據政治大學社會系藏民國 69（1980）年寫本縮製；原分 1 頁	廣東－嘉應州－梅縣	苗栗縣大湖鄉	故宮博物院
礁溪藍家祖譜	藍港水	據藍港水藏;民國 55（1966）年寫本縮製；原分 16 頁	福建－漳州府－漳浦縣	宜蘭縣礁溪鄉	故宮博物院
藍氏家譜	藍進廷	據藍進廷藏民國間寫本縮製；原分 2 頁		高雄縣岡山鎮	故宮博物院
藍氏家譜	藍義信	據藍義信藏民國間寫本縮製；原分 1 冊	福建－泉州府－南安縣	桃園縣龜山鄉	故宮博物院

東山系藍氏善慶堂派下族譜不分卷	藍潤椿	民 64（1975）年油印本一冊，原藏者藍東暉	廣東－潮州府－饒平縣	新竹縣新埔鄉	故宮博物院
香港塔門廣東陽春藍氏祖譜合編不分卷	藍芳煜	民國 61（1972）年香港鉛印本，一冊，原藏者藍本袁	廣東－嘉應州－五華（長樂）陽春	台灣省	故宮博物院
藍氏族譜	藍種田	據藍以來藏影印民國 41（1952）年寫本縮製；原分 1 冊	廣東－潮州府－大埔縣	澎湖縣馬公市	故宮博物院
藍氏宗親族譜	藍澤瑛	據藍澤瑛藏民國 48（1959）年寫本縮製；原分 1 冊	福建－漳州府－漳浦縣	花蓮縣瑞穗鄉	故宮博物院
北京圖書館藏家譜叢刊，閩粵僑鄉卷，第 25～26 冊，藍氏續修族譜 8 卷/〔清〕藍星修；〔清〕藍日照纂	北京圖書館	第 1 版；北京市；北京圖書館出版社出版；民國 89（2000）年；影印本			國家圖書館
汝南堂藍氏族譜	何兆欽	增修版；臺北市；藍氏族譜編輯部；民國 73（1984）年；版權頁書名為汝南藍氏族譜；版權頁為民國 74（1985）年統編本			中央研究院民族所
藍氏續修族譜	〔清〕藍星修；〔清〕藍日照纂	第 1 版；北京市；北京圖書館出版社；民國 89（2000）年；北京圖書館藏家譜叢刊。閩粵僑鄉卷；25～26；據清光緒七年汝南堂木活字本影印	福建、廣東		中央研究院傅斯年圖書館
北京圖書館藏家譜叢刊.閩粵（僑鄉）卷；第 25－26 冊,藍氏續修族譜	北京圖書館	第 1 版；北京市；北京圖書館出版社出版；民國 89（2000）年	本卷共收入閩粵兩省著名僑鄉的陳、劉、黃、林、簡、朱、藍、關、顏、祖、洪、廖、龔、薩、岑、吳、孫、李等二十五姓的四十種線裝家譜，涉及地域包括福建晉江、福州、閩侯、浦城、侯官、平潭、武平、梅溪、邵武、閩清、莆田、上杭、惠安、崇安和廣東潮州、香山、嘉應、順德、番禺、恩平、南海等，所用版本，時間上起清順治，下迄		中央研究院傅斯年圖書館

			民國年間，另有新加坡古友軒刻本一種，版本類型則有刻本、抄本、木活字本、石印本和鉛印本等		
藍氏族譜	藍氏族譜編輯部編	修訂初版；臺北市；何藍韓姓宗親會出版；民國 59（1970）年			中央研究院傅斯年圖書館
韓藍何氏族譜	何兆欽	平版，民國 53（1964）年 7 月			台灣省各姓淵源研究學會
藍氏族譜	藍天華	平版，民國 83（1994）年		始祖－昌奇，始遷祖－大一郎	台灣省各姓淵源研究學會
漳浦石椅種玉堂藍氏族譜	藍利靈	平版，民國 70（1991）年		始祖－昌奇，渡臺祖－藍理	台灣省各姓淵源研究學會
汝南堂藍氏族譜（影本）	何兆欽	民國 73（1984）年春季發刊（增修本）	總譜		宜蘭縣史館
藍氏族譜(影本)	何兆欽	民國 74（1985）年排版（手抄）影印本	總譜		宜蘭縣史館
宜蘭縣羅東鎮藍家族譜（一）	藍德欽	民國 55（1966）年出版	福建－漳州府－金浦縣－長谿石椅社	苗栗縣竹南鎮中港里－羅東	宜蘭縣史館
宜蘭縣羅東鎮藍家族譜（二）	藍德欽	民國 55（1966）年出版	福建－漳州府－金浦縣－長谿石椅社	苗栗縣竹南鎮中港里－羅東	宜蘭縣史館
祭祀公業藍永昌公派下全員系統表等	藍（田久）	自由時報半開	福建－漳州府－漳浦縣	入蘭始祖：藍承令	宜蘭縣史館
藍家祖譜	藍港水	民國 55（1966）年手抄影印本	福建－漳州府－漳浦縣	入譜始祖：14 世藍昭哲	宜蘭縣史館
汝南堂藍氏族譜	何兆欽	臺灣區藍姓族譜編輯委員會；民國 73（1984）年	總譜		臺北市文獻會

汝南堂藍氏族譜	何兆欽	臺灣區藍姓族譜編輯委員會；民國 73（1984）年	總譜		臺北市文獻會
韓何藍氏族譜	何兆欽	2 冊、成光出版社民國 53（1964）年、民國 54（1965）年			臺北市文獻會
韓、何、藍氏族譜	何兆欽	鉛印本；不分卷；精裝一冊；成光出版社、民 53（1964）年			萬萬齋
藍氏族譜	藍天華	排印本；不分卷；平裝一冊；民國 83（1994）年；彩色排印本			萬萬齋
汝南藍氏支譜	藍祚明	排印本；不分卷；精裝一冊；民國 79（1990）年；彩色排印本			萬萬齋
藍家祖譜[藍氏]	藍港水	油印本；不分卷；線裝一冊；民國 55（1966）年；彩色排印本			萬萬齋

資料來源：筆者整理自何兆欽編著，《汝南堂藍氏族譜》，臺北，臺灣區藍姓族譜編輯委員會，1985 年；《臺灣區族譜目錄》，中壢：臺灣區姓譜研究社，民 76 年；《藍氏家譜》，臺北，道光 19 年，故宮博物院據藍義信藏民國間寫本縮製；國家圖書館、中央研究院傅斯年圖書館、臺北市文獻委員會、宜蘭縣縣史館、臺灣省各姓淵源研究學會及萬萬齋等地所館藏之藍氏族譜。

四、文集、筆記、小說

漳浦藍氏來台移民中，其中莫過於來臺平定朱一貴事件的藍廷珍及藍鼎元家族。藍廷珍（1663～1730 年）在朱一貴事件時，以南澳鎮總兵的身分，奉總督之命，揮師東征平亂，並出任臺灣總兵官。而藍鼎元傳世之《鹿洲全集》，除了影響清朝政府治理臺灣之各項政策，對於藍氏家族在漳浦及台灣兩地的發展，亦有深刻的描繪。此外，藍鼎元長子參與屏東的開發，發展成為屏東里港地區的大墾戶。直到第五世嫡孫，藍家仍然擁有七百多甲的土地，甚至阿里港及附近地區的糖廍都是他們藍家所有。除了藍氏家族外，結合來自漳浦的官員所形成的「漳浦準地緣政治集團」，對於清初治理臺灣及閩南和粵東移民政策，提供許多重要的主張及看法，相當程度影響清朝政府對於臺灣的認識，並且回溯其原鄉的社會發展和行政管理。〔註15〕

〔註15〕李文良，〈清初入籍臺灣法規之政治過程及其歷史意義〉，《臺大文史哲學報》6，臺北：國立臺灣大學出版委員會，2007 年 11 月，頁 133。

第二章　畬民識別

第一節　蠻獠、畬、畬族

　　畬民是中國大陸東南沿海的少數民族，自唐宋時期分布於閩粵贛交界區，目前擴散在福建、廣東、浙江、江西和安徽五個省份六十多個縣（市）的鄉村或山區。此外在貴州、雲南、湖北、湖南也有少數聚落，呈現出大分散、小聚居的情況。〔註1〕根據民國 89（2000）年中國大陸第五次全國人口普查統計結果顯示，畬民總人口數約有 70 萬人。其中福建省占總人口數之52.8%，共有 17 個畬族鄉。浙江省次之，占總人口數之 24%，廣東省則為 4%。〔註2〕除生活在廣東省羅浮山區的惠東、海豐和蓮花山區的博羅、增城四縣共1200 名自稱「活崖」（山人）的畬民，其所使用的苗瑤語族屬於漢藏語系外，其他 99%以上的畬民使用漢語客家方言，其中並融合古畬語主要是壯侗語族以及苗瑤語族語言）以及畬民所居住地漢語方言。〔註3〕

　　現在畬民自稱為「山哈」或「山客」。「哈」在畬語為客人之意，「山哈」

〔註1〕　王逍，〈畬族經濟轉型的方向與契機〉，馬建釗編，《畬族文化研究》，北京：民族出版社，2009 年 11 月，頁 18。黃俊明、翁奕周，〈淺談畬民族的文化精神〉，馬建釗編，《畬族文化研究》，北京：民族出版社，2009 年 11 月，頁209。

〔註2〕　許良國，〈畬族歷史文化特點與當代民族經濟發展思路〉，馬建釗編，《畬族文化研究》，北京：民族出版社，2009 年 11 月，頁 1。

〔註3〕　謝重光，《畬族與客家福佬關係史略》，福州：福建人民出版社，2002 年 6 月，頁 2。

也就是指山裡的客人。另外一方面,「山哈」亦是「畬客」的客家方言記音。
〔註4〕但在部分地區的畬民傳世文書或是譜牒中,「傜」則是最早的自稱。畬
民譜牒多抄錄《撫傜券牒》,牒文有「指望青山而去,遇山開產為業。父過
子任,但(倘)有富豪軍民,不得侵占山場。但遠離卻庶民田壙一丈三尺之
地,乃是傜人火種之山。」〔註5〕「撫傜」的「傜」即「畬」。「傜」字作為
自稱外,亦可為他稱。部分地方寫法不同,「傜」字改為「猺」,明顯帶有歧
視之意。道光《平和縣志》記載:「和邑深山窮谷中,舊有猺獞,椎髻跣足,
以盤、籃、雷為姓……土人稱之曰『客』,彼稱土人曰『河老』。」〔註6〕

　　畬民、輋民則是漢族對於「山哈」的他稱。〔註7〕「畬」為古字,在《詩
經》、《易經》等經書中早已出現。「畬」字讀音有二,讀ㄩˊ,指開墾過二年
的田地。如《說文解字》:「畬,二歲治田也。」;〔註8〕另一種讀法讀ㄕㄜ,
有三種意涵:一、用火燎原而後種植的耕作方式。〔晉〕陶淵明和劉柴桑詩:
「茅茨已就治,新疇復應畬。」二、待火耕的荒田。〔唐〕劉禹錫·竹枝詞九
首之九:「銀釧金釵來負水,長刀短笠去燒畬。」三、姓。如明代有畬恭。現
今畬民的畬字與史書所記載的「畬」字並不相同,由於畬民到處開荒耕種的
游耕生活,外人將「畬」字有關刀耕火耘之含義,用來描述畬族生活方式,
漸漸衍化為以「畬」字作為族稱。畬民耕作的方式相當簡單,卻非常有效。
通常在離住家不遠的地方找一塊地,先將樹林砍掉,然後以火焚燒,利用焚
燒樹林所留下來的灰燼為肥料,等待來年土地肥沃了之後,就以樹枝做的木
棍在土地上挖洞播種。二、三年之後,土地利用的差不多了,又換鄰近的另
一塊地砍林燒樹,周而復始。但因為畬字僅有ㄕㄜ一種讀法,與古字畬字的
兩種讀音不同,為統一起見,固採用畬民記之。

〔註4〕藍嶺(廈門大學郭志超教授筆名),〈清代澳門的畬族〉,《台灣源流》14,臺
　　　中:臺灣省姓氏研究學會,頁75。

〔註5〕《畬族社會歷史調查》,福建福州:福建人民出版社,1986年3月。

〔註6〕〔清〕黃許桂主修,福建省地方志編纂委員會整理,道光版《平和縣志》,卷
　　　11,〈雜識記〉,廈門:廈門大學出版社,2008年4月,頁502。

〔註7〕「輋」中文注音打字為ㄐㄩ,讀音為ㄕㄜˊ。

〔註8〕另有一解為開墾三年,《詩經。周頌。臣工》:「亦又何求?如何新田?于皇來
　　　牟,將受厥明。」毛傳云:「田,二歲曰新,三歲曰畬。」

圖 2-1　畬族分布圖

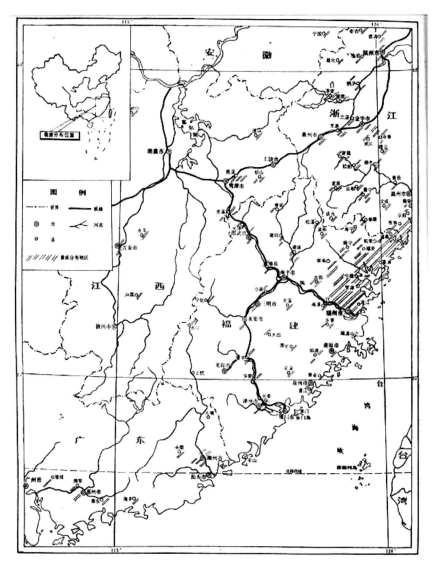

資料來源：《畬族社會歷史調查》，福建福州：福建人民出版社，1986 年 3 月，
　　　　　附頁。

說明：///斜線區域代表畬民分布區域

　　在畬民名稱出現以前，畬民最遲在隋唐時代，也就是公元 7 世紀初就繁
衍生息於閩、粵、贛三省邊境山區。這些先民，被稱為「蠻僚」或「峒蠻」
等名稱。《資治通鑑》記載唐代鎮壓「峒蠻」起義，曰：「唐昭宗干寧元年（公
元 894 年）黃連峒蠻二萬圍汀州，福建觀察使王潮遣其將率萬人擊之，蠻解

去，至漿水口，破之，閩地略定。」據《福建通志》記載：「六朝以來，九龍江兩岸『儘屬蠻僚』」。唐代詩人以民歌形式贊賞畬民在閩贛邊古稱黃連峒一帶生息勞動。明末顧炎武撰的《天下郡國利病書·福建卷》曾敘述此事，曰：「唐初，陳元光所鎮壓的汀、漳一帶「蠻僚」，以盤、蘭、雷爲姓，信奉盤瓠傳說」。據清光緒《漳州府志·古迹》記載，唐高宗派陳政和陳光元父子率軍鎮壓「蠻僚」反抗，進入閩粵，其軍只到達「六朝以來戍閩者屯兵於泉州之龍溪（今漳州的九龍江）以江爲界，插柳爲營。」這是說，當時鎮壓「蠻僚」的官兵只駐紮在九龍江以東，江的西邊是「蠻僚」聚居地，官兵不敢輕意進佔。

而「畬」字作爲族稱，目前最早史料出現於南宋時期。據劉克莊《漳州諭畬》一文，稱居住在今漳州一帶的少數民族爲「畬民」。〔註9〕文曰：

> ……凡溪洞種類不一，：曰蠻、曰瑤、曰黎、曰蛋，在漳曰畬。西畬隸龍溪，就是龍溪人也；南畬隸漳浦，其地西通潮、梅，北通汀、贛，奸人亡命之所窟穴……有國者以不治治之，畬民不悦（役），畬田不稅，其來久矣。……西畬隸龍溪，猶是龍溪人也。南畬隸漳浦，……二畬皆刀耕火耘，崖栖谷汲。〔註10〕

此外楊清瀾撰《臨汀匯考·畬民》卷三也記述其事：「唐時，初置汀州徙內地民居之，而本土之苗仍雜處其間，今汀人呼曰畬客。」其中有關畬民的生活習慣，唐代劉錫禹的《竹枝詞》描述「山上層層桃李花，雲間烟火是人家，金釧銀釵來負水，長刀短笠去燒畬。」李商隱的《贈田叟》詩，有「燒畬曉映遠山色，伐樹暝傳深谷聲」之句。因此《龍泉縣誌》說：「（民）以畬名，其善田者也。」

「輋民」名稱則出現在 13 世紀的廣東地區。文天祥《知潮州寺丞東岩先生洪公行狀》說：「潮與漳、汀接壤，鹽寇輋民群聚」。「輋」音ㄕㄜˊ，是廣東漢人俗字（明代也流傳於贛南）。根據《漢語大辭典》：「輋，近山地也。」並引清人李調元《卍齋瑣錄》卷三：「近山之地曰輋。」清人屈大均《廣東新語·輋物》云：「永安，羅庸一帶多輋物，其茶尤佳。」或是地名，廣東省有大輋坳。〔註11〕顧炎武《天下郡國利病書》云：「粵人以山林中結竹木障覆居

〔註9〕 劉克莊（1187～1269），字潛夫，號後村，莆田城廂人，生於宋朝孝宗淳熙14（1187）年，是南宋著名的愛國詩詞家。

〔註10〕劉克莊，《後村先生大全集。漳州諭畬》卷九十三。轉引自蔣炳釗，《畬族史稿》，廈門：廈門大學出版社，1988 年 9 月，頁 8～9。

〔註11〕張清華，〈釋畬〉，收錄於《2007 年畬族文化學術研討會論文》，潮州：潮州市

息爲罃。」〔註 12〕其中以屈大均《廣東新語》對於「罃人」與畬民的描述最爲詳實，文曰：

> ……罃人。澄海山中有罃戶，男女皆椎跣……稍輸山賦，賦以刀爲准者，曰傜。傜所止曰峒，亦曰罃。海豐之地有曰羅罃、曰葫蘆罃、曰大溪罃，與寧有大信罃，歸善有窑罃。其人耕無犁鋤，率以刀治土，種五谷，曰刀耕，燔林木使灰入土，土暖而蟲蛇死以爲肥，曰火縟，是爲畬蠻之類。〔註 13〕

「罃」字的含義雖與「畬」有些差異，但非指兩個不同的族群，而是前者指福建畬民，後者指廣東、江西畬民，這是由於不同地區對於閩、粵、贛少數民族生活觀察的重點不同而產生的異稱。所以歷史上有關「畬」民記載，最早出現在宋代，但在宋代之前的唐代，對於閩粵一帶「蠻獠」的情況以及漢人與「蠻獠」之間的關係，卻缺乏足夠的紀錄。如今大都透過宋代以後的文獻來窺其一斑。〔註 14〕

「畬」所代表的族群在歷史上經歷了「泛名」與「具名」兩個型態。由於「蠻」與「越」爲中國古代南方人的總稱，並用以區別生活於黃河流域的人群。所以中國南方少數民族的族源大都可以上溯至蠻或越，畬民也是如此，所以可將「蠻」或「越」當作其泛名。以下爲史料文獻記載此地少數民族所用的稱呼，除了展現畬民的歷史型態，並且顯現畬民與其他人群的互動關係，以及如何的被標記。

表 2-1　歷史上有關畬民的記載

史　料	時　代	地　域	名　稱	相關歷史事件
資治通鑑	中唐	嶺南五府	夷、僚	政府軍事管制
資治通鑑	晚唐	洪州〔註 15〕	蠻僚	叛亂

委及市政府，2007 年 12 月，頁 1。

〔註 12〕〔明〕姚良弼，《惠州府志》，卷 14，〈外志。傜蛋〉，嘉靖 35（1556）年刊本。

〔註 13〕〔清〕屈大均，《廣東新語》卷 7，臺北：中華書局，1985，頁 243。

〔註 14〕黃向春，〈「畬/漢」邊界的流動與歷史記憶的重構──以東南地方文獻中的「蠻獠──畬」敘事爲例〉，《學術月刊》41：6，上海：學術月刊社，2009 年 6 月，頁 141。

〔註 15〕洪州──漢制豫章郡，隋滅陳後置，治豫章。南昌稱洪州始此。唐改豫章爲南昌。南宋孝宗年號隆興，因升洪州爲隆興府。元爲路，改名龍興。明爲洪都府，清爲南昌府。

資治通鑑	唐昭宗干寧元（894）年	汀州	峒蠻	起義
資治通鑑	晚唐	福建	蠻夷	軍閥的軍事管制
宋史	南宋	郴州〔註16〕	峒寇	寇亂
宋史	南宋	汀、贛、吉、建昌	蠻僚、溪峒蠻、寇、賊	寇亂
宋季三朝政要	南宋	吉州、循州、潮州、汀州、泉州	畬兵	勤王
元史	至元	建寧、括蒼、漳、泉、汀、邵武、潮	八十四畬、畬洞人、畬軍、畬丁、畬賊、畬（與南詔〔註17〕、黎並稱）、賊、盜	軍管、平盜、散軍編戶、屯田
元經世大典序錄	至元	閩	九層際畬、水篆畬、客寮畬	叛亂
明實錄	永樂	粵鳳凰山	畬蠻、畬長	編戶入籍
明史		漳平	畬洞、賊、盜、寇	叛亂
清史稿		閩、浙、贛、粵	山居棚民、寮民	編戶
各種史地書籍	現當代	閩、浙、贛、粵、皖	畬族	民族識別
方志	大多為清及民國版本	閩	畬民、畬寇、畬客、洞僚畬客、畬寇、畬賊、瑤人、蠻僚、僚寇、佘民	幾同正史
		粵	畬瑤民、徭/輋〔註18〕、輋民/寇、僚人、諸蠻、畬寇、峒僚（古稱山越）、畬民、山輋、徭僮〔註19〕	
		浙	畬民、畬客	
		贛	輋民、畬客	

〔註16〕位於今湖南省。
〔註17〕南詔（738年～937年）是中國唐朝時代的國家，國境包括今日雲南全境及貴州、四川、西藏、越南、緬甸的部份國土。由蒙舍詔首領皮羅閣在738年建立，直到937年被段思平所滅，建立大理國。
〔註18〕〔明〕姚良弼，《惠州府志》，卷14，〈外志。徭蜑〉，嘉靖35年（西元1556年）刊本。
〔註19〕「潮州府畬瑤，民有山輋，曰徭僮。」出自（乾隆）《潮州府志。征撫》卷38。潮州府並無瑤族，此處純指畬族。

文集、筆記、小說	南宋以降		輋民、菁民、山寇、輋賊、畬瑤、山輋〔註20〕（《廣東新語》）、畬蠻、畬寇、畬人、畬客、蠻僚	
研究論文、調查報告	相關時代	所有相關地區	蠻、越、夷、閩、畬、畬族	學術調查研究
畬族自稱	現代		山哈、山客	

資料來源：陳贇，〈畬族的社會命名與其族體歷史演變的互動——從族群的社會命名的視角考察〉，收入《畬族風俗學術研討會論文》，廈門：廈門大學，2003年11月。

　　在福建地區，「畬」與「峒」字，隱含與少數民族活動有關，至今活動區域仍留下許多「畬」與「峒」字的地名。而在臺北捷運新莊線上的三重站，位於舊地名「後埔仔」與「簡仔畬」之間。「簡仔畬」，相傳在乾隆年間，武勝灣社簡姓原住民開闢此地而得名。〔註21〕現今中興橋下竹圍仔街旁，仍有街道為簡仔舍街。隔著淡水河的對岸為臺北市大同區，其舊名為大龍峒，在清領時期是平埔族大浪泵社的活動範圍，而大龍峒實為大浪泵社的閩南語音譯。

圖 2-2　簡仔畬位置圖

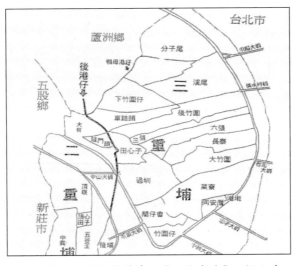

資料來源：三重市志編纂委員會，《三重市志》，新北市：三重市公所，1996.09，頁 35。

〔註20〕「潮州有山輋，其種有二。」〔清〕屈大均，《廣東新語。人語》卷7，頁244。
〔註21〕林興仁主修、盛清沂總纂，《台北縣志》，臺北：成文書局，1983。

圖 2-3　康熙台灣輿圖（部分）

資料來源：賴漢光賴永祥，《康熙台灣輿圖》，臺北：臺北文獻委
員會，1957 年 10 月，頁 6。

第二節　傳說與族源

　　中國南方少數民族如苗、瑤、畬民等，普遍以盤瓠爲圖騰及家族的象徵。
〔註22〕這種原始社會遺留下來的圖騰崇拜，對於鞏固內部的感情和團結有著
相當的助益，更是識別民族成份的重要依據。但由於漢民族對於少數民族的
歧視，以及傳統對於狗的蔑視，所以也形成畬族相當諱忌的象徵符號。有關
盤瓠傳說大致如下：

　　　上古時代，高辛帝后耳痛三年，從耳中取出一蟲，育於盤中，忽而
　　　變成一隻金龍，毫光顯現，遍體斑紋。高辛帝見之大喜，賜名龍麒，
　　　號稱盤瓠。其時犬戎入寇，國家危難，高辛帝下詔招賢，告示天下，
　　　能斬番王頭者，妻以三公主。盤瓠揭下榜文，前往敵國，斬番王頭。
　　　以平番有功，與三公主結婚。婚後，生下三男一女。長子姓盤，名

〔註22〕據《後漢書·南蠻西南夷列傳》、晉干寶《搜神記》等書記載，遠古帝嚳（高辛
　　　氏）時，有老婦得耳疾，挑之，得物大如繭。婦人盛於瓠中，覆之以盤，頃
　　　化爲犬，其文五色，因名盤瓠。按，《玄中記》作「盤護」。後盤瓠助帝嚳取
　　　犬戎吳將軍頭，帝嚳以少女妻之。負而走入南山，生六男六女，自相配偶。
　　　其後子孫繁衍。

叫自能；次子姓藍，名叫光輝；三子姓雷，名叫巨佑；女嫁鐘智深

為妻。以後，盤瓠不願為官，挈領妻兒，定居廣東潮州府鳳凰山，

開荒種田，繁衍子孫，逐漸發展形成為今天的畬族。〔註23〕

　　盤瓠，或作盤護、槃瓠，諱稱「龍麒」。盤瓠傳說雖然帶有濃厚的神話色彩，卻與畬民的發展有著相當密切的關係。他們信奉自己始祖是盤瓠，在許多畬民住屋中堂上供奉著盤瓠神位，奉為始祖，歲時節令時供奉祭祀。而家族的維繫，如祖圖、祖杖和史詩《高皇歌》都與盤瓠傳說息息相關。在傳統文化活動中，大都也有盤瓠信仰的痕跡。根據盤瓠傳說，畬民編起許多大同小異的長篇敘事體的《高皇歌》，世代傳誦，或者將盤瓠傳說記載於族譜中，反映在祠堂正柱或堂屋祖宗神位的對聯上，並且在畬民聚居區廣為流傳。其中臺灣的福建南安藍林泉族譜，即保留盤瓠傳說的故事。

圖 2-4　浙江麗水長崗背畬民所供奉之盤瓠皇

資料來源：筆者摘錄自中央研究院歷史語言研究所【中國西南少
　　　　　數民族資料庫】，2010 年 8 月 11 日。
　　　　　http://140.109.18.243/race_public/index.htm

〔註23〕施聯朱，《畬族風俗志》，北京，中央民族學院出版社，1989，頁 161～162。

圖 2-5　浙江麗水長崗背畬民正屋堂內所供之高辛王位勇士衡

資料來源：筆者摘錄自中央研究院歷史語言研究所【中國西南少
數民族資料庫】，2010 年 8 月 11 日。
http://140.109.18.243/race_public/index.htm

　　由於漢民族的歧視，有些畬民不願公開承認傳統所遺留下來的圖騰崇
拜，對於祭祀始祖盤瓠王的儀式也常是秘密進行的。甚至認爲盤瓠傳說是漢
族強加於他們的，竭盡所能予以全盤否認。或者以畬族婚姻中出嫁姑娘保留
著「鳳凰髻」，戴鳳冠，象徵「鳳凰頭」（圖 2-6、2-7），身穿「鳳凰裝」等習
俗，表示畬族圖騰應是以鳳凰爲崇拜爲主。然而不管如何的逃避，終究無法
避免畬族傳說與盤瓠的關係。

　　盤瓠傳說最早見於史書爲東漢應劭的《風俗通義》，其他則散見於後代各
種文獻資料中。其中包括郭璞注的《山海經》、晉朝干寶的《搜神記》（卷十
四）、南朝范曄《後漢書·南蠻西南夷列傳》、《晉記》、《玄中記》等，其中以
《後漢書·南蠻列西南夷列傳》所載最詳。另外在一些地方志中，如《續雲
南通志》、《峒溪纖志》等，亦有關於盤瓠神話的記載。而民間傳說中，有畬
族的《高皇歌》（狗皇歌）、瑤族的《過山榜》及《評王卷牒》等，當中的內

容跟南朝范曄《後漢書・南蠻西南夷列傳》大同小異，只是情節略作補充或
修飾。

圖 2-6　畬族婦女圖

資料來源：筆者翻拍自福建寧德當地之《雷氏族譜》，2009 年 10
　　　　　月 22 日。

圖 2-7　畬族婦女圖

資料來源：筆者翻拍自福建寧德當地之《雷氏族譜》，2009 年 10
　　　　　月 22 日。

　　而在臺灣，祖先為狗的傳說，從北邊金包里社，南到八里坌社都有類似的記載，只是八里坌社將狗轉換成醜陋的男人。金包里社的族源傳說與盤瓠傳說相當類似。根據日人石阪莊作調查，大部分金包里社在家裡右壁的吊籃中，置香位祭拜狗頭。據說他們的祖先有位大臣的女兒羅患癩病，無論如何盡力都無法醫治。這位大臣向天祈願，如果誰能讓自己女兒痊癒，就把女兒嫁給他。終於有隻狗在小姐羅病的皮膚上來回地舔，皮膚上的膿腫竟然消失痊癒，父親只好把女兒嫁給狗。而狗與大臣的女兒乘著船漂流海上，不久其船在臺灣登陸，經年子孫繁衍，建立金包里部落，因此金包里社相信天狗公為其祖先。〔註24〕

　　而伊能嘉矩蒐集到八里坌社的祖先傳說，則是將狗改為醜陋男人：

> 我們番社的祖先是唐山某一個國王的駙馬，他的容貌醜陋極了，因此王妃很討厭他，想要疏遠他。父王只好送一些銀兩與米糧，若無其事的讓駙馬乘船遠走。駙馬和他的兄弟共 7 個人，搭乘小船在海上逐波漂流，經過一些時日，這隻小船抵達一個島嶼，也就是台灣島北岸。〔註25〕

　　所以八里坌社的祖先傳說原型，可能與金包里社有關。而石門十八王公廟，祭祀 17 個男人，並配祀一條狗，或許也與狗為祖先相關聯，這樣從金包里社沿海南下到八里坌等諸社，根據類似傳說的分析，推測八里坌社可能由北邊金包里社南遷的。〔註26〕

　　盤瓠神話除了在中國及臺灣少數民族間流傳之外，鍾敬文在〈槃瓠神話考察〉中指出，在韓國歷史中，也流傳著相同的故事。〔註27〕對於海外的日本，江戶時代曲亭馬琴（1767～1848 年）所著的長篇小說《南總里見八犬傳》，便援引了《搜神記》中高辛氏以少女賞賜給盤瓠的故事。總而言之，流傳於少數民族間的盤瓠神話，反映了圖騰與氏族的親緣關係，以及民族內婚的習俗等。並且透過氏族起源神話。孕育少數民族豐富的文化內涵以及社會情況。

〔註24〕溫振華、戴寶村，《淡水河流域變遷史》，新北市：臺北縣立文化中心，1998，頁 30～31。

〔註25〕伊能嘉矩，《平埔族調查旅行》，臺北：遠流出版社，1996，頁 104～105。

〔註26〕溫振華、戴寶村，《淡水河流域變遷史》，新北市：臺北縣立文化中心，1998，頁 31。

〔註27〕馬昌儀等，《中國神話學文論選萃》，北京：中國廣播電視出版社，1994，頁 307。

以下列舉整理盤瓠神話在不同文獻或口傳進程中的內容。

表 2-2　不同版本的盤瓠傳說與狗圖騰傳說

出　處	帝　名	狗　名	狗　妻	敵方首領	狗的功績	娶　妻	後　代
山海經海內北經（郭璞注）	高辛氏	盤瓠	美女	戎王	殺戎王	浮之會稽東海中、得三百里地，是爲狗封之國	
搜神記	高辛氏	盤瓠	少公主	戎吳	衛戎吳首級	帶女上南山	生六男六女，自相夫妻
後漢書·南蠻傳	高辛氏	盤瓠	少公主	吳將軍	衛得吳將軍首級		生六男六女，自相夫妻
安南瑤人	評王	盤護或盤瓠	公主	犬戎將軍	衛犬戎將軍首級	公主與狗入會稽山	生六男六女
浙江畬民	高辛氏	名：龍期 號：盤瓠	公主	犬戎將軍	衛犬戎將軍首級	狗變成人身狗頭後與公主結婚	生三男一女
金包里社	大臣		女兒		舐大臣的女兒皮膚上的膿腫	狗與大臣的女兒婚後乘著船漂流至臺灣	建立金包里部落
八里坌社	唐山某一個國王	非狗，爲醜陋男人	女兒		王妃討厭容貌醜陋的駙馬	駙馬和他的 6 個兄弟共搭乘小船漂流至臺灣島北岸	

資料來源：葉曉文，〈盤瓠與民族原推圖騰神話〉《神話與文學》；溫振華、戴寶村，《淡水河流域變遷史》。

我們可以看出，不同地區及文獻保留的盤瓠神話，細節有異，但故事骨幹頗爲相似。但人狗婚配而生其族的主題，卻是不變的。

盤瓠神話這種民族起源的信仰，不但在畬民之中家喻戶曉，代代相傳。而且將信仰傳說的故事，貫穿到他們的頭飾、服裝、舞蹈以及宗教儀式中，並以繪製連環畫卷的「祖圖」、編唱長篇敘事詩歌的《高皇歌》，或記載於族譜中，歌頌盤瓠王英勇殺敵和繁衍子孫的豐功偉績，每年舉行隆重的祭祀活動，懸掛祖圖，擺出祖杖，虔誠瞻仰和拜祭。所以祖圖、山歌、族譜，三種不同的圖像、語言、文字型態傳承與維繫民族文化。以下分別說明如下：

圖 2-8　祖　杖

資料來源：筆者拍攝，2000 年 10 月 12 日，（地點：廈門大學人類
　　　　　學博物館）。

圖 2-9　畬民文物

資料來源：筆者拍攝，2000 年 10 月 12 日，（地點：廈門大學人類
　　　　　學博物館）。

一、祖　圖

　　祖圖是畲民信仰的主要標誌之一。畲民把有關始祖盤瓠的傳說畫在布上，一般以盤古開天闢地的故事開始，製成三十多幅高約 30 公分，長約 10 多米的連環畫式的圖像於布帛上，代代相傳，稱爲祖圖。每逢祭祖或「做聚頭」時懸掛，祀奉甚虔。各地祖圖的內容大同小異，大致上都包含以下的情節，每個情節都繪一幅圖畫，組成一組連環畫，畲民各支族保存著祖圖，其內容大約有以下情節：

1. 盤古開天闢地；
2. 高辛皇帝像；
3. 太醫醫國母耳疾，挖出一條蟲；
4. 內臣養蟲；
5. 內臣報高辛皇帝蟲變龍麒（金龍）；
6. 燕王（番王）興兵犯界；
7. 探子報高辛皇帝燕王犯界；
8. 高辛皇帝坐朝出榜招賢；
9. 龍麒揭榜文拜見高辛帝；
10. 高辛帝送龍麒渡江過海；
11. 燕王賜龍麒肉食；
12. 燕王飲酒醉吐；
13. 龍麒咬斷燕王頭便走；
14. 番兵追趕龍麒；
15. 眾官迎龍麒；
16. 眾內臣引龍麒見高辛皇帝，進獻燕王首級；
17. 高辛皇帝賜龍麒衣服，命臣陪龍麒飲宴；
18. 高辛皇帝與三位公主商議招附馬；
19. 龍麒深房金鐘變身；
20. 公主命宮女察看龍麒，龍麒身變頭未變；
21. 龍麒認得真公主；
22. 龍麒投茆（茅）山，法主變法；
23. 閭山九郎茆山三郎代龍麒變身；
24. 龍麒變爲美貌才郎；

25. 高辛帝令龍麒公主成親；

26. 第三公主遷入鳳凰山；

27. 內臣斟酒接龍麒；

28. 龍麒遊七賢洞；

29. 盤瓠王生三男一女；

30. 盤瓠王請姓；

31. 盤瓠王禱告；

32. 盤瓠夫婦商議狩獵；

33. 盤瓠王和子孫打獵；

34. 山羊撞死龍麒，子孫尋屍；

35. 龍麒出殯；

36. 龍王墳；

37. 盤、藍、雷、鐘四人謝恩；

38. 盤自能封立國侯，藍光輝封騎國侯，雷巨祐封武騎侯；

39. 最後，以「始祖盤瓠出身圖說」結束。

圖 2-10　畬民祖圖

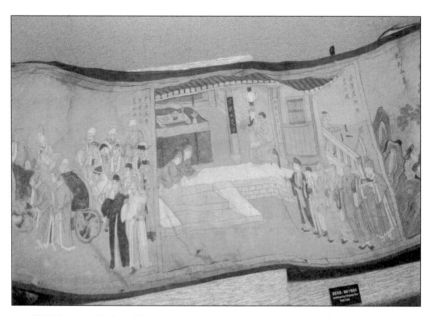

資料來源：筆者拍攝，2000 年 10 月 12 日，（地點：廈門大學人類
學博物館）。

圖 2-11 畬民祖圖

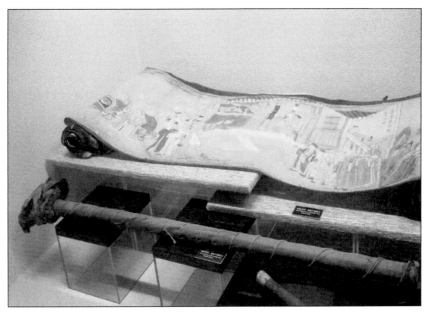

資料來源：筆者拍攝，2000 年 10 月 12 日，（地點：廈門大學人類
學博物館）。

圖 2-12 福建寧德畬民雷氏祖圖

資料來源：筆者翻拍自《雷氏祖譜》，2009 年 10 月 22 日，（地點：
福建寧德）。

圖 2-13　畬民祖圖

資料來源：邱國珍、姚周輝、賴施虯，《畬族民間文化》，北京：商務印書館，2006
年1月。

二、高皇歌

畬民口頭文學中傳頌的故事，從孩提時期的教育，便將盤瓠傳說以山歌
形式或講故事的形式傳頌。長篇敘事史詩《高皇歌》（如附錄）以樸素而深沉
的民族感情追述了畬族的起源和歷史，歌頌盤瓠不平凡的經歷，描繪其英勇
殺敵、繁衍子孫的豐功偉績。它被尊為畬民的祖歌、史歌，以畬語傳唱至今。
另外還有《狗聖歌》、《山歌本》等唱本有十多個，經分析，其內容大體形同，
早期唱本對盤瓠的傳說明確使用「狗王」這麼一個稱呼，而後期則出現受漢
人影響而產生的「龍麒」稱謂，存在1970年代以後經畬民人士所整理的《高
皇歌》中。而畬民民間早期口傳故事中，也有關於盤瓠王的傳說，情節內容
基本與祖圖及《高皇歌》的傳說相同。

第三節　譜碟與姓氏

畬民族譜保存有盤瓠傳說，是識別畬民的重要象徵。盤瓠傳說是畬民氏
族崇拜思想的代表，它融合到社會文化生活的各個面向，是畬民傳統文化意
識形態的核心。畬民早期的宗譜、族本上，有許多宗譜上關於盤瓠王的記載，
也就是將盤瓠王當作本氏族的老祖宗，代代相傳。有代表性的畬民族譜中一
般都有「本姓源流序略」、「歷朝詔封恩榮記錄表」、「鳳凰山祖宗故圖」、「歷
代排行字頭」、「本譜排行字頭」、「本宗譜世系」、「本譜支系排列」等內容。

　　其與漢族族譜相比較，有以下幾個明顯的特點：畬民族譜有特殊的排行
方法。畬民藍姓按世（代）排列以「大、小、百、千、萬、念」6字為行次，
而雷姓少「念」字，鐘姓少「萬」字，每世（代）僅用一字做周而復始的迴
圈使用，以此作為輩分長幼的標示。如藍姓某男，同世行次為「念」，他在同
輩中排第 36 位，譜名便為「念三十六郎」。不過受到漢族影響，現在畬民已
取消這種排行方法，只以排世作為輩分長幼的序列。

　　族譜對於了解畬民來源及其遷移情況有相當的助益。族譜也是畬民尋根
問祖、認定民族成分的重要依據。由於畬民族譜保存了盤瓠傳說、源流序列、
行第排列、族規家訓、公產記載，以及一些官府文告等文獻資料和凡例序言
之類的文字。對於研究畬民家族史、宗法制度有重要價值，在畬民經濟史、
人口史、民俗史、華僑史等方面的研究，也有一定的參考作用。

圖 2-14　雷氏畬民族譜封面

資料來源：筆者翻拍自《雷氏族譜》，2009 年 10 月 22 日。

圖 2-15　畬民族譜祖圖

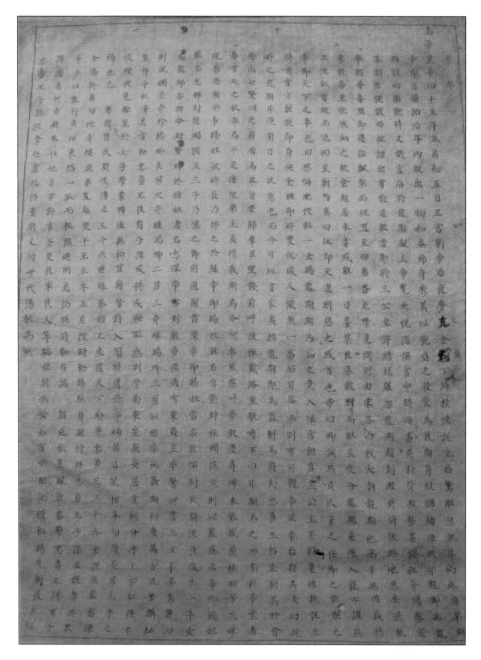

資料來源：筆者拍攝，2000 年 10 月 12 日，（地點：廈門大學人類學博物館）。

　　福建省圖書館保存有不少畬民族譜，如《晉江鬥山雷氏族譜》抄本若干卷，清代藍世煌等修纂的《福建晉江豐山藍氏族譜》抄本一冊等；成立於民

國 89（2000）年 5 月的上杭縣「客家姓氏譜牒館」，現已收藏閩、粵、贛客家族譜 600 多個版本、5000 多冊，其中抄藏和印藏上杭縣畬民族譜 20 多種；廈門大學歷史系保存有《福建晉江雷藍蘇三姓族譜》鈔本若干卷；福建省建甌市檔案館收藏有《雷氏族譜》三卷 18 冊。福建省外也有不少圖書館也收藏有一批畬族族譜，如中共國家圖書館、南京圖書館、中央民族大學圖書館、中南民族大學圖書館以及國家民委民族圖書館等。而畬族鄉村也收藏著大量的譜牒資料，如福建省霞浦縣諸姓畬民幾乎都有宗譜。畬民研究者私人收藏也有不少本民族的族譜，如上杭縣某一畬民後裔收集藍、雷、鐘三姓畬族族譜 20 餘種。臺灣現存的藍姓族譜，亦有畬民族源及遷徙的相關記載。

　　正史、方志、族譜是「華夏認同」下三種最重要的文類。正史所對應的是整體的「中國」與「中國之人」；方志、族譜則是模仿正史部分內容而產生之論述；他們代表地方與部分，向核心與整體的模仿攀附。透過「方志」文類，書寫者強調此地為華夏之域，其人為華夏之人，或強調本地華夏蠻夷的區分。透過「族譜」，書寫者直接或間接宣稱本家族、宗族為黃帝或炎黃之裔，以及透過人物傳記說明本群體的華夏本質。〔註 28〕因此明清以後的畬民，透過族譜的撰述，消除少數民族的印記，成為華夏子民，再藉由科舉成為地方仕紳，徹底擺脫少數民族的身份，甚至晉身成為意見領袖，鞏固宗族利益，其中漳浦藍姓就是最好的例證。

　　關於畬民盤、藍、雷、鍾四姓氏的來源，據何光嶽《百越源流史》、《南蠻源流史》考證：「畬族藍氏源於以種植藍靛、染藍衣的古人，他們以習慣穿藍衣而得名；雷氏是古羌人一支，又稱俚人、裏人，以雷為姓，深居山林的雷人，與一部分瑤族結合，成為畬族的雷姓；鐘，古與重通用，東夷的重人娶了畬族女子為妻，融入畬族。」但畬民最普遍的說法，則是南方民族普遍流傳的盤瓠傳說。由於畬族的始祖——龍犬（或曰「盤瓠」或「龍麒」），征番有功，娶高辛皇帝的三公主為妻，婚後育有三男一女。三男因出生時分別為盤子、籃子所盛裝以及雷聲乍響，所以分別賜姓為盤、藍、雷，而女兒長大嫁給鍾姓，所以盤、藍、雷、鍾成為畬民最早的姓氏，彼此互婚，不與外人婚配。在所有的文獻、傳說、祖圖、山歌等歷史文物中，都有盤、藍、雷、鍾四姓氏的痕跡。但目前畬民聚落地區仍保留藍、雷、鍾三大姓，至於盤姓去向，則眾說紛紜。除了廣東的瑤族地區仍有盤氏族群外，畬民之間已不復

〔註 28〕王明珂，〈族群歷史之文本與情境——兼論歷史心性、文類與範式化情節〉，《陝西師範大學學報（哲學社會科學版）》34：6，2005 年 11 月，頁 8。

存在。由於實施族內通婚，除了維護族群內部團結及血緣關係之外，亦可能是過去對於少數民族歧視所造成的結果，但不論如何，畬民傳統姓氏對於畬民意識具有非常深厚的意涵，如今姓氏仍是畬民族群識別最重要的象徵。

圖 2-16　高辛帝圖

資料來源：邱國珍、姚周輝、賴施蚪，《畬族民間文化》，北京：
商務印書館，2006 年 12 月，封面。

　　此外，從畬族姓氏的轉化，亦可看出畬漢之間的關係。除了傳統的盤、藍、雷、鍾四姓外，傅衣凌先生在〈福建畬姓考〉還考證出畬族姓氏有：陳、黃、李、吳、謝、劉、邱、羅、晏、許、張、余、袁、聶、辜、章、何等 17 個姓氏。傅衣凌將文獻中有關「頭陀、渠帥、大老、酋長」等有關的姓氏皆視為畬民，可以看出這些被稱作「蠻獠」或「畬民」並非是一個封閉的族群群體。〔註 29〕福建、廣東地區地名仍然保留些許的痕跡，如漳平郭畬，上杭高畬，武平洪畬、蘇畬，長汀葛畬，龍岩顏畬、郭畬、楊家畬、小高畬、大高畬，清流賴畬、林畬，連城盧畬，南平曹畬，廣東省海豐羅畬，平遠黃畬、大埔黃畬、彭畬等，這些地名並非都與畬民有關，可能為官府無法有效控制

〔註 29〕黃向春，〈「畬/漢」邊界的流動與歷史記憶的重構──以東南地方文獻中的「蠻獠──畬」敘事為例〉，《學術月刊》41：6，2009 年 6 月，頁 140。

之地，亦可能是漢族融入於畬民的文化習俗，但沒有採用畬民姓氏。簡單的說，畬民姓氏的多樣複雜，並非畬民包括許多姓氏，而是有許多人以「峒」、「畬」等聚落形態、社會組織和生產活動，或者依附於地方各姓豪族之中，隱匿其畬民身份，游離於漢畬之間。

所以劉克莊所提到的「畬長李德」之類，他們與其他「貴家」、「豪幹」〔註30〕共同構成各據一方的的地方勢力。只是相對於後者而言，他們保持著於「版籍」之外的狀態，或者比後者晚進入漢人主體社會。從《宋史》、《元史》等史籍中，可觀察到有關「峒寇」、「蠻獠」、「溪峒蠻」、「峒僚」、「畬軍」及「頭陀軍」等化外勢力，長期存在於閩粵贛的地區，並各自擁有相當的實力。〔註31〕這些化外勢力「入畬爲寇」或「籍峒爲民」，也就是由「畬長」成爲「貴家」、「豪幹」，或者由「貴家」、「豪幹」轉成爲「畬長」，其所呈現就是畬民轉化成爲漢民的過程。當畬民姓氏不再只是傳統之傳統盤、藍、雷、鍾四姓之時，亦代表這些少數民族脫離非漢的標記。隨著山區的日益開發和人群的交融，畬民慢慢的從人們的視野中消失。那些早期對畬民的記載漸漸地變成一種奇異的印象，成爲人們茶餘飯後的消遣，甚至從人們記憶中淡忘。而所謂的消失，並非指這群人事實上的消亡，而是指曾經作爲指認該人群明顯異於漢人的外顯標識的消融。〔註32〕

以下根據目前可考的史料，將其他姓氏與地緣關係，整理如下表。

表 2-3　閩粵畬民姓氏一覽表

姓　氏	籍　貫	年代	出　　處	原　　文
盤			高皇歌	畬族始祖「盤瓠」，征番有功，取高辛皇帝的三公主，婚後育有三男一女。三男分別被皇帝賜姓爲盤、藍、雷，女兒長大嫁給鍾姓。
藍			高皇歌	
雷			高皇歌	
鍾			高皇歌	
簍（雷）	福建汀州	清	范紹質《瑤民紀略》	（瑤民）以槃（盤）、藍、簍（雷）爲姓，三

〔註30〕〔明〕何景明《內篇》：「治儲之事，散有聚無，士需將徵，豪幹暴取，兌不改斂，貧不減費，權利而府怨是難之也。」
〔註31〕黃向春，〈「畬／漢」邊界的流動與歷史記憶的重構——以東南地方文獻中的「蠻獠——畬」敘事爲例〉，《學術月刊》41：6，2009年6月，頁140。
〔註32〕溫春香，〈「他者」的消失：文化表述中的畬漢融合〉，《貴州民族研究》28：122，貴州：貴州民族研究所，2008.6，頁61。

				姓自相匹偶，不與鄉人通。〔註33〕
簍	浙江遂昌			
婁			何子星，〈畬民問題〉〔註34〕	
槃（盤）	福建汀州	清	范紹質《瑤民紀略》	（傜民）以槃（盤）、藍、簍（雷）為姓，三姓自相匹偶，不與鄉人通。〔註35〕
李	閩南	宋	傅衣淩〈福建畬姓考〉	宋元時期，僅在閩西、閩南出現的非傳統畬姓的姓氏。〔註36〕
李	漳州龍溪	南宋景定	劉克莊〈漳州諭畬〉	反抗官府的漳州龍溪縣西畬畬長李德接受招撫。〔註37〕
李	福建霞浦福安福鼎		民國82（1993）年《霞浦縣畬族志》 民國84（1995）年《福安畬族志》 民國79（1990）年《福鼎縣畬族婚俗調查初識》	
李	浙江平陽			
李	廣東博羅	明正統	《明實錄》	正統5年6月，廣東博羅等縣傜長李應山等俱來朝。
李	江西大庚			
李	浙江			
李			何子星，〈畬民問題〉〔註38〕	
胡	廣東增城	明正統	《明實錄》	正統5年2月，廣東增城等縣撫傜頭目胡亮率傜首廖文政等…來朝。
胡	廣東乳源		顧炎武，《天下郡國利病書》	

〔註33〕〔清〕范紹質，〈瑤民紀略〉，見李紱纂，王光明、陳立點校《汀洲府志》，卷41，藝文記，同治六年重刊本。

〔註34〕何子星，〈畬民問題〉，《東方雜誌》30：13，1933。

〔註35〕〔清〕范紹質，〈瑤民紀略〉，見李紱纂，王光明、陳立點校《汀洲府志》，卷41，藝文記，同治六年重刊本。

〔註36〕傅衣淩，〈福建畬姓考〉，《傅衣淩治史五十年文編》，福建廈門：廈門大學出版社，1989，頁171～177。

〔註37〕劉克莊，《後村先生大全集》，卷93，〈漳州諭畬〉，四步叢刊本。

〔註38〕何子星，〈畬民問題〉，《東方雜誌》30：13，1933。

胡	浙江			
胡			何子星，〈畬民問題〉〔註39〕	
劉	閩東浙南		《同源娘姓歌》	
劉	閩南	元	傅衣淩〈福建畬姓考〉	宋元時期，僅在閩西、閩南出現的非傳統畬姓的姓氏。〔註40〕
劉	浙江云和			
劉	浙江			
劉			何子星，〈畬民問題〉	
陳	閩南	宋	傅衣淩，〈福建畬姓考〉	宋元時期，僅在閩西、閩南出現的非傳統畬姓的姓氏。〔註41〕
陳	廣東潮州	元至元	（乾隆）《潮州府志》	鞏寇陳滿等嘯聚梅塘，攻陷城邑。〔註42〕
陳	福建霞浦福安福鼎		民國82（1993）年《霞浦縣畬族志》 民國84（1995）年《福安畬族志》 民國79（1990）年《福鼎縣畬族婚俗調查初識》	
林	福建霞浦福安福鼎		民國82（1993）年《霞浦縣畬族志》 民國84（1995）年《福安畬族志》 民國79（1990）年《福鼎縣畬族婚俗調查初識》	
林	浙江			
林	閩東浙南		《同源娘姓歌》	
林			何子星，〈畬民問題〉〔註43〕	
黃	閩南	元	傅衣淩，〈福建畬姓考〉	宋元時期，僅在閩西、閩南出現的非傳統畬姓的姓氏。〔註44〕
黃	福建汀州		〔清〕《臨汀匯考》	長汀爲光龍峒，寧化爲黃連峒。峒者，苗人散處之鄉。〔註45〕
黃	閩北			

〔註39〕 何子星，〈畬民問題〉，《東方雜誌》30：13，1933。
〔註40〕 傅衣淩，〈福建畬姓考〉，《傅衣淩治史五十年文編》，頁171～177。
〔註41〕 傅衣淩，〈福建畬姓考〉，《傅衣淩治史五十年文編》，頁171～177。
〔註42〕 （乾隆）《潮州府志》，卷38，〈徵撫〉。
〔註43〕 何子星，〈畬民問題〉，《東方雜誌》30：1，1933。
〔註44〕 傅衣淩，〈福建畬姓考〉，《傅衣淩治史五十年文編》，頁171～177。
〔註45〕 〔清〕楊瀾，《臨汀匯考》，卷1，〈方域考〉，光緒4年刊本。

黃	福建閩侯（林森）		〈老爸不識字　全家改名換姓〉，《自由時報》，2003 年 4 月 15 日。〔註 46〕	
苟	閩	明	謝肇淛《五雜組》	吾閩山中有一種畬人……畬人相傳盤瓠種也，有苟、雷、藍等五姓，不巾不履，自相匹配。〔註 47〕
苟	廣東惠州	明 嘉靖	《惠州府志》	徭其在惠者，俱來自別境，……其姓為盤、藍、鐘、苟，自相婚姻。〔註 48〕
苟			何子星，〈畬民問題〉〔註 49〕	
吳	閩南	元	傅衣淩〈福建畬姓考〉	宋元時期，僅在閩西、閩南出現的非傳統畬姓的姓氏。〔註 50〕
吳	福建霞浦福安福鼎		民國 82（1993）年《霞浦縣畬族志》民國 84（1995）年《福安畬族志》民國 79（1990）年《福鼎縣畬族婚俗調查初識》	
吳	閩東浙南		《同源娘姓歌》	
謝			傅衣淩〈福建畬姓考〉〔註 51〕	
謝			《王文成公全書》	
章			傅衣淩〈福建畬姓考〉〔註 52〕	
章	閩南		《同源娘姓歌》	
潘	浙江麗水			
潘	福建		〔清〕《春明夢餘錄》	閩中流民畬種，潘、藍、呂三姓。〔註 53〕
袁	閩南	明	傅衣淩〈福建畬姓考〉	宋元時期，僅在閩西、閩南出現的非傳統畬姓的姓氏。〔註 54〕

〔註 46〕詳如第 1 頁報導。

〔註 47〕〔明〕謝肇淛，《五雜組》標點本，上海：上海書店，2001，頁 123。

〔註 48〕〔明〕姚良弼，《惠州府志》，卷 14，〈外志。猺蜑〉，嘉靖 35 年刊本。

〔註 49〕何子星，〈畬民問題〉，《東方雜誌》30：13，1933。

〔註 50〕傅衣淩，〈福建畬姓考〉，《傅衣淩治史五十年文編》，頁 171～177。

〔註 51〕傅衣淩，〈福建畬姓考〉，《福建文化》2：1，1944。

〔註 52〕傅衣淩，〈福建畬姓考〉，《福建文化》2：1，1944。

〔註 53〕〔清〕孫承澤，《春明夢餘錄》，卷 43，光緒 9 年刊本。

〔註 54〕傅衣淩，〈福建畬姓考〉，《傅衣淩治史五十年文編》，頁 171～177。

袁	廣東乳源		顧炎武，《天下郡國利病書》	
晏	閩南	宋	傅衣淩〈福建畬姓考〉	宋元時期，僅在閩西、閩南出現的非傳統畬姓的姓氏。〔註55〕
晏	福建邵武	南宋紹定	（光緒）《邵武府志》	寧化畬民晏頭陀領導畬族人民起義。〔註56〕
何	建陽	清嘉慶		
何			傅衣淩〈福建畬姓考〉〔註57〕	
張	閩南	元	傅衣淩〈福建畬姓考〉	宋元時期，僅在閩西、閩南出現的非傳統畬姓的姓氏。〔註58〕
張	閩南		《同源娘姓歌》	
邱	福建霞浦福安福鼎		民國82（1993）年《霞浦縣畬族志》 民國84（1995）年《福安畬族志》 民國79（1990）年《福鼎縣畬族婚俗調查初識》	
邱	閩南	元	傅衣淩〈福建畬姓考〉	宋元時期，僅在閩西、閩南出現的非傳統畬姓的姓氏。〔註59〕
丘	浙江			
華	江西興國	清	崔國榜《興國縣志》	有山民戶…號為「山野子」，其人多雷、藍、華三姓，佔耕其土，自爲婚姻。〔註60〕
華	江西			
來	粵東		郭志超，《閩臺民族史辨》	郭志超，〈畬族與漢族的關係及其社會文化變遷〉《閩臺民族史辨》〔註61〕
來	廣東羅浮山蓮花山		楊成志等，〈廣東畬民識別調查〉	

〔註55〕傅衣淩，〈福建畬姓考〉，《傅衣淩治史五十年文編》，頁171～177。
〔註56〕（光緒）《邵武府志》卷11〈錄劉忠烈祠記〉。
〔註57〕傅衣淩，〈福建畬姓考〉，《傅衣淩治史五十年文編》，頁171～177。
〔註58〕傅衣淩，〈福建畬姓考〉，《傅衣淩治史五十年文編》，頁171～177。
〔註59〕傅衣淩，〈福建畬姓考〉，《傅衣淩治史五十年文編》，頁171～177。
〔註60〕〔清〕崔國榜，《興國縣志》，卷46，〈雜記〉引〈飲水志林〉，同治16年刊本。
〔註61〕郭志超，〈畬族與漢族的關係及其社會文化變遷〉，《閩臺民族史辨》，頁211。

羅	浙江			
羅			傅衣淩〈福建畬姓考〉〔註62〕	
朱	閩東浙南		《同源娘姓歌》	
朱	福建霞浦 福安福鼎		民國 82（1993）年《霞浦縣畬族志》 民國 84（1995）年《福安畬族志》 民國 79（1990）年《福鼎縣畬族婚俗調查初識》	
許	閩南	元	傅衣淩〈福建畬姓考〉	宋元時期，僅在閩西、閩南出現的非傳統畬姓的姓氏。〔註63〕
余			傅衣淩〈福建畬姓考〉〔註64〕	
晶	閩南	元	傅衣淩〈福建畬姓考〉	宋元時期，僅在閩西、閩南出現的非傳統畬姓的姓氏。〔註65〕
辜			傅衣淩〈福建畬姓考〉〔註66〕	
伍	廣東潮州	明	《明史》卷 212，〈俞大猷傳〉	「潮州倭二萬與大盜吳平相椅角，而諸峒藍松三、伍端、溫七、葉丹樓輩日掠惠、潮間。」〔註67〕
溫	廣東潮州	明	《明史》卷 212，〈俞大猷傳〉	「潮州倭二萬與大盜吳平相椅角，而諸峒藍松三、伍端、溫七、葉丹樓輩日掠惠、潮間。」〔註68〕

〔註62〕 傅衣淩，〈福建畬姓考〉，《福建文化》2：1，1944。
〔註63〕 傅衣淩，〈福建畬姓考〉，《傅衣淩治史五十年文編》，頁 171～177。
〔註64〕 傅衣淩，〈福建畬姓考〉，《福建文化》2：1，1944。
〔註65〕 傅衣淩，〈福建畬姓考〉，《傅衣淩治史五十年文編》，頁 171～177。
〔註66〕 傅衣淩，〈福建畬姓考〉，《福建文化》2：1，1944。
〔註67〕 《明史。卷 212，俞大猷傳》，頁 5606。根據郭志超教授在《閩臺民族史辨》中表示，此三姓應是漢人逃避賦役而逃入畬族社區畬化為畬族。郭志超，〈畬族與漢族的關係及其社會文化變遷〉，《閩臺民族史辨》，安徽合肥：黃山書社，2006 年 5 月，頁 209。
〔註68〕 《明史》卷 212，〈俞大猷傳〉，頁 5606。根據郭志超教授在《閩臺民族史辨》中表示，此三姓應是漢人逃避賦役而逃入畬族社區畬化為畬族。郭志超，〈畬族與漢族的關係及其社會文化變遷〉，《閩臺民族史辨》，安徽合肥：黃山書社，2006 年 5 月，頁 209。

葉	廣東潮州	明	《明史》卷 212，〈俞大猷傳〉	「潮州倭二萬與大盜吳平相掎角，而諸峒藍松三，伍端、溫七、葉丹樓輩日掠惠、潮間。」〔註69〕
黎	粵東		郭志超，《閩臺民族史辨》	郭志超，〈畬族與漢族的關係及其社會文化變遷〉《閩臺民族史辨》〔註70〕
侯			何子星，〈畬民問題〉〔註71〕	郭志超教授認爲其推論不足。〔註72〕
程	福建南平	明嘉靖	《明史》	程紹祿亂延平，梁道輝擾汀州。大猷以威名懾群盜，單騎入紹祿營，督使歸峒。〔註73〕
梁	福建汀州	明嘉靖	《明史》	程紹祿亂延平，梁道輝擾汀州。大猷以威名懾群盜，單騎入紹祿營，督使歸峒。〔註74〕
呂	福建			
韓	福建霞浦福安福鼎		民國 82（1993）年《霞浦縣畬族志》民國 84（1995）年《福安畬族志》民國 79（1990）年《福鼎縣畬族婚俗調查初識》	
楊	福建霞浦福安福鼎		民國 82（1993）年《霞浦縣畬族志》民國 84（1995）年《福安畬族志》民國 79（1990）年《福鼎縣畬族婚俗調查初識》	
連	福建霞浦福安福鼎		民國 82（1993）年《霞浦縣畬族志》民國 84（1995）年《福安畬族志》民國 79（1990）年《福鼎縣畬族婚俗調查初識》	

〔註69〕　《明史。卷 212，俞大猷傳》，頁 5606。根據郭志超教授在《閩臺民族史辨》中表示，此三姓應是漢人逃避賦役而逃入畬族社區畬化爲畬族。郭志超，〈畬族與漢族的關係及其社會文化變遷〉，《閩臺民族史辨》，安徽合肥：黃山書社，2006 年 5 月，頁 209。
〔註70〕　郭志超，〈畬族與漢族的關係及其社會文化變遷〉，《閩臺民族史辨》，頁 211。
〔註71〕　何子星，〈畬民問題〉，《東方雜誌》30：13，1933。
〔註72〕　郭志超，〈畬族與漢族的關係及其社會文化變遷〉，《閩臺民族史辨》，頁 185。
〔註73〕　《明史》卷 212〈俞大猷傳〉，頁 5606。
〔註74〕　《明史》卷 212〈俞大猷傳〉，頁 5606。

賴	福建霞浦 福安福鼎		民國 82（1993）年《霞浦縣畬族志》 民國 84（1995）年《福安畬族志》 民國 79（1990）年《福鼎縣畬族婚俗 調查初識》	
魏	福建霞浦 福安福鼎		民國 82（1993）年《霞浦縣畬族志》 民國 84（1995）年《福安畬族志》 民國 79（1990）年《福鼎縣畬族婚俗 調查初識》	
孔	福建霞浦 福安福鼎		民國 82（1993）年《霞浦縣畬族志》 民國 84（1995）年《福安畬族志》 民國 79（1990）年《福鼎縣畬族婚俗 調查初識》	
馮	福建霞浦 福安福鼎		民國 82（1993）年《霞浦縣畬族志》 民國 84（1995）年《福安畬族志》 民國 79（1990）年《福鼎縣畬族婚俗 調查初識》	
洪	福建霞浦 福安福鼎		民國 82（1993）年《霞浦縣畬族志》 民國 84（1995）年《福安畬族志》 民國 79（1990）年《福鼎縣畬族婚俗 調查初識》	
鄭	福建霞浦 福安福鼎		民國 82（1993）年《霞浦縣畬族志》 民國 84（1995）年《福安畬族志》 民國 79（1990）年《福鼎縣畬族婚俗 調查初識》	
廖	廣東增城	明正統	《明實錄》	正統 5（1440）年 2 月，廣東增城等縣撫徭頭目胡亮率徭首廖文政等…來朝。
蒙	廣東歸善	明景泰	《明實錄》	
盆	廣東京城		《盆盤藍雷黎欄族譜》	
欄	廣東海豐		《盆盤藍雷黎欄族譜》	
黎	廣東歸善		《盆盤藍雷黎欄族譜》	
卯			《新元史》	
高	江西上新穩下			
周			《同源娘姓歌》	
千			《同源娘姓歌》	

羊			《同源娘姓歌》	
王			《同源娘姓歌》	
宗			《同源娘姓歌》	
世			《同源娘姓歌》	
爰			《同源娘姓歌》	
曹			《同源娘姓歌》	
方			《同源娘姓歌》	
康			《同源娘姓歌》	

第三章　清代臺灣藍姓畬民分佈與發展

　　根據臺灣目前各地所蒐集的藍姓族譜以及民國 74（1985）年何兆欽所編纂之《汝南堂藍氏族譜》記載，除了部分父子或兄弟遷移來臺外，其中足夠的世代繁衍及穩定的經濟生活或政治勢力，是發展成為宗族的必要條件。清代藍姓移民從明代開始，隨著鄭成功來臺，並且在宗親族人赴臺征戰中，從康熙年間直到乾隆、咸豐年代來台開墾，祖籍主要來自於閩南地區的漳浦縣赤嶺鄉、湖西鄉、以及龍海市的隆教鄉。嘉慶 2（1797）年 10 月 20 日內閣檔庫記載：魁倫（閩浙總督）、汪志伊（福建巡撫）「奏報漳浦縣民藍三世等私販鐵鍋夾帶渡臺併備弁知情徇隱請照軍器下海律擬絞監候并此案失察文武職名應補參臣魁倫等疏漏之處交部議處」〔註1〕，可見直到嘉慶年間，仍有漳浦藍姓移民私渡來臺。這些來自漳浦藍姓畬民後裔除了少數遷至大埔、饒平成為客家人外，其它從漳浦遷至泉州南安之來臺藍氏宗族，大都以閩南人身份自居。直到現代，當地住在偏遠山區之藍姓畬民，仍保有其傳統習俗。〔註2〕

　　嘉慶 19（1814）年《清仁宗實錄選輯》記載：

　　　　嘉慶 19 年春正月十一日（癸酉），諭軍機大臣等：『汪志伊等奏：「閩省牌甲保長，人多畏避承充，皆由易於招怨。……其畬民、熟番久

〔註1〕　魁倫（閩浙總督）汪志伊（福建巡撫）（嘉慶 2 年 10 月 20 日（17971207））。
　　　　〔題名：閩浙總督為漳浦縣民私販鐵鍋夾帶渡臺事〕。《數位典藏與數位學習聯合目錄》。http://catalog.digitalarchives.tw/dacs5/System/Exhibition/Detail.jsp?OID=2566797（2011/06/12 瀏覽）。

〔註2〕　相關的祖圖及祖杖經調查於文革期間被燒毀，少數珍貴文物由廈門大學人類學博物館所蒐集館藏。經專家學者的調查認定，於 1985 年分別成立畬族鄉，恢復少數民族的身份。

　　與齊民無異，俱當一律辦理。又，沿海及內河大、小船隻藏奸濟匪，

　　均所不免；所議設簿登記，按季查點以昭嚴密之處，亦應照所議行。

　　將此諭令知之』。〔註3〕

　　清代臺灣設治兩百多年間，直到臺灣設省，其行政區域劃分大抵與福建相連。因此直到嘉慶年間，清朝政府對於少數民族的治理，從「畲民、熟番久與齊民無異，俱當一律辦理。」必定將畲民與熟番兩者相同視之，彼此關聯。

　　漳浦地處漳州海濱，與台灣一衣帶水，自明鄭時期即因地利之便，渡海到台謀生。此後移民入台與入墾地區與當時朝政與時局有著密切的關係。如明天啓和崇禎年間的鄭芝龍父子，就招徠家鄉南安人民赴臺墾拓。清初康熙年間實施遷界，漳州沿海一帶人民傾家蕩產，顛沛流離，此時在鄭成功的招佃開墾下，又一波移民來臺的高峰。陳其南在《臺灣的傳統中國社會》中提到，「一個移民社會要有足夠的人口建立宗族，至少必須具備下述兩個條件之一：舉族遷徙或足夠的世代繁衍。」一般而言，臺灣在清代被視爲情況不明的邊疆區域，不可能有舉族遷徙的例子發生。〔註4〕因此，雖然康熙23（1684）年已正式將臺灣納入清朝版圖，但在此後康雍乾數十多年間，對於閩粵兩地赴臺，仍實行寬嚴不等的限制。如規定每年春耕時進入臺灣，秋收後要返回原籍，不得在臺灣常居落戶，而且只准單身前往，不得攜帶家眷，因此無益於繁衍宗族。直到康熙末年，臺灣發生了朱一貴起義事件，漳浦籍南澳鎮總兵藍廷珍率師平亂，同宗藍鼎元隨軍擔任重要幕僚。之後藍廷珍升任臺灣總兵官，留台處理善後，而其族人藉由政治勢力，投入土地拓殖經營，也造就了漳浦人士來臺人的有利條件。乾隆25（1760）年，福建巡撫吳士功採納藍鼎元的建議，開放閩粵來入台攜帶家眷的限制。之後，漳浦移民來台不絕如縷，或合股開墾，或招佃守隘，甚至來臺投靠親友眷屬。其中如林成祖及吳沙，便是漳籍來臺墾拓的重要代表人物。

　　根據赤嶺《藍氏族譜》以及臺灣《汝南堂藍氏族譜》分別有以下的記載：

　　……廿二世祖邦獻公諱琛，與其長子元晦遷居漳浦縣轄之鎮海龍教

　　社」「廿三世元晦，號廷端，分居入漳州鎮海霞美社建置祖廟二進…

〔註3〕　《清仁宗實錄選輯》，臺灣文獻叢刊，頁181～182；連橫，《臺灣通史》卷三．經營紀，臺北，幼獅出版社，1977年1月，頁55。

〔註4〕　陳其南，《臺灣的傳統中國社會》，臺北：允晨文化，1987年3月，頁127。

生三子，長慶福，開基莨糳（又稱張坑，今赤嶺）始祖，次子慶錄
留居隆教，三子慶壽遷居廣東大埔河廖。〔註5〕

　　22 世藍琛，於元末任撫州（江西）臨川知縣，與長子元晦遷居漳浦前亭
霞美，再遷居龍海市隆教畬族鄉，其次子仲晦則分居候官，三子季晦，分居
興化。元晦長子，24 世慶福，分居漳浦莨溪（即今赤嶺）爲漳浦藍姓開基祖，
次子慶祿，留居於隆教畬族鄉，三子慶壽遷居廣東大埔河寮（今湖寮）畬族
鄉。所以閩南龍海市龍教畬族鄉、漳浦縣赤嶺畬族鄉皆爲藍姓，並且同爲龍
教藍姓開基祖的衍派。而湖西畬族鄉的藍姓畬民則是從赤嶺遷出。之後分別
遷徙至廣東大埔湖寮、福建漳平山羊隔、華安官畬以及晉江市。臺灣的屏東
里港、臺北縣樹林、雙溪、以及宜蘭羅東的藍姓，則是分別從明清時期從龍
教和赤嶺遷來的。〔註6〕

圖 3-1　新北市雙溪番仔坑藍氏公厝

資料來源：何兆欽《汝南堂藍氏族譜》，1984，族圖 5。

　　清初，赤嶺及湖西藍姓畬民先後出現了藍理、藍鼎元、藍廷珍、藍元枚
等清代籌臺的名宦將官，其中多數率軍或參與了清廷幾次對臺灣的用兵及治
臺政策的謀略與規劃。這些清初對於臺灣歷史影響如此深遠的人物，相當集

〔註5〕　何兆欽編著，《汝南堂藍氏族譜》，臺北，臺灣區藍姓族譜編輯委員會，1985，
　　　　譜牒 36。
〔註6〕　郭志超〈閩南藍姓畬族與閩西藍姓畬族的淵源關係〉，《臺灣源流》10，1998
　　　　年 6 月，頁 10。

中出現於福建的藍姓畬民，對於研究清代治理臺灣，是相當重要的課題。

除了藍廷珍及藍鼎元家族在臺中藍興庄及屏東縣里港外，其他藍氏移民分布區域散落在桃園縣、宜蘭縣、臺北縣市、新竹縣、苗栗縣、臺中縣、臺南縣、高雄縣、澎湖縣及花蓮縣等地。其中以桃園縣及宜蘭縣為大宗，兩地也正好是漳州府移民的主要地區。藍氏移民在桃園、宜蘭兩地土地拓墾上，扮演相當重要的角色（表 3-1）。漳州移民目前在臺約佔總人口之 35%，且大都來自靠山地區縣份，其中以南靖、平和、詔安等為主要祖籍地，漳浦、雲霄次之。〔註7〕

圖 3-2　臺南東山鴨頭

資料來源：筆者拍攝，2011 年 7 月 5 日，（地點：臺南市東山鄉）。

漳浦藍姓後裔從唐代到今，除部分位於深山之中的莨猺鄉，至清初仍操其舊業，並維持其傳統民族風格外，其他遷徙至漳浦平原或泉州及粵東等地之藍姓宗族，則與當地漢民族無異。1956 年中國大陸認定漳浦地區藍姓為畬族後，饒平藍姓也在 1988 年 6 月經汕頭人民政府批准為畬族。此外，根據族譜記載，也有少部份藍姓移民來自潮州或嘉應州地區，在《潮州志》歷年進出口統計中，潮州雖然以汕頭為主要的出入港口，但受到政治因素及航線調整等因素，也會改到廈門或漳州等地出入，更何況彼此地理上相連，人民互有往來。

〔註7〕　羅肇錦，〈「漳泉鬥」的閩客情節初探〉，《台灣文獻》49：4，南投：臺灣文獻委員會，1998。

表3-1　清代藍氏移民來臺墾拓一覽表

時　間	原　籍	姓　名	墾拓居住地	備　註
明清之際	漳州	藍鳳	臺南大康村	
明末清初	漳州漳浦張坑堡南坑社	藍武	落籍基隆	18 世開台祖
康熙 60 年	粵籍	藍溢海	下淡水港	因朱一貴事件
雍正年間		藍天秀	藍益興堡	人口徙居北部者繁，甚至僑居海外
康熙末年	福建漳浦	藍鼎元後裔	屏東里港	當地望族
雍正 4 年	福建漳浦	藍仲	屏東港	
乾隆年間	福建漳浦	藍愛後人	臺南東山	
乾隆年間	福建漳浦	藍寒	南投漳浦寮	
乾隆年間	福建漳浦	藍承顯藍承略	苗栗竹南	
乾隆年間	福建漳浦	藍歡	新竹新豐	
乾隆年間	福建漳浦	藍宗、藍勇	桃園市	
乾隆年間	福建漳浦	藍傑	桃園中壢	
1745 年（乾隆 10 年）	漳州漳浦長谿鄉	藍歡官藍官生	臺北路紅毛港大崙庄（藍埔）即現在埔心（安平鎮舊址掌路寮）通中壢大崙達桂竹林一帶	14 世祖歡官公派16 世漢農公變賣祖產後遷居大溪，舊名大科崁尾寮
乾隆 24、25	福建漳浦	藍引	淡水廳八里分；臺北內湖宜蘭羅東	
乾隆年間	福建漳浦	藍敕後人藍文金	臺北雙溪	
乾隆年間	福建漳浦	藍崇德後裔	宜蘭羅東	
乾隆年間	漳州詔安	藍永元	臺中市	
乾隆年間	漳州平和	藍天日	基隆市	
乾隆甲辰年 2 月 21 日申時（乾隆 49 年）	漳州漳浦泉州南安金田鄉蔣田鄉	藍士興藍維品	海山郡；三角埔（今樹林三多里）	藍林泉族系
嘉慶年間	福建漳浦	藍仕元	臺南市	
未註明	廣東嘉應州大埔	藍斯幟	中壢	20 氏開台祖

資料來源：何兆欽編著，《汝南堂藍氏族譜》，臺北：臺灣區藍姓族譜編輯委員會，1985
　　　　　年 10 月。

第一節　漳浦湖西藍廷珍及漳浦赤嶺藍鼎元族系

　　漳浦藍氏家族，開啓家族盛名的莫過於施琅征臺之役的藍理，平定朱一貴事件的南澳總兵藍廷珍以及隨其兄長赴臺，影響清初治理臺灣政策的藍鼎元。藍理，字義甫，號義山，漳浦莨坑（今赤嶺畲族鄉）石椅下尾仔人。藍理爲靖海將軍施琅出征臺灣之先鋒官，官至福建陸路提督。藍氏祖祠後廳正中有一個「福」字大木匾，即爲康熙皇帝御書賜給藍理，藍氏族人以此爲寶。前廳石柱對聯：「銅柱海疆曾著績，鐵衣戎略夙知名」，亦爲康熙所御賜，可見藍氏家族在康熙年間平臺之役的重要地位。〔註8〕自康熙年間，藍理被施琅任爲右營遊擊，領前隊先鋒，隨福建水師駐紮在廈門，開啓藍氏家族與臺灣的密切關係。

圖 3-3　藍氏祖祠

資料來源：何兆欽編著，《汝南堂藍氏族譜》，宗圖 7。

〔註8〕陳桂味主編，王文逕、李林昌、林祥瑞著，〈石椅藍氏祖祠　西來庵〉《漳浦文史資料》第 20 輯（漳浦縣政協文史資料徵集研究委員會），2001 年 12月。

圖 3-4　康熙御書「福」字

資料來源：何兆欽編著，《汝南堂藍氏族譜》，宗圖 7。

　　藍理之後，清康熙 60（1721）年兼任南澳總兵的藍廷珍（1663～1729 年），字荊璞，漳浦萇坑（今赤嶺畬族鄉）土塔村後營人。年輕時投身叔祖藍理部下，勇猛善戰，由於平定朱一貴之亂，擁有輝煌的軍功，之後升任臺灣鎮總兵。雍正元年（1723）年出任福建水師提督，往返於廈門和臺灣之間，並於湖西鄉頂壇建府第。〔註 9〕同時，藍鼎元隨族兄藍廷珍留台一年多，爲清領臺灣前期留下相當的論述。

　　藍鼎元（1680～1733 年），字玉霖，號鹿州，別字任庵，漳浦萇谿（今赤嶺畬族鄉）山平村山尾頂人。清康熙 60（1721）年 4 月，朱一貴之亂，綜理臺灣各項事務，對於平定及治理臺灣獻模劃策。雍正元（1723）年，貢太學，官普寧知縣、署廣州知府，嗣校書內廷，條奏「經理臺灣」等六事。所著「鹿洲初集」、「東征集」、「平臺紀略」、「鹿洲奏疏」及其他諸書，俱梓行於世，被譽爲「籌臺宗匠」。〔註 10〕乾隆 51（1786）年，林爽文在台起義。乾隆 52（1787）年，藍元枚受命入台平定林爽文起義。藍元枚，字卜臣，號萇溪，爲藍廷珍之孫，歷任江南提督，福建陸路提督、福建水師提督、參贊大臣。於乾隆 52（1787）年率兵出師臺灣平定林爽文之亂，藍元枚至臺僅三月，即病卒。〔註 11〕

〔註 9〕　臺灣文獻叢刊，《重修臺灣縣志》卷九，頁 341。
〔註 10〕　《福建通志列傳選》卷四，頁 212。
〔註 11〕　《福建通志卷》國朝列傳，頁 795。

　　藍理、藍鼎元、藍廷珍及藍元枚皆出自漳浦赤嶺及湖西畬族鄉，都是權傾一時，望重地方，共同建構了漳浦藍氏家族龐大的政治勢力，也爲清領初期影響臺灣之重要歷史人物。藍鼎元隨軍入臺參贊軍務期間，寫下了《平臺紀略》、《東征集》等名著，並提出了大量的治台策略，歷代治臺者均引以爲法。而藍家與曾任漳浦知縣，擁有進士功名的陳汝咸，以及內閣學士禮部侍郎蔡世遠，和參與諸羅縣志撰修的陳夢林皆是出身漳浦，在地緣關係之下，彼此互相提攜，成爲清初治理臺灣之朝廷重臣競相延攬之策士，並成爲實際參與並影響治臺策略之漳浦集團。〔註12〕所以清初治理臺灣，清朝政府相當程度是透過漳浦人士來理解臺灣風土民情。而漳浦藍姓家族，不論在軍事及政治上，皆扮演不可或缺的角色。

　　藍鼎元原鄉「赤嶺」，明朝時稱「張坑」，雅稱「長卿」，也稱「萇溪」或「萇坑」，屬漳浦縣二十八都。赤嶺位於漳浦縣東北部山區，在過去因遍地長滿野生的獼猴桃，而「萇楚」爲羊桃的別名，中華獼猴桃的古名，所以「萇溪」或「萇坑」也就指長滿獼猴桃的溪谷地帶。〔註13〕順治18（1661）年宣布遷界令，漳浦梁山以南、舊鎮以東具爲棄地，萇坑成爲邊界，僥倖未受戰亂遷界之影響。赤嶺畬民以藍姓居多，且是同一祖宗繁衍下來的，故該鄉除有開基祖如「藍氏家廟」外，各房都有宗祠，宗族制度相當完整。根據民國78（1989）年調查，赤嶺鄉轄9個行政村78個自然村，有2,361戶，11,355人，87%以上爲藍姓。〔註14〕

　　漳浦赤嶺（萇谿）自古爲漳泉二地畬族人之故居，此地深邃在萬山中，至民國38（1949）年中共進行民族調查時，交通仍然十分不便。當地左右數十里，皆爲藍氏宗族。〔註15〕至藍理少時，亦曾「設缸置靛，收里布，躬染

〔註12〕 李文良，〈清初入籍台灣法規之政治過程及其歷史意義〉，收入《臺大文史哲學報》67，臺北：臺大文史哲學報，2007年11月，頁122～123。

〔註13〕 另一說是由於明代以前，張姓爲本地大姓，所以叫張坑。整理自藍沂水，〈赤嶺畬族鄉歷史點滴〉，《漳浦文史資料》第16輯，1997年10月，頁113。張宏明，〈神廟祭典與家族競爭——漳浦赤嶺雨霽頂三界公廟祭典的考察〉，廈門，廈門大學文化人類學研究所碩士論文，1996，頁20。《漢典》http://www.zdic.net/zd/zi/ZdicE8Zdic8BZdic8C.htm，2010年10月。

〔註14〕 蔣炳釗著，莊英章、潘英海主編，〈漳浦地區鬼靈及祖先崇拜 民間信仰漢文化的考察〉《臺灣與福建社會文化研究論文集》，臺北南港，中央研究院民族學研究所，1994年6月，頁176。

〔註15〕 藍鼎元，《鹿州全集》卷二十〈先王父逸叟先生暨王母陳孺人行狀〉，蔣炳釗、王錠點校，廈門大學出版社，1995，頁353。

濯」,〔註16〕燒山種菁爲畬族之主要維生方式,可見當時仍保有種靛青染布之特色。且當地位於叢山峻嶺,多虎患,居民世代居住於山中,因此男子大都雄健勇猛,剽悍不羈,婦女亦有膽識,皆善以伏弩射虎或敢與虎格鬥。且善使用藤牌短刀,有宋元峒丁藤牌軍之遺風。〔註17〕故位於漳浦較偏遠山區之藍姓畬民,至清初仍保有其傳統風俗。藍氏宗族除藍鼎元以文章著稱外,由於驍勇善戰,從行伍而爲將帥者甚多。自藍理、藍廷珍以下,漳浦畬民多以武功聞名於世,有「漳浦藍氏多將才」之稱。

藍廷珍故居「湖西」,則地處漳浦腹部,東鄰佛曇鎮,西接赤土鄉,南連赤湖鎮,北與赤嶺畬族鄉爲鄰,總面積 80.8 平方公里。宋代屬嘉賓鄉常樂里,明代屬十七都的官塘、後溪兩個「里」,清初順治年間將原官塘、後溪二「里」改爲「保」,康熙 39(1700)年改編爲後溪、官塘、趙家城 3 保。當時「湖西」尚未成爲地名,只稱黃姓聚居的詒安堡爲湖西城。之後「湖西」逐漸成爲當地代名詞。同治 8(1869)年漳浦知縣斌敏作《湖西鄉》詩:「望里湖西塔,居民數百家,晴光動海氣,麗日走金沙,戴土山多秀,栽松路轉賒,餘杭舊遊地,此景暗諮嗟。」現全鄉共轄城內、蘇溪、嶺腳、豐卿、楓林、趙家城、山后、後溪、頂壇、後洞 10 個村,總人口 2 萬多人,其中畬族人口近萬人。〔註18〕

藍廷珍因軍功在湖西家鄉爲族人設置了大量的學田、祭田、義田等,並且在康熙末年雍正初年興建提督府第。藍廷珍後代以新城府第爲宗祠,並以石埕排列爲圖案,作爲子孫認祖的標誌。漳浦的湖西畬族鄉舊有「五里三城」聞名於外。所謂「三城」者,即趙家堡、詒安堡和藍提督府第,由於後者建造時間較晚,又稱之爲「新城」。現今新城官邸仍保存良好,爲漳浦藍氏家廟外,另一個清代漳浦畬民中少數重要人物傳世的住所。〔註19〕趙嘉堡爲趙宋皇族後裔聚居之地,詒安堡則是官至湖南布政使、太長寺卿的黃性震家族,以及湖西頂壇村的福建提督藍廷珍府第。由於黃、藍兩大家族勢均力敵,在閩南械鬥成風的歷史背景中,彼此衝突至 20 世紀 40 年代仍未停歇。〔註20〕

〔註16〕 藍鼎元,《鹿州全集》卷七〈叔祖福建提督義山公家傳〉
〔註17〕 謝重光,《畬族與客家福佬關係史略》,福建福州:福建人民出版社,2002 年 6 月,頁 272。
〔註18〕 藍炯熹,〈畬民家族文化〉,福州:福建人民出版社,2002 年 6 月,頁 356~361;王文徑、黃文富《藍氏祖孫提督府第和家族》,《福建民族》,1997 年 6 月。
〔註19〕 藍炯熹,〈畬民家族文化〉,頁 306~309。
〔註20〕 1983 年底,漳浦縣赤嶺公社和湖西公社等地的藍姓居民 1 萬 6 千多名簽署了「關

　　清康熙 60（1721）年，羅漢內門（今旗山附近）朱一貴率眾反清，俗稱「鴨母王」。居住檳榔林（今內埔）之杜君英出面響應，率眾攻佔臺南府城。南澳總兵藍廷珍帶領藍鼎元等官軍展開徵討。粵東汀州人鍾沐純等率領「義軍」1500 人，協助清軍作戰，進駐塔樓。亂平，藍廷珍及藍鼎元之子先後招徠漳洲及粵東移民至臺灣開墾。藍鼎元長子藍雲錦等族親留駐阿里港地區，闢建北部廓庄（今玉田村）。〔註21〕此外，藍廷珍委託蔡克俊招徠閩粵移民，墾今臺中藍興庄，鹿場荒埔成田近五百甲。

　　藍鼎元長子藍雲錦拓墾屏東阿里港，成為里港地區首屈一指的大墾戶。直到藍敏的曾祖父藍媽田時代（藍鼎元之第五世嫡孫），藍家仍然擁有七百多甲的土地，且阿里港及附近地區的糖廓都為藍家所有。因此，藍家在藍廷珍、藍鼎元平定朱一貴的功勳，以及藍廷珍統兵鎮台的庇蔭之下，在清代及日治時期，於臺灣中南部擁有相當的勢力，20 世紀初期，仍為里港當地首富。〔註22〕

　　玉田村位於里港鄉的西南部。清代屬於港西上里的阿里港街和北路部落，日治時代延續舊稱，初期屬於阿猴廳阿里港支廳阿里港街轄區。大正 9（1920）年實施州郡制後，屬於高雄州屏東郡里港庄里港大字第一保，為里港警察官吏派出所管轄。光復後命名為玉田村〔註23〕。本村居民多係福建漳、泉人士，清康熙 60（1721）年跟隨福建漳浦籍南澳總兵藍廷珍及藍鼎元來臺

於恢復改正民族成分申請報告」，要求恢復改正為原來的畬族。福建省民族事務委員會委託廈門大學人類學系進行民族識別工作。人類學系除了在赤嶺、湖西等地實地調查外，另派人到華安縣新圩公社官畬大隊調查當地畬民，以做為比較參考之用。調查結果證實漳浦縣藍姓居民確為畬族，並依照中國大陸國務院規定，凡少數民族佔30%以上即可成立民族鄉的辦法，於 1985 年正式成立赤嶺、湖西畬族鄉。王崧興，〈訪漳浦縣藍廷珍、藍鼎元家鄉——湖西、赤嶺畬族鄉〉，《臺灣風物》38：1，1988 年 3 月，頁 92。其中根據的理由除了族譜記載可追溯跟官畬大隊的藍姓居民有關之外，以及一些和狗（盤瓠）圖騰的事實，最重要的是，由於陳元光率軍平定漳州，殺害畬族先民，所以與漳州漢人不同之處，就是當地畬民不祭拜開漳聖王。蔣炳釗著，莊英章、潘英海主編，〈漳浦地區鬼靈及祖先崇拜　民間信仰漢文化的考察〉《臺灣與福建社會文化研究論文集》，臺北南港，中央研究院民族學研究所，1994 年 6 月，頁 174。

〔註21〕陳秋坤、吳庚元編纂，《里港鄉志》，屏東里港：里港鄉公所發行，2003，頁 37。

〔註22〕陳秋坤、吳庚元編纂，《里港鄉志》，頁 354。柯志明，《番頭家：清代臺灣族群政治與熟番地權》，臺北：中央研究院社會學研究所，2001，頁 75～78。

〔註23〕根據《里港鄉志》記載，因藍姓家族在此地為主要望族，加以有「藍田種玉」此一成語，原意是在陝西藍田一帶生產美玉，引申為名門出賢達子弟，鄉長藍家鼎先生認為本村宛若藍田種玉般，故名之。

平定朱一貴之亂，平亂之後，一部份人並沒有隨軍隊返回福建，遂定居此地從事開墾，逐漸開枝散葉。

圖3-5　屏東里港藍氏古宅

資料來源：筆者拍攝，2011 年 7 月 5 日，（地點：屏東縣里港鄉）。

圖3-6　屏東里港藍氏古宅

資料來源：筆者拍攝，2011 年 7 月 5 日，（地點：屏東縣里港鄉）。

第二節　漳浦赤嶺藍引族系

　　現存於臺灣的藍氏族譜中，其中以乾隆 24、25（1859、1860）年間自漳浦縣長卿（今赤嶺）臚塔山紅砂坑來臺之藍引最引人注目。藍引從淡水廳八里分上岸後，移入頂淡水內港錫口街（現臺北市松山），之後遷至羊稠庄落腳（現臺北市內湖一帶）。藍引生五子，長子藍崇及五子藍員，皆留在羊稠庄；四子藍奢，於乾隆 52（1787）年 24 歲時陣亡在小雞籠（今新北市三芝鄉）；〔註 24〕而二子藍悅及三子藍星，參與噶瑪蘭羅東堡（今宜蘭縣羅東）的開墾，並且繁衍成為羅東藍姓之重要聚居地，現在臺北內湖及雙溪仍有祖廟及祖墳。根據民國 73（1984）年「臺灣區藍姓族譜編輯委員會」所編纂的《汝南堂藍氏族譜》。藍星生三子，長子藍為〔註 25〕、藍速喜、三子藍欽塔。該族譜為藍星次子藍速喜於清道光 12（1832）年多拜訪宗叔藍悅，藍悅將其私人收藏之族譜，供其參閱後所抄錄。其中「引公派下譜序及說明」（以後簡稱為藍引公譜序）有段完整的畬族傳鈔，以下記載如下：

　　……且論別有一種名曰藍雷，現在住南靖黃山腳，傳有千餘丁，無盛族，自鎮一方，自立一族。土地肥饒，密如銅城、堅如鐵壁，四處險阻不能上進，只有一路可通。查其源，乃是先朝聖主掛榜征番有功，招為駙馬後擇地而居，免入賦稅納課。生有三男及一女子配於鍾姓在內，其餘無別姓混雜。其長子生世之時，有人持菜籃從門外遇見之，則籃為姓；次男生世之時，有雷鳴，以雷為姓；三男生時之時，有人捧盤見之，遂以盤為姓。於是昆仲三人為分籃雷盤三字之姓共一族，逐年元寶祭獻，掛駙馬圖像，人身狗頭穿龍袍而朝祀焉。所有做齊，懺於中自為司，坐共有相助之，免其勞費資財。婦人無裹腳，男耕女耘，夫唱婦隨，居其內與外人隔鄉。以耕以食、以織以衣，傳其裔，子逐隱不仕。有兄弟斟酒欲往番邦議約，某月某處之橋，誰人先往，拆青放于橋上為記。時盤第先往，拆青放下時，被風吹落水，藍雷兄弟兩人到橋上，無青之記，遂還故鄉，盤弟獨往番邦後，訊杳然。而此藍雷之籃，寫是竹頭之籃，其草頭之藍，原在河南省光州府，故使縣隱居後而來，開具福州、汀洲、漳

〔註 24〕可能與乾隆 51（1786）年林爽文事件有關。

〔註 25〕另根據故宮館藏族譜微卷則記載為「藍報」。《臺灣區族譜目錄》，中壢：臺灣區姓譜研究社，1987，編者藍澤瑛，1959，GS 編號 1436705。

州、廣東等處。一曁寫艸頭之藍，獨籃雷之籃與艸頭之籃毫無關聯，世人不知其源，說與竹頭之藍同宗，非也。故改說藍雷之族，詳陳此情故筆之于書，可傳于後世，魚目豈能混珠者哉。又云漳浦娘仔，寒山腳有一族之竹頭籃，原是宋朝時河北藍鳳歌之派下，有子前同陳聖王平南開漳州鎮守此地，現有數百丁，不能昌盛。帶後有提臺藍元枚臨云其祖，此後改爲草頭之藍，與籃雷亦不同，後來人丁繁增，方知祖公之聖哉。……〔註26〕

文中雖然未見「畬」字，但包括完整的族源傳說、姓氏由來、盤瓠祖圖、分布狀況、祭祀活動，以及提到漳浦當地民間故事與開漳聖王之間的恩怨，是相當珍貴的畬民史料。這段文字曾由筆者於民國96（2007）年12月於廣東潮州【畬族文化學術研討會】中發表〈清代臺灣藍姓畬族移民研究〉，引起與會者的注意，並且被收錄在《畬族文化研究》一書中。〔註27〕藍引公譜序提到「且論別有一種名曰藍雷，現在住南靖黃山腳，傳有千餘丁，無盛族，自鎮一方，自立一族。土地肥饒，密如銅城、堅如鐵壁，四處險阻不能上進，只有一路可通。」根據《明史》記載，福建漳州府「南有百家畬洞，踞龍岩、安溪、龍溪、南靖、漳平五縣之交。」〔註28〕《八閩通志》有更完整的說明：

百家畬洞在縣南永福里。界龍岩、安溪、龍溪、南靖、漳平五縣之間，萬山環抱，四面阻塞，洞口陡隘，僅通人行，其中深邃寬廣，可容百餘家，畬田播種，足給衣食。四方亡命者通聚其間，憑恃險遠，易於爲亂。宣德、正統間，嘗有江志賢、李烏嘴、盧赤須、羅興進者，烏合郡醜，跳樑出沒，至動方嶽。守臣連年剿捕，僅得寧息。然服則人，叛則獸，無常性也。〔註29〕

「畬洞」亦可爲「畬峒」，在福建地區，「峒」字指非漢族之少數民族活動區域。〔註30〕明朝宣德、正統年間，南靖、漳平近山地區並不安寧，亦是

〔註26〕何兆欽編著，《汝南堂藍氏族譜》，藍誌3。

〔註27〕曹曦，〈清代畬族移民臺灣初探──以漳浦藍氏爲例〉，《畬族文化研究》，北京：民族出版社，2009，頁98～99。

〔註28〕《明史》卷四五《地理》六。

〔註29〕〔明〕黃仲昭修纂，《八閩通志》卷之八《地理·山川》，福州：福建人民出版社，2006年1月，頁212。

〔註30〕「洞」一字與「峒」字通，意指中國南方少數族群之居處。李亦園，〈章回小說《平閩十八洞》的民族學研究〉《中央研究院民族學研究所集刊》，南港：中央研究院民族學研究所，1994，頁3。

官府及民間勢力往山區發展之時。當地畬民自稱爲盤瓠之後，性悍驁，言語殊儒，楚粵滋蔓尤盛。在福建深山溪流高深處往往可以看見其蹤跡。根據漳平縣志：

> 其姓氏爲藍、雷、鍾，隨山種插，去瘠就腴，採刀耕火種。編獲架茅以居，亦有棚民之稱。善射獵，塗矢以毒，中獸立斃。其貿易，刻木大小長短爲符驗。能辨華文者，爲其酋也。族處，猜猜然，喜傾軋。或侵之，一人訟則眾人同，一山論則眾山同。明設撫瑤土官，計刀出賦。官府有征剿，無不聽調也。後撫者索取山獸皮張，因以失賦，官隨亦廢。〔註31〕

可見藍引公譜序所述正是明代南靖至漳平一帶山區之畬民活動，由於交通不便，漢民不易進入侵擾，至今在鄰近南靖之華安縣新圩鎮官畬村及坪水村仍住有藍、雷、鍾三姓畬民。〔註32〕此時，部分畬民開始遷徙至張坑（赤嶺）、湖西（十七都）一帶（參閱圖3-1）。

圖 3-7　漳浦縣城圖

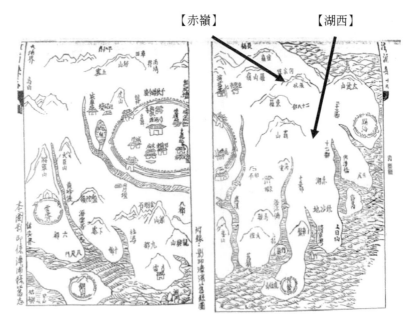

資料來源：何兆欽，《汝南堂藍氏族譜》，譜牒29。

〔註31〕道光《漳平縣志》卷一《輿地・山川》。

〔註32〕藍達居、金露，〈閩南畬族非物質文化遺展保護──以華安縣新圩鎮官畬村爲例〉，《畬族文化研究》，北京：民族出版社，2009，頁266。

此外，關於畬民姓氏來源、盤瓠傳說，以及祖圖內容，藍引公譜序之敘述亦相當完整。〔註33〕其中盤、籃（藍）、雷三姓共一族，爲畬民特有姓氏。畬民每年元宵，掛人身狗頭之盤瓠祖圖而祭祀。畬民拜狗並流傳有關盤瓠的傳說，這是畬民意識的敏感且重要象徵。〔註34〕清代治理原住民，劃界禁止漢畬互動。由於畬民尚未歸化入籍，因此免陞科納稅。爲免遭受漢人歧視，因此以征番有功爲名，遮掩美化其少數民族身分，如同臺灣之平埔族，可爲畬民漢化程度之重要根據。

再來是「婦人無裹腳，男耕女耘，夫唱婦隨，居其內與外人隔鄉。以耕以食、以織以衣，傳其裔，子逐隱不仕。」畬民與客家人一樣，婦女不論在內主家事，外承勞務，皆與男子扮演相當重要角色。清光緒《福安縣志》：「畬民男女雜作，已遠近爲伍。」〔註35〕民國《長汀縣志》：「畬客種山爲業，夫婦皆作。」〔註36〕畬民活動區域大都在山區，地處偏遠，治安交通不便，在普遍生活艱難的情況之下，因此婦女大都無纏足之俗。

而「又云漳浦娘仔，寒山腳有一族之竹頭籃，原是宋朝時河北藍鳳歌之派下，有子前同陳聖王平南開漳州鎮守此地，現有數百丁，不能昌盛。」漳浦娘仔係指娘仔寨。根據光緒《漳州府志》，「娘仔寨在縣南二十里。」〔註37〕此地應是位於漳浦縣南的梁山磐陀嶺飛鵝洞，與大南阪農場臘山村的地界相鄰。〔註38〕漳浦是閩南畬民歷史上重要的聚居地，又是陳元光入閩平定「蠻獠嘯亂」，最早建置州、縣的地方，更是《平閩十八洞》一書著墨最多的地區。《平閩十八洞》是一部在閩南地區流傳廣泛的章回小說。根據漳浦民間傳說，在唐朝以前，漳浦娘仔寨就是娘仔媽金精娘娘的營盤，寨址位於一處圓葫蘆形的較平坦的小臺地上，而陳元光攻打娘仔寨，就被收錄在這本書中。〔註39〕

〔註33〕藍引公譜序詳如 53 頁。

〔註34〕由於過去漢人對於畬民以狗爲圖騰相當蔑視，並且以狗辱罵畬民，造成閩東畬民相當排斥學界對於盤瓠傳說中有關狗的研究，並以漢人視己爲龍的傳人，主張盤瓠爲龍非犬。

〔註35〕光緒《福安縣志》卷三八《雜記》。

〔註36〕民國《長汀縣志》卷三五《雜尋畬客》。

〔註37〕光緒《漳州府志》卷 22《兵記》，卷四《宦績四》。

〔註38〕《平閩十八洞》第 1 回提到「飛鵝山飛鵝洞在漳浦縣城外離城一百里，地名娘子寨便是。」郭志超、周甯，〈陳政、陳元光在漳州平蠻的証僞——兼涉陳元光與潮州的關係〉；翁鎮南，〈漳浦李府三王公〈智取娘子寨〉〉，《臺灣源流》37，頁 47。

〔註39〕王文徑，〈小說《楊文廣平閩十八洞》所涉史跡研究〉，《畬族文化研究論文集》，

書裡第一回中提到，「此十八洞俱屬南閩王所管，十八洞之中惟有吳州與越州是城池，餘者是洞府，各有番將把守。」磐陀嶺娘仔寨飛鵝洞正是十八洞之一，洞主就是民間傳說中的金精娘娘。〔註40〕李亦園先生對於其中有關福建少數民族的描述，正是漢民族對於少數民族的成見。其中以番兵、番將來描述當地的少數民族，對於異族形體誇張渲染，可見漢畲之間的隔閡，以及當時政府對於少數民族畏懼心態。〔註41〕

而藍引公譜序中有關藍鳳「歌」應為藍鳳「高」之誤。歷史記載確有藍鳳高事跡。根據光緒《漳州府志》記載：

> 總章二年（元光）隨父入閩。父卒，代領其眾。廣寇陳謙、連洞蠻苗自成、雷萬興攻潮陽，光破之。景雲二年苗自成、雷萬興之子，父倡亂於潮，猝抵岳山，光輕騎往禦，援兵後期至，為賊將藍鳳高所刃，卒。事聞，詔贈豹韜衛鎮軍大將軍，開元四年，詔立廟。

苗自成、雷萬興、藍鳳高，皆為「峒蠻」。從其姓氏藍、雷，便可判斷其為畲民。開漳聖王陳元光正為藍奉高所殺，而陳元光平閩所屠戮的蠻獠嘯亂，就是畲民的祖先，由於漳浦畲民與開漳聖王信仰之間的恩怨矛盾，造成漳浦畲民不願奉祀漳州漢人普遍信仰的開漳聖王。從藍引公派的族譜，雖無法清楚得知其後人對於畲民身分的認同，但是藍引公譜序中記載詳實的畲民的傳統文化及民族意識，對於追溯臺灣畲民，相當具有價值。

第三節　漳浦長谿藍歡官族系

藍歡官生於康熙44（1705）年，漳浦長谿人（今赤嶺）。乾隆10（1745）年，與其子藍官生在臺北路紅毛港（新豐）大崙庄創業，當地故有藍埔之稱，也就是現在埔心（楊梅鎮舊址掌路寮）通中壢大崙達桂竹林一帶，開墾面積達數百甲。其子孫分衍於屏東，嘉義等地。藍歡官與藍官生父子在當地以耕植茶園為生。藍官生有二子，長子乞次，二子漢農。乞次分居後未見記載，因此由第三代藍漢農繼承祖業。因經營不善，且當地景氣不佳，於乾隆末年變賣地產遷居至大科崁（大溪）尾寮，在當地仍以種茶維生。〔註42〕

北京：民族出版，2007。
〔註40〕轉引自李亦園，〈章回小說《平閩十八洞》的民族學研究〉，頁26。
〔註41〕李亦園，〈章回小說《平閩十八洞》的民族學研究〉，頁23～25。
〔註42〕何兆欽編著，《汝南堂藍氏族譜》，藍誌21。

　　直到第四代藍天助，受到銅鑼圈蕭家招佃，移居龍潭開墾茶園，建設茶寮（製茶工廠），並且在此地落地生根。當地因為新開墾之地，未有地名，而蕭瑞雲招佃，將人丁分為十股開墾，十股寮因而得名。中壢、龍潭、平鎮、楊梅大都為客籍移民入墾，唯獨龍潭十股寮以閩南人為主。蕭東盛初期在銅鑼圈的墾務，可說辛苦備極，且虧損甚多。歷經慘淡經營，蕭東盛和幾個兒子，終於在道光三年墾成銅鑼圈。〔註43〕

　　霄裡社原居現在的桃園縣八德鄉霄裡村，其活動範圍，包有霄裡東南的大溪社角、番仔寮，西南至平鎮市的社仔、楊梅水尾、龍潭九座寮、銅鑼圈。霄裡社開基祖知母六的第三世蕭東盛，從八德移到龍潭銅鑼圈。銅鑼圈往南部不遠便是今天新竹縣北的馬武督社，為強悍的泰雅族活動地區。蕭東盛在銅鑼圈建隘防守泰雅族，安定地方並招徠佃農開墾。由於蕭家在屯務及開墾的貢獻良多，第四世蕭鳴皋受朝廷封為武略騎尉、例授屯千總，蕭聯芳做到北路屯千總。霄裡社的蕭家是開發龍潭相當有貢獻的家族，其後裔還住在龍潭十股寮，保有蕭家許多重要的文獻，為學者、地方文史工作者提供十分寶貴的文字與口述資料。

　　清乾隆2（1737）年渡台入墾斗六門（今雲林縣斗六市）的粵籍墾首薛啓隆率丁數百名，北上登陸南崁港，開墾虎茅莊（今龜山、桃園市）。並以桃園市為中心，向東拓至龜崙嶺，向西至崙仔腳（中壢市中原，內壢，內定三里），北達南崁，南抵霄裡。薛啓隆入墾四年後，又獲得霄裡社通事知母六（後改漢名蕭那英，後裔今居銅鑼圈）合作，在清乾隆6（1741）年夥同北上佃農共鑿霄裡大圳，灌溉番仔寮、三塊厝、南興庄、棋盤厝、八塊厝的山腳庄等六庄田甲，而霄裡三元宮也在此時期興建。而龍潭銅鑼圈的三元宮，就是由蕭那英家族第三代蕭東盛自霄裡引進三官大帝信仰，到了第四世蕭鳴皋時興建的。〔註44〕從廟內匾額左側提名人「廟地奉獻蕭東盛」、「廟宇創造經理蕭鳴皋」、「廟宇改築經理例貢元蕭瑞雲」顯示蕭家與三元宮密切的關係，至今三元宮祭典時，廟方仍會到蕭家上香，以表達敬意。

〔註43〕張素玢〈龍潭十股寮蕭家──一個霄裡社家族的研究〉，收錄於潘英海、詹素娟主編《平埔研究論文集》，南港：中央研究院臺灣史研究院籌備處，1995年6月，頁109～110。

〔註44〕蕭昌衡、曾新蓡，《銅鑼圈三元宮概史》，桃園：銅鑼圈三元宮修建委員會，2003，頁14。

圖 3-8　宵裡社龍潭十股寮蕭家遷移路線圖

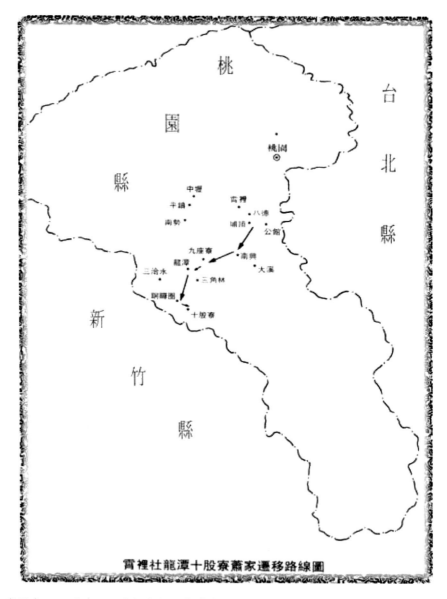

資料來源：張素玢，〈龍潭十股寮蕭家──一個宵裡社家族的研究〉收錄於潘英
海、詹素娟主編，《平埔研究論文集》，南港：中央研究院臺灣史研究
院籌備處，民84年6月。

　　閩南民間信仰與家族制度的關係至為密切，尤其表現在大多數的宗族都
建有屬於自己的神廟。除了塑造與美化祖先外，並透過對於神靈的祭典與崇
拜，強化家族內部的團結與控制，保護家族的勢力範圍與利益，甚至有利於

家族的對外擴張。〔註 45〕漳洲最大的畬民聚居地漳浦縣赤嶺鄉，當地藍姓畬民及少部分王姓漢人所共同供奉的雨霽頂三官大帝廟，又名三界公廟，位於赤嶺山坪村雨霽頂山坡上，被視為赤嶺藍姓畬民的祖廟。漳浦移民藍天助進入到銅鑼圈十股寮一帶經營茶葉，而蕭東盛亦自霄裡引進三官大帝信仰，彼此關連，耐人尋味。

清代台灣的土地利用，大致可區分為平原和丘陵山地；平原地區以稻米、甘蔗的生產為主，丘陵山地區的物產則為茶和樟腦。自清代漢人拓墾以來，稻米、茶葉、柑橘等果類，以及蕃薯等旱作物。〔註 46〕蕭東盛自備資斧，由霄裡社進紮土牛界銅鑼圈等處建隘防守，鎮定生番，招佃闢墾。〔註 47〕銅鑼圈往南不遠，便是今天新竹縣北的馬武督社，為強悍的泰雅族活動地區，也是客、生番、熟番交界處。墾戶為了自保及維護田園，自行設隘防番，霄裡大銅鑼圈隘，原屬民隘，本在四方林，後來移入桃澗堡內山要處，距城東 53 里鹽菜甕隘之北。大銅鑼圈、四方林二隘，原設隘首各一，丁無定額，乾隆年間後設隘丁 10 名。〔註 48〕藍家十八世藍有長，亦是來臺第五世，因當地係屬漢番交界之處，治安不佳，時有生番、土匪出沒，因此自組民壯隊保護耕農的安全，而其三子藍明謙於 20 歲正值壯年，擔任隘寮巡守時，為泰雅族所殺害。〔註 49〕

藍歡官來臺後，其中五代都因早逝或分居等其他因素，家族單傳繁衍下一代，可見開墾之初的艱辛。在多年的慘澹經營下，到了第六代，雖有人遭生番所害，但終於有一支男丁旺盛，共育有六子六女，並順利於各地開花結果。由於子孫眾多，在當地無法發展，因此選擇到外地創業。清同治年間，藍歡官家族除了保有十股寮茶葉產業外，並於當地兼營雜貨店。其餘遠赴屏東縣鹿寮及鳳山赤崁經營農產或經商，以及移往竹南大山開發煤礦。其中煤礦蓬勃發展，事業蒸蒸日上，除了竹南外，亦擴展到鶯歌設廠，擁有運炭卡車數十輛，月產量高達兩萬餘噸，開採規模為臺灣煤礦業第三位。藉由雄厚的經濟實力，當選煤礦工業常務理事以及省煤炭聯合會之理事長。並培育子

〔註45〕 陳支平，《福建族譜》，福建福州，福建人民出版社，1996，頁 199。
〔註46〕 新竹文獻委員會編，〈關西鎮文獻採訪錄〉，《新竹文獻會通訊》5，新竹：新竹文獻委員會，1953，頁 3。
〔註47〕 張素玢〈龍潭十股寮蕭家——一個霄裡社家族的研究〉，頁 109。
〔註48〕 《淡水廳志》，頁 49。
〔註49〕 何兆欽編著，《汝南堂藍氏族譜》，藍誌 22。

孫進入政界，當選縣議員或省議員，成為戰後礦業界之重要家族。〔註50〕

由上可知，清代藍姓移民來臺可分為兩類，一是憑藉家族勢力招墾以為已業，進而發展成為地方勢力。如藍廷珍及藍鼎元家族，藉勢取得番地，招墾收租，甚至引起朝廷關切。其他大都隻身或兄弟結伴，帶著家人入臺墾拓。幸運者擁有產業以支撐家族經濟，進而繁衍子孫，再藉由修族譜，凝聚家族力量。不幸者，孑然一身，潦倒渡日。這些移民大都在清乾隆年間移民來臺，其分布及移民路線與其原籍漳州漳浦或泉州南安移民相同。其中道光年間之藍引公派族譜，清楚記載畬民意識，包括族源傳說、姓氏由來、盤瓠祖圖、分布狀況、祭祀活動，以及畬民與開漳聖王之間的恩怨，是相當珍貴的史料。

第四節　泉州南安藍林泉族系

藍林泉公派自漳郡漳坑（張坑，今赤嶺）徙居於泉州府南安縣廿四都金田鄉，為一世祖，至五世時，藍維端、藍維品兄弟大約於雍正年間赴臺遷居淡水廳大坪頂小土名西勢湖庄。〔註51〕其中藍維端夫人生於康熙 44（1705）年，死於乾隆 48（1783）年，她與六世藍日君、藍日遷皆葬在頂淡水外港，土名坑仔口番社後穴。〔註52〕根據伊能嘉矩《大日本名辭書續編——臺灣之部》一書中指出，「內港」是指今日樹林潭底附近一帶的低地，當時大料崁溪水流向大，此處低地盡為沼澤，水面廣大，由潭底流經三角埔（今樹林三多里）與塔留坑溪相接，商船可由淡水上溯至此，故曰內港。相對而稱濱海的南崁為「外港」，也就是藍維品與夫人在雍正年間渡臺後，至遲在乾隆 48（1783）年，藍林泉公五世藍維品及六世藍日君及藍日遷已從淡水廳大坪頂遷居至南崁一帶坑子口番社。

清初，往來南北的地方官員、流寓文士、商旅等人，若不經由海路北上，則由以前的濱海「外港道」作為南北往來交通要道。例如康熙中葉的郁永河原本要從海路陸北上，但其友人顧敷公勸郁氏經由陸路北上，於是王雲森由海路北上，郁氏與顧敷公則走「外港道」。〔註53〕其後郁氏在竹塹社附近遇到從雞籠、淡水南來之漢人。顯然海路及「外港道」是當時南北往來主要交通

〔註50〕何兆欽編著，《汝南堂藍氏族譜》，藍誌 23。
〔註51〕何兆欽編著，《汝南堂藍氏族譜》，譜牒 21～26。
〔註52〕何兆欽編著，《汝南堂藍氏族譜》，藍誌 15～17；新修系 22！23。
〔註53〕郁永河，《裨海紀游》，頁 17、22。

線。及至康熙末葉，竹塹與雞籠、淡水間的陸路交通線漸由「芝芭里道」與
「內港道」所取代。其中「芝芭里道」所經路線如下：

> 竹塹→鳳山崎→大湖口（今新竹湖口鄉）→三湖→澗仔壢（今中壢
> 芝芭里）→南崁→林口臺地西側→八里坌→新莊、海山。〔註54〕

圖3-9　新北市樹林區三角埔藍氏公厝

資料來源：何兆欽《汝南堂藍氏族譜》，族圖5

　　藍維端、藍維品兄弟於雍正年間遷臺初居淡水大坪頂之西勢湖庄。淡水
大坪頂，根據《臺灣府輿圖冊》記載：「龜崙嶺：由尖山西向分出，勢極高
峻，南北衝要處也，過嶺北向直興保；又西大坪頂山，南為南嵌；又西北觀
音山。」〔註55〕此地約為桃園龜山鄉樂善寺附近（桃園縣龜山鄉樂善村樂
善街），位於觀音山來龍坪頂台地。樂善寺創建於清乾隆59（1794）年，又
名「大坪頂大眾廟」。係地方先賢善士為安息義塚魂魄，募捐興築而成，主
祀大眾爺。〔註56〕當地「舊路村」別稱下庄，過去地名正好就是「西勢湖」。
此地在清代為桃仔園往北要道，後因改道新路坑至新莊，故以舊路坑對稱。
〔註57〕藍家雖然有部分族人遷往南崁，但根據六世至九世族人，仍葬在大

〔註54〕盛清沂，〈新竹、桃園、苗栗三縣地區開闢史〉（上），《臺灣文獻》31：4，頁
　　　　159。
〔註55〕《臺灣府輿圖冊》山水‧淡水廳，頁38～39；陳培桂，《淡水廳志》山川，頁
　　　　27。
〔註56〕樂善寺管理委員會，《樂善寺沿革》，2009年7月。
〔註57〕根據《樂善寺沿革》記載，日治大正13（1924）年鄧木生、陳先等善士，鑑

坪頂附近，可見在當地仍保留相當的產業。〔註58〕

圖 3-10　淡水廳疆域圖

資料來源：陳培桂，《淡水廳志》，頁 4-5。

於寺屋狹小簡陋難以容納日多之香客，發起遷建於原地稍移西側處，坐向不
變。祭典方式並經議定，以四股輪任值年祭典：一、坪頂、大湖、頂湖、下
湖為一股（現大崗村）。二、苦苓林、埤寮、菜公堂、山尾、后厝為一股（現
公西村）。三、埤坡、牛角坡、水湟為一股（現樂善村）四、樟腦寮、嶺頭、
大埔、西勢湖為一股（現舊路村）。

〔註58〕何兆欽編著，《汝南堂藍氏族譜》，藍誌 17～19。

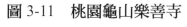

圖 3-11　桃園龜山樂善寺

資料來源：筆者拍攝，2011 年 7 月 5 日，（地點：桃園縣龜山鄉）。

圖 3-12　樂善寺附近公墓

資料來源：筆者拍攝，2011 年 7 月 5 日，（地點：桃園縣龜山鄉第
　　　　　三公墓）。

圖 3-13　樂善寺附近藍姓墓碑

資料來源：筆者拍攝，2011 年 7 月 5 日，（地點：桃園縣龜山鄉第
三公墓）。

　　蘆竹鄉爲桃園縣轄下之一鄉，自古以來以「南崁」而聞名。「南崁」地名
主要因地形而得名。「崁」是閩南語音，發爲 Kham'原爲山谷深險之狀，在臺
灣將陡直崖壁，稱爲「崁」。因位於南崁港附近平地之南方，而稱之爲「南崁」。
〔註59〕

　　南崁地名在荷蘭人佔據及鄭成功時代，已被廣泛使用。當時南崁所指範
圍，大約爲自南崁港上岸之後，往北至淡水爲界，往東入龜山鄉，往南至八
德鄉。此地平埔族爲南崁社、坑子社、龜崙社、霄裡社，統稱爲「南崁四社」。
其中「坑子」位於蘆竹鄉東北部，位於林口台地西側，南崁溪支流坑子溪谷
地中，自古以來，與外社、山腳、坑口、海湖緊密相連，合稱爲坑仔社。其

〔註59〕張正昌纂，《蘆竹鄉志》頁 1～3。

中坑子社可能原居蘆竹鄉坑仔口，後來遷居坑仔枋頂社、外社一帶。範圍包括新北市樹林區、鶯歌區與桃園龜山鄉接鄰的區域。現在當地仍有坑仔社藍姓、夏姓的後裔，住在蘆竹鄉坑子村社底，兩姓毗鄰而居。〔註60〕

圖3-14　南崁溪流域圖

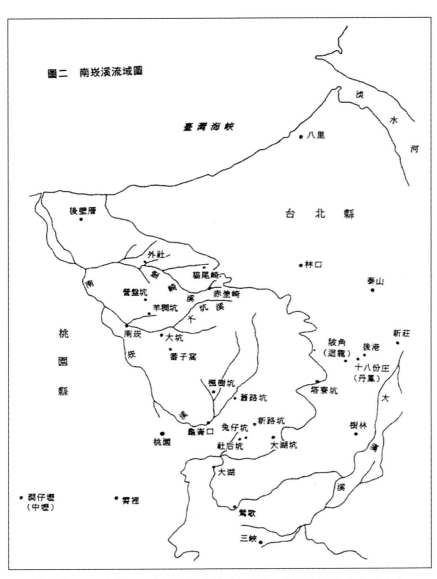

資料來源：張素玢，〈南崁地區的平埔族〉，《桃園縣平埔族調查與研究報告書》，桃園：桃園縣文化局，1999，頁10。

〔註60〕張素玢，〈南崁地區的平埔族〉，頁2～3。

圖 3-15　南崁社、坑仔設、龜崙社域略圖

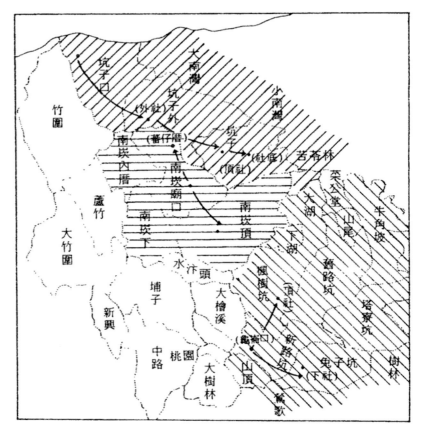

資料來源：張素玢，〈南崁地區的平埔族〉，頁 13。

　　清康熙 52（1713）年時，坑仔社即有大雞籠通事賴科及鄭珍、朱焜侯、王謨等人，合墾荒埔，即今坑子、外社、山腳、坑口、海湖等村，開墾地區大約集中在山坡上。因當時缺乏河水灌溉，大都利用山上匯集之泉水、山溪實施灌溉，因而上好田地反而分佈在山坡上，此為坑仔區墾務大進之原因。雍正 13（1735）年，坑仔社土目馬難招佃陳老，入墾坑仔社荒埔。至乾隆 6（1741）年，坑仔社之漢人村落已然成形，為當時蘆竹鄉唯一村莊。其後，清廷在此區設置坑仔莊、坑仔外莊、坑仔口莊，隸屬淡水縣八里分堡管轄，坑仔莊包括貓尾崎、土地公坑、頂社、赤土崎等谷地聚落。坑仔為閩南人對有山有谷之地形之稱呼，又由於大都位於山坡地，故地名多以崎為稱呼。

　　坑仔社域的漢族移民多來自福建泉州，自八里坌登陸後，落腳於林口台地的亦屬坑仔社域的坪頂大南灣一帶。由於土地貧瘠又缺水源，便轉入坑仔

一帶開墾。如貓尾崎曾姓，來自泉州南安縣，於乾隆年間渡台，最初在大坪頂苦苓林居住，後來移居坑仔庄，爲陳姓佃農，幾代辛苦經營後，反而取代陳姓爲大姓。〔註61〕而藍日君、藍日遷兄弟及其母親，如同當時在大坪頂的南安人，亦有部分族人從大坪頂遷居至南崁坑子社，並且在此生根。

　　由於南崁是桃園地區較早開發之地，隨著漢人移民的增資以及土地的開拓，雍正12（1734）年，當地設立義塾和「土番社學」。淡屬土番社學共有六處：淡水社、南崁社、竹塹社、後龍社、蓬山社、大甲東社。南崁社學成爲社民接受漢族文化的重要場所。社底藍東山宅爲藍煥章獲軍功後，在社底現址所建的官第。藍煥章出身坑仔社，生於道光9（1829）年，譜名東山，二十歲入泮，曾入「社學」並舉脩生，後來隨軍（武灣屯司廳）征戰，同治初年，戴潮春事件時，因收復彰化城有功，獲賞戴藍翎軍功四品銜。現今蘆竹鄉南崁地區三級古蹟五福宮於同治5（1866）年重修時，李榮裕等人倡議添建「聖蹟亭」，以提倡當地文風。參與捐獻的成員是南崁頂庄、南崁下庄、南崁廟口、坑仔庄、蘆竹厝庄等五大庄。其中捐款最多的是正是「欽加都司府藍煥章」，捐銀六元。可見當時此地漢番雜處，且平埔族因受教育漢化程度已相當深厚。而坑仔社藍煥章藉由舉脩生至獲得軍功，對於當地平埔族社民是相當的鼓舞。〔註62〕

　　道光年間，南安藍林泉家族已進入九世，亦是來臺第五代。其分枝除了龜山大坪頂及南崁社仔一帶，也擴散移居至大迦納錫口、新北市平溪區及三峽區等地區。此時南崁正是坑仔社藍家軍功最爲輝煌的時代。藍煥章爲藍家族譜記載第四代，與藍家進入南崁時間相近。藍煥章出生於道光9（1829）年，年紀與出生於道光10（1830）年南安藍家九世藍克貳幾乎同時，彼此是否有通婚或招贅等關係，由現今資料仍無法得知。〔註63〕但南安藍林泉族譜至九世以後，便不再出現於南崁社仔坑地區，反而在原居地龜山大坪頂仍有許多的記載，後代並往臺北及新北市區域發展。因此根據南安藍林泉家族遷徙來

〔註61〕張素玢，〈南崁地區的平埔族〉，頁14。

〔註62〕張素玢，〈南崁地區的平埔族〉，頁9。

〔註63〕根據蘆竹鄉社仔村社區發展協會網站上記錄：「藍氏祖籍漳州府彰浦縣張坑，先祖篤慎公於康熙年間渡海來台，即定居在頂社、社底一帶。藍東山宅是藍氏渡台後四世祖煥章公獲欽賜四品軍功後，在社底現址所建的官第。」網址：「http://www.kz.org.tw/mapguide-5.php」。但查南安藍林泉公派族譜字層爲「林時耀士　維日榮恩　克推有家」「世胄當前　實用冀作　舟楫良材」，並無「篤」字。故從族譜上看，兩者應非同一派。

臺，以及坑仔社藍煥章事蹟，從時間及地緣關係，藍姓畬民與藍姓平埔族之間應有相當的互動關聯，其中可能攸關畬民來臺入籍的過程，這仍有待更進一步的探討。

第四章　漳浦藍姓畬民信仰在臺的分佈

　　唐宋以前，在政府力量及漢人勢力尚未完全掌控漳州之時，該地區大都為少數民族聚居之地。相對於泉州及潮州，漳州及汀州是較晚設縣開治之地區。直到唐初，中原士民移居福建，仍主要分布在閩江流域以及鄰近沿海平原一帶，許多偏避山區仍為蠻獠所控制。如汀漳一帶，「六朝以來，戍閩者屯兵於龍溪，阻江為界，插柳為營，……兩岸盡屬蠻獠。」〔註1〕唐代以後，隨著北方政治的動盪，中原人士不斷的遷入，帶來了漢民族原鄉的文化和風俗，在這片土地上逐漸構成了南北方文化交融的地方特色。在強勢中原文化以及科舉制度的推波助瀾下，漳州地區接納了漢人的主要民俗節日、祭祖祭天，元宵張燈結綵，清明掃墓祭奠，端午包粽賽龍舟，中秋吃月餅賞月，重陽登高，冬季搓米圓祈求平安團圓等歲時習俗，並且在一定程度上反映了當地的歷史地理因素的多元民族文化。明中葉以後，由於月港海外貿易興盛，成為「天子南庫」，漳州的經濟蓬勃發展帶動社會激烈的變遷，如漳州府詔安縣，「居則容膝可安，而必有祖祠、有宗祠、有支祠。畫棟刻節，靡費不惜。」〔註2〕家族為加強內部控制，透過建立族譜、祠堂以及祖產、祭祀公業，凝聚家族抵抗外侮，以保護族人利益。

　　漳泉位於華南沿海邊陲，遠離中國政治中心，閩南民間信仰有較為寬鬆的發展空間。因此當福州官方正對胡田寶、牛頭愿等淫祀而大動干戈之際，

〔註1〕　《重纂福建通志》，卷85，〈關隘〉。轉引自陳支平，《五百年來福建的家族與社會》，臺北：揚智文化出版社，2004，頁5。
〔註2〕　陳勝詔，《問俗錄》，卷4，〈詔安縣〉。轉引自陳支平，《五百年來福建的家族與社會》，臺北：揚智文化出版社，2004，頁41。

閩南地區卻少聞相關毀祀運動。自明代以來，見諸記載的禁毀淫祠僅有兩次，一次發生在明嘉靖年間，推官黃直在漳州禁毀淫祀，提學副使高賁亨在德化禁毀淫祀；另一次爲明末知縣葉春及在惠安禁毀淫祀。不過這兩次的禁毀淫祀並不成功，如漳浦縣東嶽廟被黃直拆毀不久，「居民復構之」，東嶽信仰很快就死灰復燃。〔註3〕所以位於邊陲的閩南地區，民間信仰可以如此的蓬勃發展，並且隨著移民散佈海內外，進而擴大影響力。如漳州的瘟神崇拜和醫神崇拜也廣泛流傳到臺灣。朱王爺、池王爺、李王爺等幾十姓的王爺香火，被迎到臺灣祭祀。據民國49（1960）年統計，全台王爺廟730座，是臺灣數量最多的廟之一。醫神崇拜最廣泛的是保生大帝，與漳州一樣，臺灣也將保生大帝視爲濟世救人、有求必應的保護神。〔註4〕

作爲一個以佛道教夾雜，以及民間宗教信仰發達的地區，漳浦民間也盛行農曆7月的中元節鬼靈信仰（普渡），尤其表現在祖先崇拜和對孤魂野鬼的祭祀最爲突出，故連橫在《臺灣通史・風俗志》特別提到：「尚鬼之俗，漳、泉爲甚。」道教、民俗神崇拜和近代傳入的基督教在漳浦有較大影響的宗教信仰。道教主祀神爲玄天上帝，還有三界公、保生大帝等。其中以開漳聖王陳元光及其部將馬、李組成的神系，是漳浦影響最大的民俗神靈；還有傳說來自中原的謝安，也在漳浦的一些局部地區受到奉祀。漳浦地處沿海地區以海爲生者，則普遍奉祀媽祖，以及對瘟神王爺的敬畏。而一些靠山的地區則信奉三山國王，與傳說因抗擊元軍死難的三王公等。眾多的民間信仰，經過長期的揉合，同時信奉且同廟合祀的現象極爲普遍。無論是信奉釋、道還是民俗神，各地均有相應的祭典節日，稱「翁生日」或「王公生」、「媽祖生」等，祭典形式繁簡有異。小如廟前燒香獻奉祭祀，大則宴請鄰近的親朋好友，甚至唱戲酬神，或一場或三場，視聚落社區的人口和財力而定。

〔註3〕 康熙《漳浦縣志》卷2，《方域志下・廟》，臺北，成文出版社，1968，頁187。

〔註4〕 根據2004年的調查，在漳州450萬人中，地方的民間信仰10平方米以上廟宇共2806座，主祀神計490多種，平均每萬人爲6.2座，而同時期臺灣約爲4.6座廟宇，可稱爲中國大陸廟宇及神靈密度最高的地區。其中前10名爲保生大帝170座，觀音154座，玉皇上帝123作，玄天上帝106座，佛祖106座，開漳聖王97座，關帝91座，媽祖85座，土地公73座，王爺44座。段凌平、張曉松，〈漳州地區民間信仰調查與研究〉《漳州師範學院學報（哲學社會科學版）》1，福建漳州：漳州師範學院學，2004，頁75～76。

　　清代移民渡台，航行工具差，風險大。漳州人臨行時都到媽祖廟、玄天上帝廟或家鄉其他寺廟燒香許願，攜帶香火、神像同船，祈求神靈護佑，確保海上安全。沿海島嶼、漁村、碼頭、渡口，通常都建有媽祖廟。船工、漁民出海前必到媽祖廟祭拜，俗稱「辭沙」，船後艙也設「天妃諸水神」供奉。船在海上履濤涉險，船主不會忘記「洋中獻紙」。移民平安移居後，隨身神像、香火和「船上天妃」便放置於定居點奉祀。因此，媽祖、玄天上帝也成為臺灣最信仰之神。例如南投漳浦寮的鳳山寺，就有藍姓移民的痕跡。據說當他離開大陸家鄉時，途經南海普陀山時，在一古剎求得觀音佛祖香火一個隨身攜帶，每當國姓爺危急存亡之時，即就地擺起香案面向觀音作祖香火叩求每次均能轉危為安，於是兵士信心百倍勇猛直前足顯大漢男兒本色矣，後因年代更替加以交通不便，因此就與大陸家鄉隔離了，而觀音佛祖的香火變成「六角頭」居民信仰的主神，舉凡造葬，興建均請示神明靈驗異常。

圖 4-1　南投樟普寮鳳山寺

資料來源：筆者拍攝，2011 年 7 月 5 日，（地點：南投縣南投市）。

　　從漳州分香至臺灣的神明中，無論是「開漳聖王」、「三官大帝」等跨越地區甚至全國性之神祇，或是如漳浦「三王公」侷限於漳浦地區信仰之鄉土性神祇，都帶有濃厚的地緣色彩，以及傳統祖居地一村一廟的信仰特色。而這樣的型態，在早期的宜蘭、桃園一帶，移入臺灣的新聚落及墾戶，亦同樣

呈現一村一廟的景象。增田福太郎將臺灣寺廟建立的歷史分為三個時期，一是前部落期：可說是無廟時期，只有個人攜帶香火，朝夕祭拜；二是部落構成期：以民眾拾得的香火或神像而建立的祠堂及個人所攜帶的神像所設之祠堂為部落民信仰的中心；三是新社會成立期：以各種同鄉、同業、同姓及志願團體所奉祀之寺廟神為主。〔註5〕

圖 4-2　南投樟普寮鳳山寺沿革（部份）

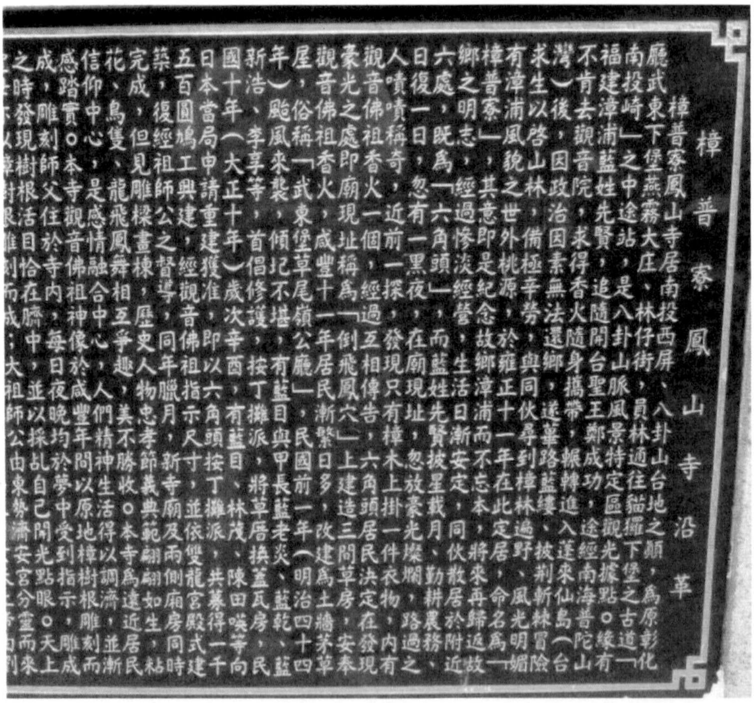

資料來源：筆者拍攝，2011 年 7 月 5 日，（地點：南投縣南投市）。

在漳州的民間傳述及信仰方面，亦呈現漢人與畬民之間的衝突。唐朝時，畬民主要分佈在江西、福建、廣東三地之交，唐高宗時，當地畬民首領雷萬興、藍奉高等人率領畬族人民攻陷城邑。〔註6〕陳政及陳元光父子奉派入漳平定，民間傳說如《平閩十八洞》中紀錄著漢人的屠戮，反映畬民與陳元光父子之間的矛盾，畬民透過族譜牢記著彼此的仇恨，拒絕「開漳聖王」信仰文化。而宋末，元兵進逼中原，宋王朝南遷，文天祥為了挽救宋室王朝，曾在

〔註5〕 增田福太郎，《台灣の宗教》，東京：養賢堂，1939，頁7～13。
〔註6〕 饒宗頤，《潮州志》一，潮州：潮州市地方志辦公室，2004 年 8 月，頁204。

現閩、粵、贛三省之交利用畬兵抗拒元兵，當時許夫人曾率領畬兵八千餘眾在福建泉州、汀州一帶進行抵抗。這些反抗失敗後，部分畬兵則遁入畬峒。這樣的歷史記載，亦可以在赤嶺及湖西畬民聚落中的「三王公」的信仰中，發現其蹤跡。

另一方面，三山國王的崇拜早在元代已經形成，原本是廣東潮州揭陽地方，為當地土著居民對於獨山，明山，巾山之山神崇拜，之後擴大成為粵東客家人中影響最為廣泛的信仰。〔註7〕過去不少人將他當作客家人獨有的神明。事實上，位於韓江上游的福建汀州流域客家地區，並非三山國王的祭祀圈。而且三山國王在中國大陸，除了客家人之外，畬族、潮汕及漳州靠山地區福佬人，也建有很多的三山國王廟祭拜。其中如潮安碗窯、山梨、李公坑，饒平石鼓坪，豐順風吹磜的畬民都崇奉三山國王，每年正月都要舉行迎送三山國王神的儀式。潮安碗窯、山梨畬民還把三山國王置於諸神之首。這些地方的畬民，大都在明末清初從福建龍岩或廣東大埔遷來，而廣東大埔的畬民，則為赤嶺畬民的一支。在海南省通什市的民族博物館黎族館中，至今還陳列著一面寫著三山國王字樣的三角形紅旗。〔註8〕除了表示三山國王為粵東地區跨族群信仰外，亦顯現粵東畬民與客家、黎族之間的密切關係。

第一節　開漳聖王信仰

在漳浦地區影響最大的莫過於開漳聖王信仰。根據漳州前十大民間信仰中，除了保生大帝以及開漳聖王外，其餘觀音、玉皇大帝、玄天上帝、佛祖、關聖帝君、媽祖及土地公皆為中國大陸東南地區常見的信仰。〔註9〕而保生大帝亦為泉州同安人所供奉，所以開漳聖王為漳州最主要的地區性信仰。其中包括開漳聖王、開漳王元將、開漳公陳、開漳平閩人物、開漳李柏、開漳歐哲、開漳王子、陳政、撫順將軍、陳元光六部神眾、輔德將軍等十多位神靈。

〔註7〕　陳春聲，〈民間信仰與宋元以來韓江中下游地方社會的變遷〉，《東吳歷史學報》14，2005年12月，頁70；陳春聲，〈三山國王信仰與臺灣移民社會〉，《中央研究院民族學研究所集刊》80，2005，頁66；謝重光，〈三山國王信仰考略〉，《世界宗教研究》1996：2，頁105。

〔註8〕　李近春、李宗一、丁學云，〈廣東省畬族畬會歷史概況〉摘自《畬族社會歷史調查》，福州：福建人民出版社，1986年3月，頁229～235。謝重光，《畬族與客家福建關係史略》，福州：福建人民出版社，2002年6月，頁295～296。

〔註9〕　段凌平、張曉松，〈漳州地區民間信仰調查與研究〉，《學報（哲學社會科學版）》1，福建漳州：漳州師範學院，2004，頁76。

〔註 10〕這些都是陳元光家族及部將轉化為神明所形成的神系。當地的家族如陳姓族人，不但把陳元光視為社神，而且還把他當作家族神。而陳元光的部將，也分別被李、沈、許等姓奉為族神。特別的是，當地以陳元光及其部將所形成的陳元光神系信仰中，供祭時間長，且社神和族神結合，是漳浦縣神祇信仰中的一大特點。唐初陳政及陳元光父子入漳州，這是一次具有移民性質的軍事行動，除了設漳州州治，對於閩南地區的漢人開發具有一定的貢獻外，對於被平定的「蠻獠」，也就是漳州的少數民族畲民，卻是一場大規模的屠殺與迫害。然而畲民並沒有消失，相反的，畲民進入漢人的社會，有更多的畲漢互動記錄出現在漢人的文字，活躍於歷史記載中。因此目前最早的畲民記載，均從唐朝時期開始。根據葉國慶的研究，光緒 11（1885）年漳州地區所出現的章回小說《平閩十八洞》，由於文中許多地名係屬明代稱謂，而十八洞，指的是居住在福建各地非漢族的少數民族峒寨。內容包括藉由楊文廣的故事來說明陳元光平定漳州的過程，呈現明代畲漢之間的互動關係。〔註 11〕其中有關漳州的地區，包括屬漳州的漳仙洞，平和的飛龍洞，龍海市鎮海的蝶仔洞和海澄的蜜婆洞，以及漳浦娘仔寨的飛鵝洞。〔註 12〕這些故事情節，相當程度影響漳浦地區的畲民信仰。

根據《漳浦縣志》記載：

> 至正 17 年，陳吊眼領導畲民起義攻打漳州時，曾到威惠廟禱告：「我吊眼與王同姓，若得入漳，將祀王以最高禮儀，如果許可，杯請顯示三仰。」他兩次擲筊占卜，都未得許可，「再卜，而廟後有聲，有柱折石墜之狀。吊眼速立怒視曰：聖王還是從我所願為好，否則我將焚祠而毀像。說後又卜，而杯忽然裂開。吊眼驚憤，縱火焚廟，廟成灰燼，而神像如生。

以上可以看出畲民與開漳聖王之間的歷史矛盾。根據廈門大學蔣炳釗教授於民國 74（1985）年受中共民族委員會委託調查，赤嶺畲民相對於漳州各地普遍對於陳元光神系的祭祀有明顯的不同，他們不祭奠陳元光。赤嶺藍姓畲民的祖先是在明末從隆海遷來的，在此之前，赤嶺已有漢人張、王等姓在

〔註 10〕段凌平、張曉松，〈漳州地區民間信仰調查與研究〉，頁 76。

〔註 11〕李亦園，〈章回小說《平閩十八洞》的民族學研究〉，莊英章、潘英海主編，《臺灣與福建社會文化研究論文集》，臺北：中央研究院民族學研究所，1994 年 6 月，頁 23～28。王文徑，〈小說《楊文廣平閩十八洞》所涉史跡研究〉，收入《2003 年畲族歷史文化研討會論文》。

〔註 12〕李亦園，〈章回小說《平閩十八洞》的民族學研究〉，頁 26～27。

當地居住（所以又稱做張坑），他們曾在竹樹村和下廟村建有開漳聖王廟，在潘庵村建有馬王公廟，還有山坪村的三界公廟。〔註13〕藍氏入遷後，隨著藍氏家族連出藍理、藍鼎元、藍廷珍、藍元枚等清代籌臺的名宦將官，人口不斷增長，勢力也逐漸龐大，成為此地最主要的姓氏。他們入境隨俗接受漢人對於三界公及石椅西來庵佛祖的祭祀，甚至奉為家廟或是最重要的神祇，但對於歷史上陳元光入漳州時對於畬民的迫害，認為他是鎮壓祖先的仇人，所以唯獨無法接受開漳聖王的信仰。這文化傳統明顯與周遭漳州漢人不同，再加上民間傳說如《平閩十八洞》等書的記載，其中有許多陳元光所代表的漢人與少數民族之間的征戰與衝突，牢牢的烙印在漳浦一帶的居民記憶中。再加上人類學家透過族譜的整合，將赤嶺、龍教以及湖西鄉追溯和官畬的藍姓居民有所關聯，而勾勒出漳州畬民的分布地區。〔註14〕

圖4-3　漳浦赤嶺「石椅西來庵三寶佛祖」

資料來源：何兆欽編著，《汝南堂藍氏族譜》，宗圖8。

〔註13〕 郭志超，〈閩南藍姓畬族與閩西藍姓畬族的淵源關係〉，《臺灣源流》10，1998年6月，頁10。

〔註14〕 這些證據也就成為1985年當地畬民恢復少數民族身分的重要關鍵。福建省檔案館及福建省民族與宗教事務廳主編，《福建畬族檔案資料選編（1937～1990）》，福建福州：海峽文藝出版社，2003年11月，頁236；王崧興，〈訪漳浦縣藍廷珍、藍鼎元家鄉——湖西、赤嶺畬族鄉〉，《臺灣風物》38：1，頁93。

圖4-4　漳浦赤嶺「西來庵藍氏家廟重建碑」

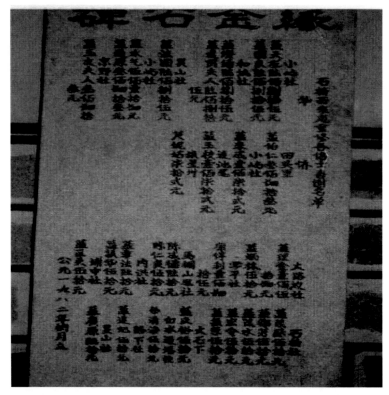

資料來源：何兆欽編著，《汝南堂藍氏族譜》，宗圖8。

因此赤嶺的開漳聖王廟就隨著漢人勢力日漸凋零，而藍姓畬民日漸茁壯下，久未整修，任其毀壞。但陳元光的部將馬仁神像卻被移入當地畬民最重要的信仰中心——赤嶺雨霽頂三界公廟內供奉。按理說，畬民不拜陳元光，當然也不會奉祀其部下馬仁，但事實上，赤嶺畬民不但奉祀馬仁，還將「輔順將軍」馬仁奉爲境主。並稱之爲「馬公爺」、「馬王爺」，而且每家廳堂案上都設有「輔順將軍」的神位，並將他當爲保護神。〔註15〕

據當地的說法，這尊馬王爺神像原本奉祀在赤嶺潘庵村的馬王公廟，因受到畬民對於開漳聖王的排斥，所以年久失修，廟宇坍塌。而三界公廟前又欠缺武將，因此村民將其抬至雨霽頂，卜杯請示，徵得三界公同意，馬王爺才留在三界公廟裡。〔註16〕

〔註15〕蔣炳釗，〈漳浦地區鬼靈及祖先崇拜——民間信仰和文化的考察〉，頁 174～175。
〔註16〕張宏明，〈村廟祭典與家族競爭——漳浦赤嶺雨霽頂三界公廟的個案研究〉摘

　　不過更多的傳說則與藍理有關，相傳藍理在施琅征臺戰役中，不幸中彈，肚破腸流，卻仍堅持戰鬥。一說是他受傷時夢見撫順將軍撫著傷口保護他，另一說則是藍理出征前曾往馬王爺廟前祈求保佑，並隨身帶著「馬王爺」香火袋，因此受傷時灑在傷口上痊癒，繼續奮戰。〔註17〕總之，由於馬王爺的武士象徵，對於以武將見長的畲民，確實較能引起共鳴，而官拜福建提督的藍理，開啟畲民征戰沙場的先鋒，由於崇拜馬王爺，對於族人必然產生示範作用。再加上當地對於馬王爺的傳說，稱馬王爺剛強威猛，逞惡扶善、誅奸滅邪、綏靖四境，非常靈驗，因此也替代了開漳聖王在當地的角色。

圖4-5　宜蘭冬山聖福廟所供奉之輔順將軍

資料來源：筆者拍攝，2011年04月13日。

自鄭振滿、陳春生主編《民間信仰與社會空間》，福州：福建人民出版社，2003年8月，頁303。

〔註17〕蔣炳釗，〈漳浦地區鬼靈及祖先崇拜──民間信仰和文化的考察〉，頁175。另一說為三界公，李煒，〈閩南雨霽頂三官大帝廟〉，《中國道教》2000：6，頁57。

臺灣的開漳聖王的信仰廣泛分佈在漳州籍移民的土地上。如西部平原內緣、北部丘陵地帶、宜蘭平原及臺東縱谷平原的兩端。最主要縣市為臺北（含新北市）、宜蘭及桃園縣。其中宜蘭地區，根據大正 4（1915）年至 8（1919）年臺灣總督府的調查，已建立的開漳聖王廟達 15 座之多，為全臺之冠。〔註18〕宜蘭冬瓜鄉位於蘭陽溪以南近山地區，屬東勢（溪南）地區，其開發與漳泉兩地墾戶械鬥有關。嘉慶 14（1809）年，漳泉械鬥，漳人林標、黃添、李觀興各領壯丁百人，由吳全、李佑為先導，夜由叭哩沙喃潛出羅東，阿里史眾番潰走，羅東遂為漳人所據，泉人乃自溪洲開至大湖，粵人則開發冬瓜山一帶。《噶瑪蘭廳志》記述：「冬瓜山，在廳治南三十里，平岡迤邐，形如落木，以此得名。西轉為虎頭山，即加禮遠港發源處。」〔註19〕由此可知，冬瓜山乃指一形若冬瓜的山嶺，在此地區成為明顯的地標，並以此為地名。清光緒24（1898）年地方實施保甲制度，設保正、甲長、壯丁團；日據大正 9（1920）年實施街庄制，以原紅水溝堡等數區內十七大字設冬瓜山庄置住役場於南興。〔註20〕

珍珠村原是平埔族的聚落，又稱「珍珠里簡」〔註21〕，位於宜蘭平原的南部，跨冬山河兩岸，南距冬山街區約 1.5 公里，海拔 2 至 5 公尺之間。地名譯自噶瑪蘭族之 Hettnurikan、Taradagan、Taradingan、Taradingh、Tarradagen、Kitarradangan，漢譯作「珍汝女簡」、「陳雷女簡」、「珍珠美簡」、「了魯哩幹」等，其意據說是「瑪瑙珠」。〔註22〕根據施添福教授於民國 83 年的調查，目

〔註18〕《臺灣宗教報告書》第六表，臺北：臺灣總督府印行，1919。

〔註19〕陳淑君總纂，《噶瑪蘭廳志》，臺北：遠流出版社，2006，頁 88。

〔註20〕林定國，《宜蘭縣冬山鄉簡介》，宜蘭：冬山鄉公所，1996，頁 2；陳淑均，《噶瑪蘭廳志》，臺灣省文獻委員會，1963，頁 11；臺灣省文獻委員會，《臺灣地名辭書》卷一，宜蘭縣：1998，頁 289。

〔註21〕珍珠社區古稱「珍珠里簡」，係平埔族噶瑪蘭三十六社之一，位於冬山鄉偏東，冬山河中游兩岸，鄰近有南興、補城、武淵、群英、永美、太和等村，全村面積約為 2.505 平方公里，社區居民人口數約 1800 人，而冬山河、台九線和台鐵北迴線並列由南北方向貫穿珍珠社區的東邊，社區內地勢平坦，對外交通方便，地理位置適中，為一個典型的鄉村農業區。貫穿珍珠社區的冬山河為境內重要資源，加上緊鄰冬山河森林公園，促使珍珠社區自然資源雄厚。

〔註22〕臺灣省文獻委員會，《台灣舊地名之沿革》一，1980，頁 425～426。「珍珠」一詞之由來有二種說法，一是珍珠里簡社於冬山河中游沿岸，早期有一港口經常有船隻來往於東南亞等地，並帶回許多珍珠、瑪瑙回珍珠里簡，因此，在港口附近土地均能輕易撿到珍珠、瑪瑙而得名；另一說法是珍珠里簡在噶瑪蘭的譯音係「燒酒螺」，早期村落沒有環境污染，田地及水溝到處有燒酒螺的蹤跡，因而得名。

前珍珠里簡以漳州籍李姓居民為多數，共 59 戶佔總戶數 36.88%。〔註23〕

　　珍珠社區轄內有兩座歷史相當悠久的廟宇，分別為漳州籍李姓墾戶所創建的進興宮，號稱全臺最大的古公三王廟，供奉的神明，正是從漳浦湖西所迎來的古公三王；以及與噶瑪蘭平埔族關係密切的土地公廟，廟旁現在仍有噶瑪蘭石板遺跡的聖福廟。〔註24〕聖福廟位於珍珠社區的店仔頭，店仔頭是社區內重要的雜貨店所在地，為當地的經濟中心。而進興宮則是由當地最大族群李姓家族所創建，配合珍珠社區活動中心的啟用，積極推動社區營造，成為珍珠社區文化中心。兩座廟宇雖近在咫尺，卻因不明的歷史因素，互有芥蒂，相隔僅不到五百公尺，信徒都是鄰居，卻互不往來。歷史上彼此不斷以擴建加高廟宇，或是迎來神格更高的神明互相較勁，所以聖福廟增奉開漳聖王，進興宮則迎來三山國王及開臺聖王坐鎮。雖然近年來在地方有力人士的斡旋下，已有所冰釋。但古公三王與開漳聖王信仰在漳州原鄉的互斥，或是漳州籍漢人與平埔族之間的恩怨，而造成兩廟不合的歷史因素，深值得進一步的探究。

圖 4-6　宜蘭冬山珍珠社區聖福廟新舊廟之比較圖（新）

資料來源：筆者翻拍自聖福廟檔案照片，2011 年 04 月 13 日。

〔註23〕施添福，《蘭陽平原的傳統聚落——理論架構與基本資料》，宜蘭：宜蘭縣立文化中心，1996，頁 607。

〔註24〕噶瑪蘭石板遺跡為早期噶瑪蘭人所居住的地區。早期聖福廟後側為冬山河舊河道，時常有居民無故跌入河中溺斃。村民在佛祖寺廟原址矗立的兩片噶瑪蘭族所稱天地之的「阿立祖」石板遺址上，刻上「阿彌陀佛」字體以求平安，自此再也無意外發生。有感於佛祖的保佑，之後原地重建，上敬祀觀音佛祖，而在神龕有底下立著兩片石板，紀念過去噶瑪蘭原住民的神祈文化。

圖 4-7　宜蘭冬山珍珠社區聖福廟新舊廟之比較圖（舊）

資料來源：筆者翻拍自聖福廟檔案照片，2011 年 04 月 13 日。

圖 4-8　宜蘭冬山聖福廟重建記

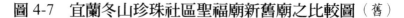

資料來源：筆者翻拍自聖福廟檔案照片，2011 年 04 月 13 日。

聖福廟現址爲過去冬山河之舊河道，因此當地仍留有一座舊橋「珍珠橋」，是早期噶瑪蘭族人祭祀之位置。而本地爲清代蘭陽重要的平埔族聚居地，可見這座土地公廟與原居此地之噶瑪蘭族人之密切關係。閩浙總督楊廷璋上疏：「……今臺灣熟番戶口眾多，與粵東猺人事同一例，應將淡水、彰化、諸羅一廳二社所屬番社，設立理番同知一員，凡有民番涉事件，悉歸該同知管理。」〔註25〕其中粵東猺人指的就是畬民。可見在乾隆年間，福建官府對於原住民的治理，乃至平民百姓，大都以在閩粵與畬民的互動方式，來對待平埔族。珍珠社區當地藍姓人口不多，約有五戶，應是從距離不遠的羅東遷來，從廟牆上的重建委員會的組成資料來看，至今藍姓在當地應有一定的勢力。

聖福廟雖然從原住民信仰演繹成爲漢人之土地公廟，但因位於珍珠社區的店仔頭，是社區內重要的雜貨店所在，所以也成爲當地民眾之信仰與交流之中心。民國 58（1969）年因年久失修，既陋且簡，亟待興革。〔註26〕因此在地方人士的募捐下成立基金，廟宇重新改建，並且迎來開漳聖王爲鎮殿王，從此香火更加鼎盛。廟的右偏殿奉祀五穀先帝，左偏殿則爲觀世音菩薩。由牆上的贊助名單來看，除了黃姓及陳姓外，當地的李姓家族亦在募捐之列。

圖 4-9　聖福廟所供奉之神農大帝像

資料來源：筆者拍攝，2011 年 04 月 13 日。

〔註25〕請設鹿港理番通知疏，《彰化縣志》冊三，頁 393。
〔註26〕根據該廟牆上沿革所示。

圖 4-10　聖福廟所供奉之開漳聖王與福德正神

資料來源：筆者拍攝，2011 年 04 月 13 日。

圖 4-11　聖福廟所供奉之觀世音菩薩

資料來源：筆者拍攝，2011 年 04 月 13 日。

　　宜蘭多山鄉珍珠社區進興宮，原名進興廟，自清代以來就供奉古公三王。劉枝萬先生於民國 59（1970）年託於臺灣省文獻會，調查全台各縣市之宗教信仰，並發表於〈臺灣省寺廟教堂名稱、主神、地址調查表〉，其中將古公三王信仰分類爲二，一曰「三王公」，二爲「古公」。其中將三王公指爲奉祀於二縣市以上信仰，並且清楚指出古公三王乃是柳、葉、英三姓之結義。而「古公」僅祀於一縣市，爲牧童戲造泥像而膜拜，時有顯靈，遂遵奉之。〔註 27〕但根據王文徑先生於現懸於祖廟中的木匾，則有不同的看法，木匾刻於清乾隆 39（1774）年其中刻有：「湖西古公廟　三王公時在東山靈感　自敘牌文沐恩事」有此判斷，在赤嶺、湖西，甚至是臺灣宜蘭及桃園地區，古公三王與三王公應屬同一信仰，且有三位神像。只是在宜蘭當地普遍以古公三王稱之，只有在簡稱或是沿革記錄中，才會出現三王公的敘述。所以進興宮所供奉的古公三王與二結王公廟（鎮安廟），以及桃園大溪埔頂仁和宮過去所供奉的三王公，皆指漳浦的三王公信仰。〔註 28〕

　　根據廟方牆上所刻之沿革資料，過去大廟尚未改建前，面積大約 8 坪大，以茅草爲頂、竹籬圍牆，當地人稱爲「竹籬仔廟」。民國 86（1997）年重建落成前才改名爲「進興宮」。相傳清光緒 16（1890）年，珍珠社區下厝先賢玩泥塑土祭拜後顯靈，自稱古公三王，並指定當時年僅七歲的下厝李喬木先生爲乩童，〔註 29〕開始斬妖除魔，普渡眾生，助人無數。前後重建三次，最先是以茅草的建築，原供奉古公三王，後陸續供奉開台國聖、協天大帝、三山國王、西天尊王、觀音佛祖等神尊。〔註 30〕

〔註 27〕劉枝萬，〈臺灣省寺廟教堂名稱、主神、地址調查表〉，《臺灣文獻》11：2，1960 年 12 月，頁 47。

〔註 28〕「古公三王」與「三王公」信仰傳說，因漳浦地區經歷文化大革命後，沿革資料毀損殆盡，僅靠當地老人回憶，因此眾說紛紜，必須借助於乾隆年間來臺的三王公廟補正，其詳情將於第二節說明。

〔註 29〕根據廟方資料，當年的教育不普遍，囝仔童乩李喬木，和一般孩童一樣，並未上學讀書，所以孩提時代的他並不識字，只是長大後，曾去阿練伯私塾讀過一些古書。神奇的是，童年時代的李喬木起乩時，竟然會寫字，村民更加相信，那是古公三王附身後的結果。王公透過李喬木起乩時所畫的符，一般人看不懂，必須由一個人擔任翻譯，即俗稱的「桌頭」，又稱「童乩企仔」，桌頭由成人李阿勞擔任，他是李喬木的堂叔。李喬木幼年時期，個子很小，高度不及神桌，因手不夠長，無法在神桌上畫符，只好將早期插秧用的「秧船」，倒置過來，放在地上讓他踩著，才夠高。雖然李喬木年紀小，起乩起來，因爲是代神明說話，十分靈驗，民眾都深信不疑，神威傳說不脛而走，到處有人來請神去降妖伏魔。

〔註 30〕根據廟方刻於牆上沿革，本廟號稱爲全國最大古公三王廟，民國九十年於現

圖 4-12　蘭陽冬瓜山進興廟

資料來源：筆者拍攝，2011 年 04 月 13 日。

圖 4-13　進興廟所供奉之古公三王

資料來源：筆者拍攝，2011 年 04 月 13 日。

　　陳春聲認為，臺灣移民社會與閩粵地區相比，由於宗族組織及祠堂的影響相對薄弱，因此以地緣關係爲基礎的村落組織在鄉村基層的社會控制中可以發揮更大作用。﹝註 31﹞因此進興宮的創建雖然與當地漳州籍李姓家族關係

　　　　址成立中華道教古公三王弘道協會總會。
﹝註31﹞陳春聲，〈三山國王與臺灣移民社會〉《民族學研究所集刊》80，中研院民族

密切，且土地所有權也是李氏族人李後春所擁有，至今廟公或管理人皆由當地李姓族人所出任〔註 32〕，甚至被當地人私下視爲李姓家廟。〔註 33〕但是其影響依然超越家廟範疇，擴及整個珍珠社區。〔註 34〕

圖 4-14　進興廟土地所有權狀

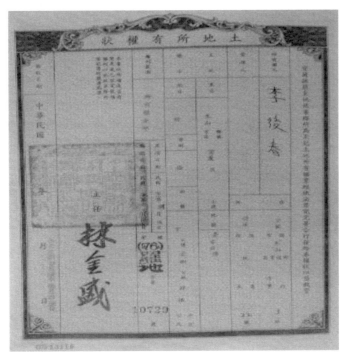

資料來源：筆者翻拍自進興宮檔案資料，2011 年 04 月 13 日。

　　　編，1995，頁 87。

〔註 32〕現在廟方之主任委員，就是由李姓家族的女婿蔡國安會計師所擔任。

〔註 33〕根據廟公李後春表示，進興宮與李姓家族淵源密不可分。李後春的祖父李詩廟，是早期進興宮興建茅草廟以及第一次改建爲磚牆廟的發起人。李詩廟改建進興宮爲磚牆建築後，生了一個男孩李阿銚，即李後春的父親，那年李詩廟已卅九歲。磚造小廟再到三間式廟宇，就是李後春的父親李阿銚主導。李阿銚救人無數，以前冬山有一個西醫張佳，人稱「張公醫」，一般人都會找「張公醫」看病，如果張公醫看不好的病，就會懷疑是被放符，就叫病人來找李阿銚。

〔註 34〕民國 78〔1989〕年在進興廟的捐助下，於廟埕旁邊興建珍珠社區活動中心，並成立社區理事會，1994 年社區活動中心落成，社區居民擁有共同之活動空間。1999 年由現任珍珠社區發展協會理事長李後進先生接任，開始運用本身社會工作的專業背景，積極參與社區活動，推動珍珠社區之營造工作。李舒歆〈地方文化產業發展策略研究：以宜蘭縣白米、珍珠、尚德社區再造之地方文化產業爲例〉銘傳大學設計管理研究所碩士論文，2005 年 12 月，頁 71～72。

聖福廟所代表的爲當地噶瑪蘭平埔族的信仰，信仰圈達附近羅東一帶的藍姓移民。爲了對付同一個社區中來自漳州的李姓漢人所供奉的古公三王，迎來神格較高的開漳聖王，而進興宮則迎來了開臺聖王相對抗。地域的對抗模糊了原籍信仰的色彩，在地化跨越了漢人、平埔族及畬民的族群界限，最後藉由信仰圈重新組織不同的群體，甚至發展出相對應的人際與經濟網絡。

圖 4-15　中華道教古公三王弘道協會總會證書

資料來源：筆者翻拍自進興宮檔案資料，2011 年 04 月 13 日。

第二節　三官大帝信仰

三官大帝信仰，最遠可追溯至二千年前。三官大帝即天官、水官、地官，又稱三元大帝（即紫微大帝、青靈大帝、陽谷大帝），原是道教所尊奉的神靈。俗稱天官賜福，地官赦罪，水官解厄。但是到了清代，中國北方地區已逐漸式微，但在漳州及臺灣地區依然相當盛行。家家戶戶大廳都可以看到吊著「天公爐」。福建許多寺廟也陪祀三官大帝，有些民居內還供奉三官大帝的塑像。

漳浦赤嶺雨霽頂三官大帝廟，始建於明宣德 5（1430）年，重修於清康熙

中期。建築結構奇特，在漳浦乃至漳州地區，以及海外影響極大的廟宇。至今保存有明清 8 塊石碑。據說雨霽三官大帝神位地處覆鼎金穴，廟址神點，堪稱靈異。不能構築土木廟宇，一建起就會遭回祿焚燒，屢試不爽。神卜只允石砌神壇，蓋頂空牆。形成慣例，流傳至今。每逢寅、申、巳、亥年的正月廟會日，人山人海，趕廟會的舞獅舞龍隊、大車涼鼓隊、高蹺隊、鑼鼓隊等從四面八方集結而來，巡迴遊動表演，海內外群眾達數萬人，熱鬧非凡，且具畬民風俗，頗具特色。〔註35〕

　　由於雨霽頂三官大帝廟和馬王爺出巡的範圍，以赤嶺鄉、湖西鄉的藍姓村莊和官滸的王姓村莊為主，這些村莊的居民就構成了雨霽頂三官大帝廟的信仰圈。赤嶺及湖西畬民結婚時，新郎要從三界公廟裡請出三界公和馬王爺到家門口，兩張供桌相疊，下面的供桌，上陳 10 杯酒、10 杯茶和一些葷食祭品敬獻。生孩子後，送小孩給三界公做「契子」（乾兒子），此俗至今仍有。〔註36〕

　　三界公信仰進入臺灣移墾社會後，除了漳州人稱為三界公外，客家人則稱作三界爺；林美容表示：

> ……漳州人拜三界公，即天官、地官、水官，或稱三官大帝，分別於上元、中元、下元祭拜，而泉州人拜天公，即玉皇大帝。……三官大帝有也俗稱天公，但其祭拜的時間與真正的天公玉皇大帝不同，玉皇大帝的生日是正月初九，而三界公的生日在正月十五元宵節（上元節），七月十五日中元節及十月十五日下元節。……泉州人也不是不拜三界公，但似乎比較著重玉皇大帝的祭祀……，有所謂『迎天公』的活動，這是漳州人地區所沒有的。〔註37〕」又謂「最常聽說的一個如何區別漳、泉的方法是看天公爐有幾個耳朵。一般傳統三合院的農家，其正廳門後的天花板通常垂吊著一個天公爐，或稱三界公爐，是拜三界公（亦稱天公）用的。據說漳州籍的民家其天公爐有三個環耳，以便懸掛鐵鏈，而祖籍泉州者則用四個環耳

〔註35〕李煒，〈閩南雨霽頂三官大帝廟〉，《中國道教》2000：6，頁57。

〔註36〕張宏明，〈村廟祭典與家族競爭——漳浦赤嶺雨霽頂三界公廟的個案研究〉摘自鄭振滿、陳春生主編《民間信仰與社會空間》，福州：福建人民出版社，2003年8月，頁320〜321。

〔註37〕林美容，〈族群關係與文化分立〉，《民族學研究所集刊》，南港：中研院民族所編，1990，頁95。

的天公爐。〔註38〕

　　桃園地區無三山國王廟，卻有全台最多的三官大帝廟宇。而宜蘭地區客
家人蹤跡已消失殆盡，卻有全台最多的三山國王廟及爲數眾多的三官大帝廟
宇。其中宜蘭地區的三山國王廟大都分布在近山地區，有防番禦敵之功能。
而桃園地區三官大帝廟宇，則與該地區的平埔族群間有密切關係。清初龍潭、
平鎮、楊梅、八德與大溪等區域爲霄裡社的主要活動範圍。〔註39〕

表4-1　臺灣地區各縣、市三官大帝廟宇分布統計表

縣、市	數量	比例	縣、市	數量	比例
臺北縣	10	8.20%	臺東縣	1	0.82%
宜蘭縣	12	9.84%	花蓮縣	2	1.64%
桃園縣	21	17.21%	澎湖縣	2	1.64%
新竹縣	19	15.57%	基隆市	1	0.82%
苗栗縣	11	9.02%	新竹市	0	0.00%
臺中縣	8	6.56%	臺中市	4	3.28%
彰化縣	0	0.00%	嘉義市	0	0.00%
南投縣	4	3.28%	臺南市	2	1.64%
雲林縣	3	2.46%	臺北市	1	0.82%
嘉義縣	7	5.74%	高雄縣	2	1.64%
臺南縣	8	6.56%	屏東縣	4	3.28%
總　計	122 座					

資料來源：田金昌〈臺灣三官大帝信仰——以桃園地區爲中心〉，桃園，中央大學歷
　　　　　史研究所碩士論文，2005 年 6 月，頁 55。

　　三官大帝信仰主要分布爲桃竹苗一帶，以及新北市及宜蘭等地，其中新
北市以靠近桃園一帶的樹林、鶯歌及三峽，或是盆地邊緣的深坑、新店等地，
或是北部海岸的金山、萬里、石門及三芝等北海岸鄉鎮。根據宜蘭龍潭三皇
宮沿革碑記：

　　　　……其來由遠在遜清嘉慶七年秋（1802 年）由先賢王萬枝民祖先。
　　　　自漳州奉帶老大帝金身渡海入蘭，應吳沙公之姪吳化，招募墾民開
　　　　拓五圍（宜蘭市郊）時，設爐供眾晨昏朝拜，奉爲守護神。」

〔註38〕林美容，〈族群關係與文化分立〉，頁 95。
〔註39〕張素玢，〈龍潭十股寮蕭家——一個霄裡社家族的研究〉，頁 104。

以及創立於道光 11（1831）年的新北市金山鄉三界村聖德宮，也稱福建漳浦雨霞頂三界公廟為其祖廟，其信仰圈遍及北臺灣沿海鄉鎮如金山、萬里、石門及三芝等地，這些地方皆與漳州人有密切的關係。

圖 4-16　新北市金山鄉三界村聖德宮

資料來源：筆者拍攝，2011 年 04 月 13 日。

圖 4-17　宜蘭龍潭三皇宮

資料來源：筆者拍攝，2011 年 04 月 13 日。

第三節　宜蘭二結鎮安廟

　　另一個重要的藍姓畬民祖籍地，漳浦縣湖西鄉豐卿村其三王公墓葬和祖廟，在漳浦湖西當地已日漸式微。但在清代，隨著當地移民攜帶香火來臺，在宜蘭、桃園及嘉義、花蓮等漳州籍移民地區傳衍甚多。兩岸開放以後，每年都有臺灣信仰古公三王的信士香客組團來割香祭拜，甚至東南亞海外移民如印尼等地的藍姓宗親，也多次為之捐獻香資修建。

　　位於福建漳浦縣湖西畬族鄉的三王公祖廟，奉祀宋代三位為保衛鄉里，與金兵或是山寇血戰而死的英雄。其香火最著名的為乾隆 51（1786）年，歲次丙午，由漳浦湖西鄉廖地先民奉迎到宜蘭二結，之後當地人捐輸建鎮安廟奉祀，成為當地的地方公廟，並隨著移民逐漸在宜蘭、花蓮、臺北、桃園、基隆、台中以及雲林、苗栗等縣市，逐漸分衍發展到擁有數十家宮廟的大團體，兩岸開放後，隨著宗教交流，台灣各地區奉祀三王公廟宇，多次組團到大陸，並且在漳浦縣湖西鄉豐卿村坑尾村之三王公祖廟及三位勇士的墳墓，捐資重建。

　　根據廈門大學人類學系郭志超教授的田野調查，三王公信仰為漳浦地區的地方神祇，其傳說為當地抵抗外侮的居民，壯烈犧牲後被奉祀為家鄉的守護神，信仰圈僅限於漳浦地區，但在漳浦其它地方則聞所未聞。不過遍查漳浦當地史料，如《漳浦縣志》、〔註 40〕《八閩通志》，〔註 41〕或是成書於清中葉之後，書中記錄著大量福建各地民間傳說的《平閩十八洞》、《閩都別記》等，〔註 42〕均無三王公信仰來源說明，目前僅能靠當地口述資料以及殘存的斷垣遺跡考證。而臺灣的宜蘭二結王公廟，則仍保存著古公三王的由來。目前臺灣研究三王公信仰大都圍繞在宜蘭二結王公廟（鎮安廟）及其所衍伸的廟宇，對於另一支亦源自於漳浦之三王公信仰，桃園大溪埔頂仁和宮，有關廟宇與三王公之間的關係則無相關研究。

　　漳浦地區信仰三王公的歷史其實相當久遠，主要分布於近山地區之山腳下。廟的規模較小，與土地公廟相似，在當地被當作社神或是土地公廟來祭拜。

〔註40〕　〔清〕林登虎纂，陳汝咸修，《漳浦縣志》，臺北：成文出版社，1968。
〔註41〕　〔清〕黃仲昭纂修，《八閩通志》，北京：書目文獻出版社，1988。
〔註42〕　〔清〕里人何求纂，《閩都別記》，福州：福建人民出版社，2008 年 1 月。此書是福建歷史上流傳至今篇幅最長的章回體傳奇小說之一，內容為清代福州地區說書人根據福建歷史故事以及各地民間傳說、古籍野史、社會掌故以及風土民情等基礎上，加以演繹編纂而成的話本小說，為考察福建各地民間風俗之重要資料。

人們在山間採伐竹木、採藥、燒木炭等，大都要祈求三王公保佑，因此也可將三王公當作山神崇拜。尤其是進山狩獵者，每次狩獵必祭三王公。〔註43〕自南宋以後，漳州地區經濟及交通日漸發達，地處位於交通方便之三王公廟，受到不同籍別信仰影響，以及信眾較多的強勢神靈組織，如開漳聖王、關聖帝君、天上聖母等，規模及財力遠勝過三王公，因此漸漸取代如地方社神之三王公。僅在人煙較為稀少，甚至仍受虎患威脅，且當地尚有打獵風俗之偏遠地區，仍保留三王公信仰，而這些地區，正是清代以後漳浦地區保有少數民族風貌，畬民活動的範圍。其中位於湖西鄉坑仔尾三王公廟、大南坂農場三王公村的三王公廟以及赤嶺鄉南坑後學三王公廟，則是畬民三王公信仰的重要代表。

　　漳浦縣博物館王文徑先生是當地研究三王公信仰的專家，他表示湖西三王公廟歷經幾次重大改建，原建築無存，僅從部分遺留文物可以判斷，廟址建築原本應為二座，平行排列於三王公墓前。遺址上存有數件石刻文物，根據內容大致推論此地三王公廟最早在元代時期就已經存在，並且歷經明代的重建。〔註44〕明代因沿海地區海盜及倭寇猖獗，不少居民遷入長坑（雅名長卿，今赤嶺鄉）以及菅塘（雅名官塘，今湖西鄉）山區腹地，而當地為藍姓畬民之世居地。根據當地其他姓氏族譜記載，此時有黃、趙、廖、陳、吳、紀等姓陸續遷入，並且隨著當地風俗祭拜三王公，當作鄉里的保護神，虔誠供奉朝拜。〔註45〕隨著這些地方移民的來臺開墾，原籍信仰也跟著落地生根，

〔註43〕 林祥瑞，〈三王公信仰初探〉，收錄於漳浦縣政協主辦《漳浦文史資料》16，漳州：漳浦縣報社，1997 年 10 月，頁 164～167。文中提到三王公源於廣東潮州三山國王信仰，係因為漳浦古屬潮州，民俗風情相似所致。

〔註44〕 王文徑先生根據現場石刻文物判斷，「元代仰覆盆式石柱礎」，此式石礎上下小，中部寬大，呈尖角外展，見於五代至明中期，早期較典型的有福州華林寺大殿北宋初年建築，其早期較肥大粗壯，宋代中後期較瘦小，低矮，至明代早中期則常常採用連座式，三王公廟現存此式，應為宋末至元代的式樣；「明代扁鼓式石柱礎」，此式礎柱礎始見於元代，沿用至近現代，元代式樣較高，其直徑與高度很接近，上部最寬，下部略有收分，明代後較低矮，最寬處下移，並出現浮雕花紋，晚清常常為連座式，現存此式應為明代早中期物，亦見於東山銅陵關帝廟（始建於明洪武）；「明代天啓青石香爐」殘件，現廢棄於廟邊，破為數片，經王先生復原，爐上沿刻有「天啓元年秋信士神應喜舍香爐祈求子孫昌盛」，天啓元年即 1621 年。王文徑的部落格，http://blog.sina.com.cn/s/blog_4c19a83801000838.html，2007 年 2 月 9 日。

〔註45〕 高聿占、胡清南、奚秀珍，〈湖西與宜蘭「三王公廟」〉，收錄於漳浦縣政協主辦《漳浦文史資料》8，漳州：漳浦縣報社，1989 年 1 月，頁 164～166。

開花結果。宜蘭二結王公廟正是由廖地先民帶往臺灣奉祀，由於神跡卓靈，被信徒迎往各地，發展成為宜蘭地區的重要信仰。

由於漳浦三王信仰香火幾經播遷，無碑文傳世或相關史料記載，現況早已凋零不堪，廟宇建築倒塌毀壞也所剩無幾，再歷經文革的破壞，以及近年來海外信徒的捐贈改建，其原始樣貌或早已湮滅，不復可循。因此有關神明來源以及沿革典故必須參照臺灣補充及追憶。根據《二結王公廟手記》，其中〈王公聖蹟‧檔案〉一章的介紹，三公名柳信、葉誠、英勇，分別為相師、小兒科醫生，地理師，道士，後結為異姓兄弟，投義軍並為首領，協助南宋義軍抵抗金兵以安宋祚，轉戰到漳浦湖西坑地方，被圍困，自盡以成仁，鄉民於就義地建廟奉祀。〔註46〕此外漳浦圖書館原館長高聿佔先生等人近年來於當地採訪，根據民間的傳說，也認為故事發生於南宋末年，三義士應為抗擊元兵而犧牲。近年來兩地對該史料的整理，兩造說法分別應證了臺灣及漳浦地方文史工作者對於三王史蹟源流的認識。

其中三王姓氏分別為柳信、葉誠，英勇，其出生日期也恰巧為正月15，2月15，11月15，均以15為生日；三王的職業為醫藥、堪輿及道術，彼此關聯亦多巧合，尤其是三王公姓名為英勇，相當罕見，因此難免予人附會之嫌。根據《中國人名大辭典》，發現有以下記載：

> 蔡青（宋）漳浦人，紹興間，青與同縣鄒進、熊保俱為左翼軍步兵，時山寇至，三人披髮操戈，瞋目叱於眾曰：吾屬當為國死。既而與賊遇，自卯至酉，殺傷甚眾，賊遁，乘勢迫追，賊寇反鬥，三人皆中傷以沒，邑人哀之，為合葬於邑西門外，稱為勇士墓。〔註47〕

又根據萬曆《漳浦縣志》記載，其內容如下：

> 蔡青，紹興間山寇竊發，焚迫邑治，邑人皇皇，莫敢出鬥，郡使皇甫某領步二十五人禦之。青與同邑鄒進，熊保俱為左翼軍，屯於北門，賊眾三百餘人突至西關，郡使曰：我曹當效力血戰，三人披髮瞋目，操戈先登，自卯至酉，殺傷甚眾，賊分道循去，三人乘勝迫之，賊窮反鬥，三人力竭皆死，邑人哀之，為具殯合葬西關外，名勇士墓。時有陳姓者，舊志逸其名，嘗為長泰尉，發兵捕賊，力不能拒，亦死。〔註48〕

〔註46〕不著撰人，《二結王公廟手記》，鎮安廟管理委員會，頁3。
〔註47〕商務印書館，《中國人名大辭典》，上海：商務印書館，1921，頁1529。
〔註48〕萬曆《漳浦縣志》卷十六‧人物下。

　　王文徑先生根據文獻中所記載的蔡青等三義士的事蹟，認為與漳浦當地傳說中的三王事蹟相當類似。他認為古公三王原名可能分別為蔡青、熊保、鄒進，同為漳浦人，彼此應為好友或守城義勇。山寇攻城，三人奮勇保衛鄉土，終因力竭而犧牲。鄉民為紀念他們奮勇殺敵，保護鄉里的功績，合葬其軀，並於墓前建廟奉祀。當地人多至此祈求，甚感靈應，於是傳說三人為道士、地理師，小兒科醫生等。但年代久遠，口耳相傳，難免以訛傳訛。明代以後，三王公聲名廣為傳播，廟宇也多有分香，清乾隆年間，隨著漳浦移民入臺，傳至臺灣等地，在宜蘭出現了二結王公廟（鎮安廟）等有名的大廟及香火延伸各地之數十家宮廟。

　　此外，位於漳浦縣城西面七公裡處的大南坂臟山開發區，開發區南側有大南坂農場臟山作業區的三王公村，其原址為三王公廟，與三王公村其相鄰的為刺塘後作業區的藍厝村（現址為福建省漳浦縣湖西鄉頂壇村新城）。藍厝村村名源於清福建水師提督，湖西人藍元枚葬於附近，家族後裔繁衍而成。據當地老一輩人的回憶，作業區之職工宿舍即在舊廟的遺址上建成，遺址規模不詳。該地區早年極為興盛，清代後因兵災及瘟疫，導致村子滅絕。王文徑先生曾於民國 62（1973）年至民國 63（1974）年在該作業區種植劍麻，尚記得當初斷牆頹垣，遍地瓦礫的情景。〔註49〕

圖 4-18　湖西三王公遺址

資料來源：王文徑的部落格，2007 年 2 月 9 日
　　　　　http://blog.sina.com.cn/s/blog_4c19a83801000838.html

〔註49〕王文徑，〈漳浦湖西三王宮史蹟考辯〉，《臺灣源流》6，1997 年 6 月，頁 115
　　　　～118。

圖 4-19 新建湖西三王公廟

資料來源：王文徑的部落格，2007 年 2 月 9 日
http://blog.sina.com.cn/s/blog_4c19a83801000838.html

　　其中牧童戲造泥像膜拜之建廟傳說，在蘭陽平原上其他三王公信仰的廟宇中則相當普遍。根據林志成〈宜蘭古公三王的祭祀與慶典之研究〉之碩士論文中，其綜合《宜蘭縣寺廟專輯》、《宜蘭縣民間信仰》等文獻以及作者於民國 95（2006）年之田調結果，整理宜蘭縣內以古公三王為祭祀主神之廟宇共計 14 座，其中建廟源由為放牛小童所捏之泥偶高達 8 座，另外為當地老乩童所祭祀者為 4 座，僅有二結王公廟明白指出來自於漳浦湖西鄉，以及三星大洲開安宮為開墾先民由大陸攜帶來臺，這兩座廟宇亦是宜蘭地區自清代便開始祀奉三王公之廟宇。〔註50〕

　　臺灣奉祀古公三王的主要廟宇，有二結鎮安廟、冬山進興宮、武荖坑大進廟、宜蘭鎮安宮、中崙中興廟、花蓮富安宮、大園海口福元宮等……。

　　清乾隆 51（1786）年，坑尾村有個叫廖地的農民，隨身帶古公三公的神像（即是開基老三王公）、香火過台灣，到達宜蘭拓墾。有一次生番出草，舉族向開荒的漳州移民殺將過來，情況十分危急。突然狂風大作，電閃雷鳴。番人認為這是不祥之兆，不戰而退。漳州移民相信這是三王公顯靈嚇跑生番。於是，三王公被視為防番自衛的保護神，受到移民頂禮膜拜。頭城、二城、

〔註50〕 林志成，〈宜蘭古公三王的祭祀與慶典之研究——以二結王公廟為中心〉，花
　　　　蓮：國立花蓮教育大學鄉土文化學系碩士論文，2008 年 6 月，頁 37～39。

二結、四結、五結、羅東等地先後興建起 9 座三王公廟，以頭城三王公廟為中心寺廟。後來，臺北、桃園、花蓮也陸續分香建廟。台灣所有的三王公廟，都以漳浦坑尾三王公廟為開基祖廟。所以《台灣道廟考》指出：「三王公神明『靈傳漳浦』。農歷 11 月 15 日為三王公祭祀日，漳台兩地同日舉行祭典。」

圖 4-20 古公三王聯合慶典參與公廟名單

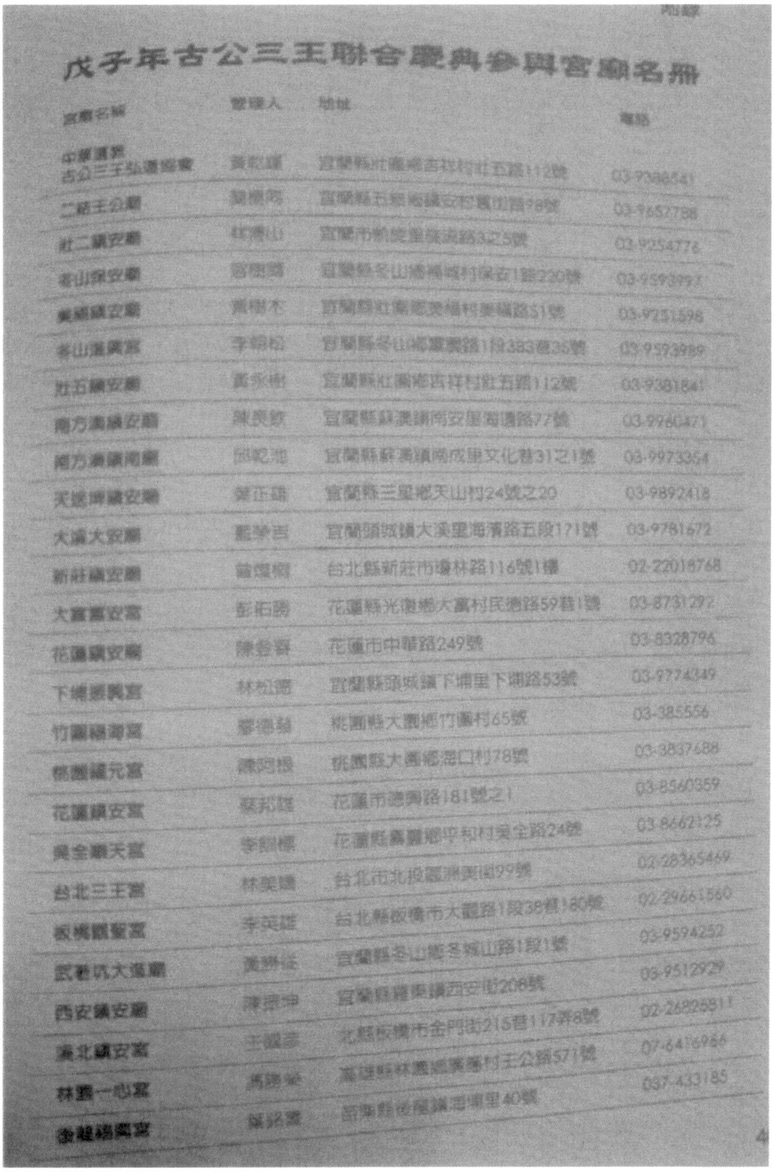

附錄

戊子年古公三王聯合慶典參與宮廟名冊

宮廟名稱	管理人	地址	電話
中華道教古公三王弘道協會	[illegible]	宜蘭縣壯圍鄉吉祥村壯五路112號	03-9388541
二結王公廟	[illegible]	宜蘭縣五結鄉[illegible]路78號	03-9652788
壯二鎮安廟	林清山	宜蘭市[illegible]路32之5號	03-9254776
冬山保安廟	[illegible]	宜蘭縣冬山鄉[illegible]村保安1路220號	03-9593997
美福鎮安廟	黃樹木	宜蘭縣壯圍鄉美福村美福路51號	03-9231596
冬山廣興宮	[illegible]	宜蘭縣冬山鄉廣興路1段383巷36號	03-9593989
壯五鎮安廟	[illegible]	宜蘭縣壯圍鄉吉祥村壯五路112號	03-9381841
南方澳鎮安廟	[illegible]	宜蘭縣蘇澳鎮南安里海邊路77號	03-9960471
南方澳鎮南廟	[illegible]	宜蘭縣蘇澳鎮南成里文化巷31之1號	03-9973354
天送埤鎮安廟	[illegible]	宜蘭縣三星鄉天山村24號之20	03-9892418
大溪大安廟	[illegible]	宜蘭頭城鎮大溪里濱海路五段171號	03-9781672
新莊鎮安廟	[illegible]	台北縣新莊市瓊林路116號1樓	02-22018768
大富鎮安宮	[illegible]	花蓮縣光復鄉大富村民德路59巷1號	03-8731292
花蓮鎮安廟	[illegible]	花蓮市中華路249號	03-8328796
下埔振興宮	[illegible]	宜蘭縣頭城鎮下埔里下埔路53號	03-9774349
竹圍鎮南宮	[illegible]	桃園縣大園鄉竹圍村65號	03-385556
桃園鎮元宮	[illegible]	桃園縣大園鄉溪口村78號	03-3837688
花蓮鎮安宮	[illegible]	花蓮市德興路181號之1	03-8560359
吳全鎮天宮	[illegible]	花蓮縣壽豐鄉平和村吳全路24號	03-8662125
台北三王宮	[illegible]	台北市北投區[illegible]街99號	02-28365469
板橋鎮聖宮	[illegible]	台北縣板橋市大觀路1段38巷180號	02-29661560
[illegible]	[illegible]	宜蘭縣冬山鄉冬城山路1段1號	03-9594252
西安鎮安廟	[illegible]	宜蘭縣羅東鎮西安街208號	03-9512929
溪北鎮安宮	[illegible]	北縣板橋市金門街215巷117弄8號	02-26825811
林園一心宮	[illegible]	高雄縣林園鄉[illegible]村王公路571號	07-6416966
[illegible]	[illegible]	苗栗縣後龍鎮[illegible]里40號	037-433185

資料來源：筆者攝影，2005 年 9 月 28。

二結王公廟的祭祀活動中，最特別的是以黑犬爲祭品。根據明治 44（1911）年 1 月 9 日的《台灣日日新報》在羅東支廳的報導中，有段「祭王宰犬」記載：

> 羅東支廳廳下二結庄鎮安廟。崇祀古公三王。每屆陰曆十一月二十六日慶祝之時。不以豚羊致祀。以犬爲犧牲。多者數十頭。少亦十餘頭。客臘二十七日。復值祝辰。是日演唱梨園三檯。庄民宰割黑犬十餘隻。並排列牲禮致祭。男婦老幼。行香參拜者。極見擁擠云。〔註51〕

又如《宜蘭縣志・人民志・禮俗篇續篇》中，亦有關於鎮安廟的黑犬祭祀的祭載：「十一月十五日，二結王公誕辰，舉行祭典，祭品有供公黑狗者，誠屬罕見祭品。」〔註52〕

有別於臺灣各地殺豬宰羊爲酬謝神明的牲禮，以公黑狗爲祭品在臺灣及閩南地區皆相當罕見。經查臺灣各地有相關類似記載在嘉義縣中埔鄉的萬善堂，被當地人稱爲「賊仔廟」，傳宵小若以狗爲祭品祭祀，可佑手風奇順。此外在六腳鄉有兩座供奉武德英侯的廟，相傳生前爲竊賊，對狗恨之入骨，所以祭品就是專吠竊賊的狗。甚至清代儒生於七夕、中秋及重陽三節殺犬，以狗頭祭魁星。〔註53〕但是這些祭禮，現今已很少在大庭廣眾下行之。而宜蘭二結王公廟以黑「羊」〔註54〕爲祭品，與當地乩童信仰盛行相關。民間傳說黑狗血爲鎮煞伏魔時的必備品，因此殺狗獻祭，在許多法數儀式之中成爲必要之舉。而三王公爲降妖伏魔，以黑「羊」血與朱砂石粉調製而成平安符，再安排乩童作法書寫平安符。而黑狗血即取自祭典時所陳列的黑「羊」牲禮。

〔註51〕「祭王宰犬」，《臺灣日日新報》1911 年 1 月 9 日，3 版。

〔註52〕盧世標纂修，《宜蘭縣志・人民志・禮俗篇續篇》，宜蘭：宜蘭縣文獻委員會，1978，頁 82～93。

〔註53〕《重修臺灣縣志》：「七夕，臺女設果品、花粉向簷前禱祝，云祭七星娘。男則殺狗祭魁星，諸生會飲。」王必昌，《重修臺灣縣志》，臺灣文獻叢刊，臺北：臺灣銀行經濟研究室，1752；《雲林縣采訪冊》〈斗六堡・歲時〉：七月初七日。士子爲魁星誕。是日世傳爲牛女渡河，巫家以爲七娘誕。登壇說法，鼓角諠譁；兒女多惑其術，冀爲解危消災。臨期赴會，日過關限度。俗尤尚中元普度，即佛家所謂盂蘭會也；村莊朔望晦皆祭。斗六街及各境，是月下浣共打醮六、七天。祭時燈火爛熳，陳設極豐；祭畢；將棚廠八柱米飯分發孤老。倪贊元，《雲林縣采訪冊》〈斗六堡・歲時〉，臺灣文獻叢刊，臺北：臺灣銀行經濟研究室，1959 年 10 月，頁 27。

〔註54〕廟方爲避免招致眾議，以黑羊代稱。

故「宰犬祭王」成為二結王公廟每年祭祀時的特色。

審視畬民盤瓠信仰，畬族人民世代相傳和歌頌始祖盤瓠的功績，盤瓠是畬族圖騰崇拜的對象。畬族先民以擬人化的手法，把盤瓠描塑成神奇，機智、勇敢的民族英雄，尊崇為畬族的始祖。並以《高皇歌》敘述畬族的起源和歷史，以及盤瓠不平凡的經歷，被尊為畬族的祖歌、史歌，用畬族語傳唱至今。除了口耳相傳外，在服飾的犬尾形狀，並且在文學、繪畫、雕塑及音樂等方面都受到圖騰崇拜的影響。因此相對於閩南、粵東當地習俗，畬族殺狗及吃狗肉是絕對的禁忌。

漳浦目前擁有三萬畬族人口，在楊美十八洞、陳倉嶺十八洞，港頭十八洞，楊廣寨、萬安堡，以及鎮海旗尾蝶仔洞，都處在目前藍姓畬族聚居的地區或相鄰的地方。在這些傳說中，楊美十八洞的黑狗賊故事值得注意，楊美村是藍姓畬族人聚居的地方，由十幾個小山村組成。黑狗賊白天為人，晚上為狗，暗喻畬族祖先盤瓠是龍犬的傳說，特別值得注意的是，當地的藍姓畬族村民對黑狗賊懷著很強烈的同情心，不追究他偷盜的事，說他為偷情的母親搭橋，是孝子等。〔註 55〕這傳說與二結王公廟的「祭王宰犬」是否有所關聯，究竟為地方性的特殊祭典，亦或藉由殺犬擺脫與少數民族的關聯，仍值得進一步探究。

第四節　桃園大溪埔頂仁和宮

北桃園開墾史上三大地方公廟的埔頂粟仔園「三王公廟」，現稱為「仁和宮」，位於大溪鎮仁愛里埔頂 10 號。根據淡水廳志記載，至少在乾隆 56（1717）年便已座落於桃仔園埔頂。〔註56〕根據廟方記載，草創之期遠在康熙 12（1673）年，之後歷經多次改建，昭和 2（1927）年重建之後維持至今的樣貌。現在主其事的董監事中，仍有眾多的藍姓宗親參與，其前兩任的董事長為藍新傳，現為榮譽董事長。連當地仁愛里里長亦為藍氏宗親。在廟的廟埕旁，就高掛著藍姓代書的招牌。埔頂大姓是黃姓和藍姓，黃姓祖先來自詔安，藍姓祖先則來自福建漳浦莨坑（今赤嶺鄉）。根據藍選官公派下族譜記載，藍選官生於清康熙 27（1688）年，卒於乾隆 32（1767）年。選官公為渡臺祖，初居於桃

〔註55〕王文徑，〈小說《楊文廣平閩十八洞》所涉史跡研究〉摘自《2003 年畬族歷史文化研討會論文》。

〔註56〕陳培桂編纂，《淡水廳志》卷六志五典禮志/祠廟，同治 10（1871）年刊行。

園埔頂世居嗣徙大溪，以後子孫散北部地區。〔註57〕桃園大溪算是漳浦藍姓遷來台灣相當重要的聚落之一，其次則是為屏東藍姓，以及內湖、宜蘭羅東等藍姓宗族。

圖 4-21　藍選官墓地

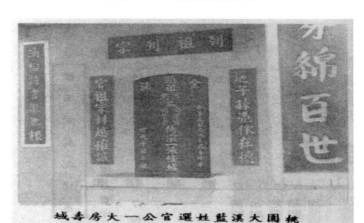

資料來源：何兆欽編著，《汝南堂藍氏族譜》，選官系說 1

圖 4-22　藍選官墓地

資料來源：何兆欽編著，《汝南堂藍氏族譜》，選官系說 1

〔註57〕何兆欽編著，《汝南堂藍氏族譜》，選官系說 1。

　　仇德哉於《臺灣廟神傳》將「三王公」信仰歸類於鄉土神祇之項目，記載如下：「古公三王又古公、三王公。相傳爲柳、葉、英三姓結義兄弟，再宋末率師於福建漳浦某山營較宋帝，失敗殉國，後時顯靈，百姓建廟祀之。」〔註 58〕臺灣的三王公信仰並不普遍，主要分布在宜蘭地區，其中二結王公廟（鎮安宮）最有名氣，其廟方來源清楚指出來自漳浦湖西的廖姓移民。而位於桃園大溪埔頂仁和宮，有開漳聖王祖廟之稱。但根據建廟沿革，卻記載奉祀神明爲三王公，再加上兩百多年前分靈出去的廟宇，至今仍奉祀著三王公，以及當地爲數眾多的漳浦藍姓移民，可見其與畬民的關係。

圖 4-23　桃園大溪仁和宮廟埕旁藍姓代書

資料來源：筆者攝影，2007 年 11 月 28 日。

〔註58〕仇德哉，《臺灣廟神傳》雲林：通信書局，1979，頁 503～504。

圖 4-24　大溪埔頂仁和宮

資料來源：筆者攝影，2007 年 11 月 28。

　　大溪埔頂粟仔園仁和宮現在的主祀神為開漳聖王，並且號稱開漳聖王祖廟。但是直到現在，不論是廟方所出版的紀錄或是當地的傳說，皆說明在乾隆年間之前所祭拜的為三王公。只是如今已不見三王公的蹤跡。根據筆者目前仍保留著三王公的信仰，再加上仁和宮的董事，藍姓仍佔有相當重要地位。根據「仁和宮」建廟沿革，有以下的記載：

> 康熙癸丑年（1673 年）某夕，（漳州人氏）昆仲二人同見三王公托夢，告擬他遷，乃問卜三王公欲何所往？卜後，選定水路，奉金身香爐溯水而上；於各津渡停舟問卜前途，輾轉跋涉。舟行抵大溪粟仔園（其實一片蘆竹林，花開時，宛如一片粟仔穗，因以為名），難再前駛，請神下舟，沿西北小徑登岸，行至本廟地，適見大樹一棵，時值盛夏；日當正午，酷熱難當，遂置三王公案於樹蔭，午憩片刻。覺後，恭請三王公起駕，孰料百請不動，因再問卜神，定此地立廟奉祀，竟連卜得數勝杯，即以粟仔園為久居地也。……昆仲二人旋敬邀遐邇人士並本地熟番，共觀神跡，人人出錢出力搭建茅屋，以為奉祀三王公之廟堂，是乃本宮建立之初基。〔註59〕

這兩位兄弟將三王公安頓好後即回滬尾，而後來開墾者因遠近均無廟

〔註59〕不著撰人，《仁和宮簡介》，財團法人台灣省桃園縣大溪鎮仁和宮董監事會。

宇，因此苗栗以北、桃園以南信徒均來此朝拜，之後參拜者日益增多，且本地居於栗仔園之頂，而稱栗仔園埔頂三王宮廟，成為臺灣北部最早供公眾參拜之神明之一。後來凡來參香膜拜、問蔔、求願均萬分應驗，眾善信乃感以簡單、粗陋之小茅屋來供奉顯赫神靈，於心不安，眾善信相議，捐錢計畫改建，於康熙 26（1687）年修築土牆、木樑、茅頂的寬敞廟宇。延至康熙 50（1711）年再擴建，將廟宇建成前後殿加拜亭，同時增加左右廊，亦將蓋璋改為蓋瓦，內加樑垂、木鬥、木雕、花屏並加雕諸神奉祀。乾隆乙未年再重行設計，興工改建，殿堂完美，加用龍柱、石柱、石堵、雕花、花屏、廟簷、屋頂、剪花、各木雕之油畫，費時十餘年完成，可謂完美之廟宇，在此人口稀疏的地方能建如此完美之廟宇，乃藉神靈顯赫遠近受恩澤之信徒感恩來捐獻之成果。而後在咸豐乙卯年即民國丁卯年經兩度拆建。而民國丁卯年重建時部分舊木雕、龍柱、石柱併修合用，但因提高地基，竟將部分舊石料填埋底下，僅少部分為埋散在各角落，甚為在可惜，亦因廟堂加大如將三落改為前、中殿，原後殿未建留作花園埔頂廟草創之時，在乾隆末年，正值仁和宮祭典時適逢山洪暴發，溪東信眾無法過河來參拜，而選數名強壯青年乘舟橫渡來奉請香火到現在福仁宮址供信徒參拜，遂留香火在該處。至道光初期，即興建福仁宮，以後信徒的範圍即分溪東、溪西，且溪東、溪西亦在各部落建廟分割香火奉祀，但有大祭典仍有聯莊習俗，如中元節及齋醮正主會，迄今不變。

　　劉枝萬對臺灣寺廟的發展亦有類似的分期，一為拓墾初期的無廟時期，僅是供奉香火於田寮或住屋中。二為庄社構成時期，此時是庄社基礎初奠之時，以土地祠之普設為其特徵。三為庄社發展時期，此時街肆已形成，景氣鼎盛，富財力者鳩資興建宏敞寺廟，並以文昌祠、齋堂、職業神寺廟與職業團體組織的神明會與鄉土神（即祖籍神）之隆盛為其特徵。〔註 60〕之後，劉枝萬再依寺廟的發展詳細分成七的階段，每一個發展階段皆與不同景象的聚落發展相對應，分別為：游移性試墾期——無廟階段；成村前的曙光期——草寮階段；村落雛形期——小祠；村落奠定期——公厝；村落形成期——小廟；村落發展期——中廟；市街成立期——大廟。〔註61〕

　　由於大溪埔頂並沒有相當的人口聚落，廟方為了維持祖廟地位，在逐次

〔註60〕劉枝萬，〈清代台灣之寺廟〉，《台北文獻》4，頁 101～20；《台北文獻》5，頁45～110；《台北文獻》6，頁 48～66。

〔註61〕劉枝萬，〈台灣民間信仰〉，《臺灣風物》39：1，頁 79～107。。

翻修的同時，迎來了具有更大信仰群眾的「開漳聖王」，並且配合改變沿革傳說，將「三王公」解釋爲第三尊「開漳聖王」金身，俗稱爲「三王公」，徹底改變主祀神的角色，之後分靈出去的廟宇如對岸的大溪福和宮及桃園市大廟都以奉祀開漳聖王爲主，連仁和宮也以奉祀開漳聖王爲宣傳，並以臺灣「開漳聖王」祖廟自居。

桃園景福宮、大溪福仁宮以及臺北士林蘭雅德和社「三王公」皆於沿革中記載分香火於埔頂粟仔園「三王公廟」，但是桃園景福宮及大溪福仁宮已改爲所分香火爲開漳聖王。所幸臺北士林蘭雅德和社「三王公」尚保留三王公信仰。臺北士林滴雅庄（今蘭雅地區）劉姓家族，兩百多年前循著大漢溪至淡水河下游移居八芝蘭，並將信仰之神祇—仁和宮三王公請來並建立了福安宮，至今每年仍保有農曆二月廿二日回大溪仁和宮進香的傳統。福安宮又名德和社，「社」可以指祭祀土地神之所在，俗稱土地廟；「社」也可指民居角落或村落，至今閩南農村自然村尚稱爲「某某社」。〔註62〕而三王公在漳浦近山地區亦被當作土地公廟祭拜，故福安宮仍保留「德和社」之稱。只是當地人並不了解三王公的由來，而被視爲福德正神來祭拜。

圖4-25　德和社回仁和宮進香告示

資料來源：筆者攝影，2008年8月5日。

〔註62〕林祥瑞，〈漳浦縣城的「社」〉，《臺灣源流》22，頁53。

開漳聖王及三官大帝信仰（三界公）因神格較高，地域色彩濃厚的情況下，因此能獲得更多漳州人的接受，於是在漳州籍移民區域如桃園、宜蘭及臺北地區形成較大的信仰圈。但古公三王（三王公）信仰，則在漳浦本地與臺灣皆面臨因神格與土地公相當，屬於地方公廟，無法有效拓展人際網絡，造成經營發展受限。因此必須藉由改奉神格更高的神明信仰，以突破廟方格局。如桃園大溪埔頂仁和宮改變祭祀，搖身一變成為開漳聖王祖廟以招徠更多的信徒，並藉由分香擴大影響力。此外，就如同漳浦藍姓畬民，以及士林蘭雅劉氏家族以及宜蘭冬山李氏家族，將古公三王（三王公）當作家廟經營供奉，才能隨著家族發展而保存下來。但最特別的是宜蘭二結王公廟，卻因交通便利，因緣際會成為宜蘭古公三王信仰的共主，甚至成為兩岸古公三王（三王公）信仰香火最盛的廟宇，並提供漳浦原籍古公三王（三王公）信仰研究的回溯資料。

圖 4-26　德和社福安宮圖

資料來源：筆者攝影，2008 年 8 月 5 日。

圖 4-27　德和社所供奉三王公神像

資料來源：筆者攝影，2008 年 8 月 5 日。

第五章　結　論

　　刀耕火種是福建畬民未進入漢民經濟時的主要謀生方式。而臺灣的平埔族群也有類似的耕作方式。這種耕作方式，相當經濟。但也迫使他們必須不斷尋覓其他未開發之地，隨著耕地向各地遷徙。所以在中國東南沿海一帶以及臺灣，刀耕火種在漢人勢力未達之前，為少數民族普遍的生活方式。但這樣的耕作模式，往往因水土保持的破壞，造成重視水利設施的漢人的困擾。當漢人接觸到畬民或平埔族的勢力範圍時，衝突就時而常見。

　　盤瓠傳說是畬民家族的傳世記憶，普遍影響畬民的日常生活及文化儀式。在臺灣北海岸的平埔族之中，從金包里社到小雞籠社，有類似盤瓠傳說的紀錄。最特殊的是宜蘭二結鎮安宮，有全臺罕見的殺犬祭王的儀式。漳浦畬民透過盤瓠傳說，反覆進行傳統儀式，強化家族的凝聚，在漢化的過程中，以延續畬民的意識。如果缺少盤瓠傳說之核心價值，相關儀式活動就如同失根的蘭花，除留下藍氏姓氏之外，畬民將如同其原籍地漢人一般。

　　清代漳浦藍姓移民大都在清乾隆年間遷徙來臺。其類別可分為武官業主及一般百姓。除了藍廷珍及藍鼎元家族藉由官府勢力招墾發展成為地方勢力外，其他就同其他漳州移民，招佃拓墾，待經濟穩定後發展宗族。其分布區域大都與其原籍移民有關。目前資料以藍引族系族譜最具有畬民特色，詳細記載畬民族源傳說、姓氏由來、盤瓠祖圖、分布狀況、祭祀活動，以及畬民與開漳聖王之間的恩怨。其他則以漳州、泉州或粵東人來（來自廣東大埔）自居，分布在桃園、宜蘭及北臺灣的沿海地帶。由於來臺開墾較早，並無當地勢力可引為已用，因此往往受招佃、墾隘，赴漢番交界區維生，因此留下許多與平埔族之間的互動紀錄。

　　畬民、平埔族與漢文化的接觸與互動的經驗，有不少可以互相對照之處。如漳浦赤嶺藍歡家族，以閩南漳州人的角色進入龍潭客家勢力範圍，接受十股寮平埔族蕭家的招佃，後代子孫加入以熟番守隘為主的隘丁，〔註1〕甚至遭生番殺害。其跨越族群角色的認同，從畬民、漳州人、閩南人、客家人至熟番（平埔族），最後遭生番（山地原住民）（山地原住民）殺害，幾乎融合清代臺灣所有的族群，是其中相當特殊的案例。而霄裡社蕭家，透過與漢業戶合作開發水利，引進漢佃，設隘開墾，建立漢人信仰──銅鑼圈的三元宮，逐漸融入當地漢民族文化。屋宅、祖先牌位及祭祖儀式全仿造漢人。最後在民國 49（1960）年的新修族譜中，依附漢人的集體記憶，改變後代子孫的認同，揚棄少數民族的標記。〔註2〕其過程就如同漳浦畬民一般，但在近年來的少數民族政策之中，重新恢復其原來身分。

　　畬民移民來臺，亦將其家鄉的信仰帶到臺灣。然而從唐朝漢人入閩設州置縣，從史書及民間傳說中不斷記錄著漢人與少數民族彼此的衝突，因此反映在開漳聖王的信仰，畬漢之間有截然不同的價值觀。但是由於漳浦畬民相對於福建其他畬民聚居之處，因與漢人互動時間最長，且由於藍理以下的漳浦藍姓在當地擁有相當的勢力，藉由軍功及科舉功名，發展成為漳浦重要家族，甚至藉由平臺戰役之便，將勢力延伸至臺中藍張興庄及屏東里港。並結合「漳浦準政治集團」，影響清初治臺政策，漢化極深，可視為漢人統治集團。但位於赤嶺及湖西深山一帶的藍姓畬民，至戰後仍保有相當的畬民傳統，其相關盤瓠傳說之族圖文物，也保留至文化大革命才遭焚毀。更重要的是，當地畬民自古就不接受開漳聖王信仰，與絕大多數漳州漢人不同，因此至今仍被視為畬民。但除了開漳聖王之外，當地畬民仍受漢人影響，入境隨俗，接受了漳州人所信仰如三官大帝及古公三王（三王公），以及因藍理個人所崇拜的撫順將軍馬仁。其中赤嶺雨霽頂三界公廟，甚至發展成為海內外重要的三官大帝信仰。這些畬民信仰，如同其他閩南民間信仰與家族制度的關連，透過家廟與當地神廟的結合，藉由神靈的祭典與崇拜，凝聚家族的共識，美化祖先的傳說，強化內部的團結與控制，在閩南高度發達的宗族社會中，以對抗不同家族的勢力。

　　漳浦藍姓畬民移民來臺後，除了臺中藍張興庄及屏東里港為家族勢力的

〔註1〕 柯志明，〈番頭家：清代臺灣族群政治與熟番地權〉，頁 273～274。
〔註2〕 張素玢〈龍潭十股寮蕭家──一個霄裡社家族的研究〉，頁 114～119。

延伸之外，其餘藍姓畬民皆因地緣關係，與原籍移民共同開墾，以因應家族勢力無法保護個人身家安全之困境。因此在桃園及宜蘭等地的藍姓移民，皆與其漳泉移民分布區域有關。而開漳聖王及三官大帝信仰因神格較高，地域色彩濃厚，可以獲得原籍移民的認同。而古公三王（三王公）信仰，在漳浦地區與臺灣皆因神格與土地公相當，為地方社神，除了發展成為家族家廟外，便是引進神格更高的信仰，以拓展更大的信仰圈。而宜蘭二結王公廟幸而保存信仰傳說，並因交通便利成為宜蘭古公三王信仰的共主，為海峽兩岸現存之古公三王（三王公）信仰的典範。

　　漳泉之差異，在於其文化中融合著非漢民族的成分。16 世紀，泉州為海上絲路起點，大量的阿拉伯人進入泉州通商，在此定居，與當地女子通婚生子，採納漢姓。如蒲、郭、丁等姓，皆有可能為阿拉伯人後裔。而漳州的文化，從陳元光父子進入漳州開始，便是一頁頁的漢文化與少數民族的融合史。在漳州的傳統信仰、風俗習慣以及民間小說等各方面，呈現多元民族的風采。畬民移民來臺之後，帶來原鄉的信仰文化，為適應當地的地理人文環境，再度融合不同族群，發展出新的面貌。在兩岸開放之後，透過民間交流、宗教傳播及學術研討，又再次產生新的融和。

　　在過去閩臺的族譜記載中，不論是透過口述或是族譜代代相傳，總強調祖先來自中原，因避難而遷徙到東南沿海省份，因此語言仍保有古音，進而推論出閩南人及客家人為中原漢人的後代。然而近年來臺北馬偕醫院輸血醫學研究室主任林媽利，累積許多台灣閩南人與客家人遺傳基因的資料，透過血液中白血球組織抗原，統計出閩南及客家人基因的頻率，與國際資料庫裡亞洲各族群的資料比對，算出不同族群間的基因距離，再得出不同族群間的親緣關係。結果發現，臺灣的閩南人與客家人在血緣上幾乎一致，與東南亞華人及大陸東南沿海少數民族接近，屬於南亞洲人種，相對於北方漢人及北亞洲人，在遺傳基因上有相當的距離。同樣的結論在許多國際上的研究中都可以看到，民國 81（1992）年北京中國科學院遺傳研究所也曾發表類似的結果。〔註3〕如今從漳浦藍氏族譜中，透過清代漳浦藍氏移民在臺的墾拓過程，看到他們以漢人的面貌面對新的環境。這些點點滴滴的調查，似乎也從史料中呼應林媽利的研究，逐步拼湊閩臺人民與少數民數的關係。

〔註3〕 林媽利，〈非原住民台灣人的基因結構〉，《「二〇〇七年生醫科學之新領域」國際研討會論文集》，臺北：馬偕醫院，2007 年 11 月。

參考書目

一、文獻檔案

1. 《畬族社會歷史調查》，福建人民出版社，1986 年 3 月。
2. 《福建畬族檔案資料選編（1937～1990 年）》，福建福州，海峽文藝出版社，2003 年 11 月。
3. 《臺灣宗教報告書》，臺灣總督府印行，1919 年。

二、方　志

1. 王柏、昌天錦，《平和縣志》，清康熙 58 年版，清光緒 15（1890）年刊本。
2. 黃許桂主修，福建省地方志編纂委員會整理，《平和縣志》，廈門：廈門大學出版社，2008 年 4 月。
3. 王必昌，《重修臺灣縣志》，乾隆 17（1752）年，臺灣文獻叢刊，臺北：臺灣銀行經濟研究室。
4. 姚良弼，《惠州府志》，嘉靖 35（1557）年刊本。
5. 屈大均，《廣東新語》，臺北：中華書局，1985 年。
6. 李紱纂，王光明、陳立點校《汀洲府志》，同治 6（1867）年重刊本。
7. 周碩勳，《潮州府志》，乾隆 27（1762）年版。
8. 周璽，《彰化縣志》，臺灣文獻叢刊，臺北：臺灣銀行經濟研究室，1959 年。
9. 饒宗頤，《潮州志》，潮州：潮州市地方志辦公室，2004 年 8 月。
10. 蔣之然，《漳平縣志》，清道光 10（1830）年版。
11. 黃愷元等修，《長汀縣志》。1942 年鉛印本。
12. 黃仲昭修纂，《八閩通志》，福州：福建人民出版社，2006 年 1 月。

13. 張景祁，《福安縣志》。清光緒 24（1898）年刻本。

14. 張正昌纂，《蘆竹鄉志》，桃園蘆竹，桃園縣蘆竹鄉公所，1975 年。

15. 羅青霄，《漳州府志》，明萬曆本，臺北學生書局重印。

16. 沈定均等纂修，《漳州府志》，清光緒 4（1879）年版。

17. 魯鼎梅主修，《重修臺灣縣志》，臺灣文獻叢刊，臺北：臺灣銀行經濟研究室，1959 年。

18. 《臺灣府輿圖冊》，臺灣文獻叢刊，臺北：臺灣銀行經濟研究室，1959 年。

19. 陳培桂纂，《淡水廳志》，臺灣文獻叢刊，臺北：臺灣銀行經濟研究室，1959 年。

20. 陳衍，《福建通志》，臺灣文獻叢刊，臺北：臺灣銀行經濟研究室，1959 年。

21. 陳秋坤、吳庚元編纂，《里港鄉志》，屏東里港：里港鄉公所發行，2003 年。

22. 陳淑君總纂，《噶瑪蘭廳志》，臺北：遠流出版社，2006 年。

23. 倪贊元，《雲林縣采訪冊》，臺灣文獻叢刊，臺北：臺灣銀行經濟研究室，1959 年。

24. 林興仁等，《台北縣志》，臺北：成文出版社，1983 年。

25. 林登虎纂，陳汝咸修，《漳浦縣志》，臺北：成文出版社，1968 年。

26. 林定國，《宜蘭縣冬山鄉簡介》，宜蘭：冬山鄉公所，1996 年。

27. 林梅等修，王猷等續修，《漳浦縣志》，明萬曆 33 年（1605 年）版。

28. 盧世標纂修，《宜蘭縣志》，宜蘭：宜蘭縣文獻委員會，1978 年。

三、族　譜

1. 何兆欽編著，《汝南堂藍氏族譜》，臺北：臺灣區藍姓族譜編輯委員會，1985 年。

2. 《臺灣區族譜目錄》，中壢：臺灣區姓譜研究社，1987 年。

3. 《藍氏家譜》道光 19（1839）年，臺北：故宮博物院，故宮博物院據藍義信藏民國間寫本縮製，微縮片編號 1307050（29-7）。

四、寺廟沿革

1. 不著撰人，《二結王公廟手記》，宜蘭鎮安廟管理委員會。

2. 不著撰人，《仁和宮簡介》，桃園：財團法人台灣省桃園縣大溪鎮仁和宮董監事會。

3. 不著撰人，《樂善寺沿革》，桃園：樂善寺管理委員會，民 98 年 7 月。

4. 蕭昌衡、曾新蓼，《銅鑼圈三元宮概史》，臺灣桃園：銅鑼圈三元宮修建委

員會，2003 年。

五、專 書

1. 〔清〕里人何求纂，《閩都別記》，福州：福建人民出版社，2008 年 1 月。

2. 〔清〕楊瀾，《臨汀匯考》，光緒 4（1878）年刊本。

3. 〔明〕謝肇淛，《五雜組》，上海：上海書店，2001 年標點本。

4. 《中國人名大辭典》，上海：商務印書館，1921 年復印。

5. 台灣省文獻委員會，《臺灣地名辭書》，1998 年。

6. 林奕斌主編，《藍鼎元研究》，福建廈門：廈門大學出版社，1994 年 11 月。

7. 林嘉書，《閩臺移民系譜與民系文化研究》，安徽合肥：黃山書社，2006 年 5 月。

8. 《臺灣原住民映象》，臺北：南天書局，1995 年。

9. 施聯朱，《施聯朱民族研究文集》，北京：民族出版社，2003 年 11 月。

10. 施聯朱，《畬族風俗志》，北京，中央民族學院出版社，1989 年

11. 施添福，《蘭陽平原的傳統聚落——理論架構與基本資料》，宜蘭：宜蘭縣立文化中心，1996 年。

12. 蔣炳釗，《畬族史稿》，福建廈門：廈門大學出版社，1988 年 9 月。

13. 蔣炳釗主編，《百越文化研究》，福建廈門：廈門大學出版社，2005 年 12 月。

14. 蔣炳釗、吳綿吉、辛土成，《中國東南民族關係史》，福建廈門：廈門大學出版社，2005 年 10 月。

15. 陳支平，《客家源流新論——誰是客家人》，臺北市：臺原出版社，1998 年 5 月。

16. 陳支平，《五百年來的福建的家族與社會》，臺北市：揚智文化，2004 年 3 月。

17. 陳支平，《福建六大民系》，福建福州：福建人民出版社，2000 年 6 月。

18. 陳支平、周雪香主編，《華南客家族群追尋與文化印象》，安徽合肥：黃山書社，2005 年 12 月。

19. 陳國強、張恩庭、劉善群主編，《寧化石壁客家祖地》，福建廈門：中國人類學學會編印，1997 年 7 月。

20. 陳其南，《臺灣的傳統中國社會》，臺北：允晨文化，1987 年 3 月。

21. 陳支平，《福建族譜》，福建福州：福建人民出版社，1996 年。

22. 陳學文，《明清時期商業書及商人書之研究》，台北：洪葉文化，1997 年 3 月。

23. 柯志明，《番頭家：清代臺灣族群政治與熟番地權》，臺北：中央研究院社

會學研究所，2001 年。

24. 馬昌儀等，《中國神話學文論選萃》，北京：中國廣播電視出版社，1994 年

25. 徐祖祥，《瑤族的宗教與社會──瑤族道教及其與雲南瑤族關係研究》，雲南昆明：雲南人民出版社，2006 年 6 月。

26. 〔清〕藍鼎元，蔣炳釗、王鈿點校，《鹿洲全集》上下冊，福建廈門：廈門大學出版社，1995 年 1 月。

27. 藍炯熹，《畬民家族文化》，福建福州：福建人民出版社，2002 年 6 月。

28. 藍運全、繆品枚主編，《閩東畬族志》，福建福州：民族出版社，2000 年 3 月。

29. 郭志超，《閩臺民族史辨》，安徽合肥：黃山書社，2006 年 5 月。

30. 游文良，《畬族語言》，福建福州：福建人民出版社，2002 年 6 月。

31. 吳永章，《畬族與瑤苗比較研究》，福建福州：福建人民出版社，2002 年 6 月。

32. 謝重光，《閩臺客家社會與文化》，福建福州：福建人民出版社，2003 年 9 月。

33. 謝重光，《畬族與客家福建關係史略》，福建福州：福建人民出版社，2002 年 6 月。

34. 謝重光，《客家文化論述》，北京：中國社會科學出版社，2008 年 12 月。

35. 溫振華、戴寶村，《淡水河流域變遷史》（新北市：臺北縣立文化中心，民 87）

36. 鄭振滿，《明清福建家族組織》，湖南長沙：湖南教育出版社，1992。

37. 鄭振滿，《鄉族與國家　多元視野中的閩臺傳統社會》，北京：三聯書店，2009 年 5 月。

38. 鄭瑞達，《移民、戶籍與宗族》，北京：三聯書店，2009 年 3 月。

39. 羅香林，《客家研究導論》，廣東廣州，原為 1933 年希山書藏出版，廣東省興寧市政協文史資料研究委員會根據 1992 年上海文藝出版社影印本（希山書藏 16 開本影印）重編，2003 年 7 月出版。

40. 邱國珍、姚周輝、賴施虯，《畬族民間文化》，北京：商務印書館，2006 年 1 月。

41. 郁永河，《裨海紀游》，臺灣文獻叢刊，臺北：臺灣銀行經濟研究室，1959 年。

42. 福建省炎黃文化研究會、福建省龍岩市政協編，《客家文化研究》，福建福州：海峽文藝出版社，2007 年 9 月。

43. 黃集良主編，《上杭縣畬族志》，福建廈門：廈門大學出版社，1994 年 5

月。

44. 福建上杭客家聯誼會編,《客家姓氏源流匯考》,福建龍岩:龍岩市文化出版局,2004 年 10 月。

45. 雷先根,《畬族風俗》,景寧畬族自治縣民族宗教事務局,2003 年 12 月。

46. 鍾蔚倫編,《鍾姓史話》,江西南昌:江西人民出版社,2000 年 8 月。

47. 邱國珍、姚周輝、賴施虯,《畬族民間文化》,北京:商務印書館,2006 年 1 月。

48. 彭楷翔,《清代以來的糧價　歷史學的解釋與再解釋》,上海:上海人民出版社,2006。

49. 劉平,《被遺忘的戰爭——咸豐同治年間廣東土客大械鬥研究》,北京:商務印書館,2003 年 4 月。

50. 勞格文(John Lagerwey)主編,《客家傳統社會》,北京:中華書局,2005 年 12 月。

51. 仇德哉,《臺灣廟神傳》,雲林:通信書局,1979 年。

52. 增田福太郎,《台灣の宗教》,東京:養賢堂,1939 年。

53. 松浦章,董科譯,《清代內河水運史研究》,南京:江蘇人民出版社,2010 年 5 月。

54. 伊能嘉矩,《平埔族調查旅行》,臺北:遠流出版社,1996 年。

六、期刊論文

1. 廈門大學主編,《畬族風俗學術研討會論文集》,福建廈門:廈門大學,2003 年 10 月。

2. 潮州市委及市政府主辦,《畬族文化學術研討會論文集》,廣東潮州:潮州市政府,2007 年 12 月。

3. 蘇鍾生、吳福文主編,《第六屆國際客家學研討會論文集》,北京:北京燕山出版社,2002 年 10 月。

4. 梅州市人民政府主辦、嘉應學院客家研究院承辦,《紀念羅香林誕辰一百周年學術研討會論文集》,廣東梅州,2006 年 11 月 11～12 日。

5. 福建省炎黃文化研究會、中國人民政治協商會議龍岩市委員會主編,《客家文化研究論文彙編》,2004 年 12 月 20 日。

6. 王明珂,〈族群歷史之文本與情境——兼論歷史心性、文類與範式化情節〉,《陝西師範大學學報(哲學社會科學版)》第 34 卷第 6 期,2005 年 11 月。

7. 王文徑,〈小說《楊文廣平閩十八洞》所涉史跡研究〉,《畬族文化研究論文集》,北京:民族出版,2007。

8. 王文徑，〈漳浦湖西三王宮史蹟考辯〉，《臺灣源流》卷 6，1997 年 6 月

9. 王逍，〈畬族經濟轉型的方向與契機〉，收錄於《2007 年畬族文化學術研討會論文集》，廣東潮州：潮州市政府，2007 年 12 月。

10. 林美容，〈族群關係與文化分立〉《民族學研究所集刊》，南港：中研院民族所編，1990。

11. 林祥瑞，〈三王公信仰初探〉，收錄於漳浦縣政協主辦《漳浦文史資料》第 16 輯，漳州：漳浦縣報社，1997 年 10 月。

12. 林祥瑞，〈漳浦縣城的「社」〉《臺灣源流》22，臺中：臺灣省姓氏研究學會。

13. 林志成，〈宜蘭古公三王的祭祀與慶典之研究——以二結王公廟爲中心〉，國立花蓮教育大學鄉土文化學系碩士論文，民 97 年 6 月。

14. 林媽利，〈非原住民台灣人的基因結構〉，《「二○○七年生醫科學之新領域」國際研討會論文集》，臺北：馬階醫院，2007 年 11 月。

15. 李文良，〈清初臺灣方志的「客家」書寫與社會相〉，《臺大歷史學報》第 31 期，2003 年 6 月。

16. 李文良，〈清初入籍臺灣法規之政治過程及其歷史意義〉，《臺大文史哲學報》第 67 期，2007 年 11 月。

17. 李近春、李宗一、丁學云，〈廣東省畬族畬會歷史概況〉，《畬族社會歷史調查》，福州：福建人民出版社，1986 年 3 月。

18. 李舒歆〈地方文化產業發展策略研究：以宜蘭縣白米、珍珠、尚德社區再造之地方文化產業爲例〉，銘傳大學設計管理研究所碩士論文，民 94 年 12 月。

19. 李亦園〈章回小說《平閩十八洞》的民族學研究〉莊英章、潘英海主編《臺灣與福建社會文化研究論文集》，臺北：中央研究院民族學研究所，民 83.6。

20. 李燁，〈閩南雨霽頂三官大帝廟〉《中國道教》，2000 年 6 期。1 何子星，〈畬民問題〉，《東方雜誌》第 30 卷第 13 號，1933 年。

21. 傅衣凌，〈福建畬姓考〉，《傅衣凌治史五十年文編》，廈門大學出版社，1989，

22. 董建輝，〈畬客「郎名」源自中原漢族〉，《客家文化研究論文彙編》，福建省炎黃文化研究會、中國人民政治協商會議龍岩市委員會編，2004 年 12 月。

23. 劉枝萬，〈臺灣省寺廟教堂名稱、主神、地址調查表〉，《臺灣文獻》11：2，臺北市：臺灣省文獻會，1960 年 12 月。

24. 郭志超，〈客家的畬族來源〉，收錄於廈門大學主編，《全球客家區域文化學術研討會論文集》，廈門：廈門大學，2006 年 1 月。

25. 郭志超、周霸，〈陳政、陳元光在漳州平蠻的証僞——兼涉陳元光與潮州

的關係〉。

26. 郭志超，〈畲族族稱的「客」與客家名稱的源流考察——羅香林「混化」說的一種探討〉，《「紀念羅香林誕辰一百周年」學術研討會論文集》，梅州：梅州市政府，2006 年 11 月。

27. 郭志超〈閩南藍姓畲族與閩西藍姓畲族的淵源關係〉，《臺灣源流》10，臺中：臺灣省姓氏研究學會，民 87 年 6 月。

28. 藍嶺（即廈門大學郭志超教授），〈清代澳門的畲族〉，《臺灣源流》14，臺中：臺灣省姓氏研究學會，。

29. 張素玢，《桃園縣平埔族調查與研究報告書》，桃園：桃園縣文化局，1999年。

30. 張素玢〈龍潭十股寮蕭家——一個霄裡社家族的研究〉，收錄於潘英海、詹素娟主編，《平埔研究論文集》，南港：中央研究院臺灣史研究院籌備處，1995 年 6 月。

31. 高聿占、胡清南、奚秀珍，〈湖西與宜蘭「三王公廟」〉，收錄於漳浦縣政協主辦《漳浦文史資料》第 8 輯，漳州：漳浦縣報社，1989 年 10 月

32. 許良國，〈畲族歷史文化特點與當代民族經濟發展思路〉，收錄於《2007年畲族文化學術研討會論文集》，廣東潮州：潮州市政府，2007 年 12 月。

33. 黃俊明、翁奕周，〈淺談畲民族的文化精神〉，《2007 年畲族文化學術研討會論文》，2007 年 12 月。

34. 曹曦，〈清代畲族移民臺灣初探——以漳浦藍氏為例〉，《畲族文化研究》，北京：民族出版社，2009 年。

35. 段凌平、張曉松，〈漳州地區民間信仰調查與研究〉《漳州師範學院學報（哲學社會科學版）》第 1 期，福建漳州，2004 年。

36. 翁鎮南〈漳浦李府三王公〈智取娘子寨〉〉《臺灣源流》37，臺中：臺灣省姓氏研究學會。

37. 陳春聲，〈民間信仰與宋元以來韓江中下游地方社會的變遷〉，《東吳歷史學報》第 14 期，2005 年 12 月。

38. 陳春聲，〈三山國王信仰與臺灣移民社會〉，《中央研究院民族學研究所集刊》第 80 期，1995 年。

39. 陳贇〈畲族的社會命名與其族體歷史演變的互動——從族群的社會命名的視角考察〉，收錄於《畲族風俗學術研討會論文》，2003 年 11 月。

40. 王文經、李林昌、林祥瑞著，〈石椅藍氏祖祠　西來庵〉，收錄於陳桂味主編，《漳浦文史資料》20，福建漳浦：漳浦縣政協文史資料徵集研究委員會，2001 年 12 月。

41. 盛清沂，〈新竹、桃園、苗栗三縣地區開闢史〉，《臺灣文獻》31：4，臺北市：臺灣省文獻會。

42. 謝重光，〈三山國王信仰考略〉，《世界宗教研究》1996 年第 2 期。

43. 謝重光，〈明清以來畬族漢化的兩種典型〉，《韶關學院學報》24：11，2003 年 11 月。

44. 劉枝萬，〈台灣民間信仰〉，《臺灣風物》39：1，臺北縣：臺灣風物雜誌社，1989 年 6 月。

45. 黃向春，〈「畬/漢」邊界的流動與歷史記憶的重構──以東南地方文獻中的「蠻獠──畬」敘事為例〉，《學術月刊》41：6，上海：上海市社會科學界聯合會，2009 年 6 月。

46. 溫春香，〈「他者」的消失：文化表述中的畬漢融合〉，《貴州民族研究》第 28：122，貴州：貴州省民族研究所，2008 年 6 月。

47. 張清華，〈釋畬〉，收錄於《2007 年畬族文化學術研討會論文集》，廣東潮州：潮州市政府，2007 年 12 月。

48. 張宏明，〈村廟祭典與家族競爭──漳浦赤嶺雨霽頂三界公廟的個案研究〉，收錄於鄭振滿、陳春生主編，《民間信仰與社會空間》，福州：福建人民出版社，2003 年 8 月。

49. 羅肇錦，〈「漳泉鬥」的閩客情節初探〉，《臺灣文獻》49：4，臺北市：臺灣省文獻會，1998 年。

50. 蔣炳釗著，〈漳浦地區鬼靈及祖先崇拜　民間信仰漢文化的考察〉，收錄於莊英章、潘英海主編，《臺灣與福建社會文化研究論文集》，臺北南港，中央研究院民族學研究所，1994 年 6 月。

51. 瀨川昌久，〈畬族の漢化とアイデンティティー〉，《東北大學教養部紀要》56，仙台：東北大學教養部，1991 年 12 月。

附錄　高皇歌
（浙江省遂昌縣大柘版）

盤古開天到如今，一重山背一重人；一潮江水一潮魚，一朝天子一朝臣。
說山便說山中景，說水便說水根源；說人便說世上事，三皇五帝振乾坤。
盤古置立三皇帝，造天造地造世界；造出黃河九曲水，造出日月轉東西。
造出田地分人耕，造出大路分人行；造出皇帝管天下，置立人名幾樣姓。
皇帝名字是高辛，出來扮作百姓人；出門遊行天下路，轉去京都坐朝廷。
當初出朝高辛皇，出來遊玩看田場；皇後耳痛三年過，挖出金蟲三寸長。
挖出金蟲三寸長，便置金盤鬥內養；一日三時茫茫大，變作尤麒丈二長。
變作龍麒丈二長，又會跑來爬高樓；皇帝看見心歡喜，身長腰粗好個相。
番邦作亂出番王，高辛皇帝心驚慌；使差京城眾兵起，眾兵差去保城牆。
番邦番王要來爭，眾兵用心守京城；京城眾兵成千萬，用心去保九重城。
當初皇帝發言時，東西門下挂榜文；誰人捉得番王到，第三宮女許爲妻。
龍麒聽見便近前，收來皇榜在身邊；藝高膽大收皇榜，文武朝官帶去見。
百官上殿來朝見，龍麒奉旨去番邦；去到番邦番王殿，服侍番王二三年。
服侍番王歡樂時，三餐吃酒笑眯眯；龍麒看見心歡喜，兇星爲禍你不知。
番王酒醉笑愛愛，大朝龍麒走過來；大朝龍麒過來後，天地翻轉是由我。
番王飲酒在高樓，身蓋虎皮豹枕頭；文武朝官不隨後，龍麒斬斷番王頭。
提了王頭過海河，番邦賊子趕來擄；刀槍好似竹林筍。不得過來奈我何。
斬斷王頭過海洋，雲霧迷來渺渺茫；一時似箭浮過海，眾官取頭盤內裝。
眾官取頭金盤裝，奉上殿裏去朝皇；高辛著見心歡喜，自願龍麒作好郎。

文武朝官奏皇知，皇帝殿裏發言時；三個富女由你揀，隨便那個中你意。

收得番王是賢人，愛同皇帝女結親；第三宮主心不願，金鍾內裏去變身。

金鍾內裏去變身，斷定七日變成人；皇後六日開來看，一表人材是歡心。

龍麒平番是驚人，愛與皇帝女結親；皇帝聖旨話難改，開基雷蘭盤子孫。

親生三子相端正，皇帝殿裏去羅姓；長子盤裝姓盤字，二子藍裝便姓藍。

第三之子正一歲，皇帝殿裏羅名來；雷公雲頭響得好，筆頭落紙便姓雷。

當初開基住朝中，親生三子女一宮；招得軍丁爲婿郎，女婿本來是姓鍾。

三男一女相端正，同共皇帝管百姓；住落京城名聲大，流傳後代去標名。

皇帝出言話難收，敕令聖旨送潮州；皇帝奈何你不得，你與日月一同休。

龍麒自願愛出去，皇帝聖旨吩咐你；六個大倉由你揀，隨便那個分給你。

六個大倉共一行，金銀財寶映毫光；六倉都是金銀寶，命歹開著是鐵倉。

六倉都是金鎖匙，皇帝親自交給你；命歹金銀開不著，開著一倉是鐵器。

皇帝問你愛帽戴，鎖匙交你自去開；紗帽兩耳你不願，自願一個笠頭戴。

龍麒自願去種田，去與皇帝分半山；自種山地無稅納，不納租稅幾多年。

文武朝官都來送，送落鳳凰大山宮；皇帝聖旨吩咐過，山場地土由你種。

皇帝聖旨話是眞，藍雷三姓好結親；你女養大我來講，我女養大嫁給你。

雷藍三姓好結親，都是潮州一路人；不是同姓配成雙，女大不嫁外族人。

鳳凰山上鳥獸多，若愛食肉上山獵；開弓放箭來射死，老熊野豬鹿更多。

鳳凰山頭是清閑，日日拿弓去上山；奈因岩上捉羊仔，山羊鬥死在岩背。

龍麒跌死在岩前，尋上三日都不見；死體挂在樹叉上，烏鴉叫起才肷見。

高岩石壁青苔苔，龍麒跌死挂石背；吹角鳴鑼來引路，龍麒屍體落下來。

廣東路上去安葬，鳳凰山上選墳場；文武朝官都來送，孝男孝女都成行。

鳳凰山上是祖墳，蔭出藍雷盤子孫；京城人多難得食，住落潮州鳳凰村。

送落潮州鳳凰山，住了潮州幾多年；自種山坪毛稅納，種了三年便作山。

鳳凰山頭一塊雲，毛年毛月雨紛紛；山高土瘦種毛食，也毛谷米也毛銀。

今來不比當初時，受盡財主幾多氣；山田開出被霸占，隻好漂流去別處。

一想原先高辛皇，四門挂榜招賢郎；誰人能取番工頭，我祖龍麒斬番王。

二想三姓盤藍雷，京城不住走出來；走落高山去開荒，自種山坪亦無稅。

三想藍雷三姓親，原是京城一路人；癡情不識京城住，走落山頭受苦辛。

收服番王是好計，京城不住走出去；祖宗不識愛田地，子孫毛業奈怨你。

山場都給財主爭，因未納稅爭不贏；朝內毛人話難講，雖有榜文講不響。

廣東住了幾多年，藍雷三姓難活命；山高無食受盡苦，扶老攜幼去別省。
走落別處去種山，山作亦是靠天年；芭蘿稻谷黃熟時，山禽野獸來遭殃。
走落福建過漳州，大陳山上住幾秋；華安莆田到福州，連江羅源住長久。
福州大府管連江，古田羅源好田場；藍雷三姓分開住，個個住在山邊上。
住落福建來開基，藍雷三姓莫相欺；有話莫去通別人、團結互助要和氣。
藍雷三姓要牢記，山歌流傳莫丟失；歌是元山古人禮，不懂歌言是狗豬。
連江連江好連江，連江人女似花香；羅源人子過來定，明年擔酒扛豬羊。
古田人女似花千，連江人子過來定；赤郎擔酒火炮響，新娘趕緊去打扮。
羅源住了搬福安，霞浦福鼎住多年；思量再搬住浙江，平陽泰順與文成。
三姓子孫人來多，分居景寧與雲和；雲和田土又瘦薄，日日擔柴上街坐。
麗水碧湖好田場，正德年間到遂昌；大拓培塢住多年，子孫分居到各鄉。
龍麒開基幾千年，子孫繁衍到各省；源流根基應知曉，編出歌言子孫聽。

日治時期臺中州社會教化運動之研究
（1920～1945）

郭佳玲　著

作者簡介

郭佳玲

一、簡歷

　　國立中興大學歷史學系學士（1999 ～ 2003）

　　國立中興大學歷史學系碩士（2003 ～ 2007）

　　國立中興大學歷史學系博士（2007 ～ 2012）

　　朝陽科技大學通識教育中心兼任講師（2009.02 ～）

　　弘光科技大學通識教育中心兼任講師（2011.02 ～）

　　中臺科技大學通識教育中心兼任講師（2011.09 ～ 2013.01）

　　中臺科技大學通識教育中心兼任助理教授（2013.02 ～）

　　建國科技大學通識教育中心兼任講師（2012.02 ～）

二、學術專長

　　臺灣史、社會史、方志學

三、著作

（一）期刊論文

1. 黃秀政、李昭容、郭佳玲，〈羅香林與客家研究〉，《興大歷史學報》第 18 期，2007 年 6 月，頁 291 ～ 314。

2. 郭佳玲，〈海峽兩岸地方史志交流的成果：評介郭鳳岐主編《海峽兩岸地方史志比較研究文集》〉，《白沙歷史地理學報》第 7 期，2009 年 4 月，頁 199 ～ 214。

3. 郭佳玲，〈論戰後臺灣縣（市）志的纂修（1945）〉，《臺灣文獻》第 61 卷 1 期，2010 年 3 月，頁 213 ～ 237。

4. 郭佳玲，〈地方志研究的新領域：評介巴兆祥著《中國地方志流播日本研究》〉，《思與言》第 49 卷 4 期，2011 年 12 月。

5. 郭佳玲，〈日本地方史志的研究：以新修《山口縣史》為例〉，《臺北文獻》第 175 期，2011 年 3 月，頁 203 ～ 224。

（二）會議論文

1. 黃秀政、李昭容、郭佳玲，〈羅香林教授對客家研究的貢獻：以《客家研究導論》與《客家源流考》為例〉，羅香林教授百年誕辰學術研討會，香港歷史博物館，2006 年 11 月。

2. 黃秀政、郭佳玲，〈戰後臺灣縣（市）志的纂修：以新修《臺中市志》為例〉，「方志學理論與戰後方志纂修實務」國際學術研討會，國史館臺灣文獻館，2008 年 5 月。

（三）學位論文

　　郭佳玲，〈日治時期臺中州社會教化運動之研究（1920 ～ 1945）〉，國立中興大學歷史學系碩士論文，2007 年。

　　郭佳玲，〈臺日地方史志纂修的比較研究：以新修之《臺中市志》與《山口縣史》為例〉。

提　　要

　　1895 年馬關條約的簽定，開啟日本統治臺灣的序幕，也帶給臺灣人民另一種不同的生活體驗。臺灣總督府為便於統治，重視教育的成效，在臺灣施行許多新的教育政策，期能將臺灣人「同化」為日本人。然而，在臺灣總督府治臺初期，一味地實施新的教育政策，期待將臺灣人教育成為忠良日本國民的同時，卻忽視了真正要能在廣大的臺民社會中發揮同化作用的，其實是在「社會教化」方面。此種體認，一直要到大正 8 年（1919）同化政策提出之後，臺灣總督府才有較為具體的社會教化政策。其後，為因應戰爭的需求，為戰事作準備，積極展開一系列的社會教化運動。

　　在臺灣總督府有系統地推行社會教化運動之下，其所主張的貫徹皇國精神、強化戰時意識，以及推動現代生活等目標，似乎已經深入到臺灣各個地區，並徹底自基層灌輸臺灣人「皇民」的精神，導致當時臺灣在戰時體制下，有許多臺灣人願意為戰事提供大量的人力和物資，甚至以成為「日本人」為榮，顯示社會教化運動的推行實有相當的成效。

目次

第一章　緒　論

　　「教化」可包含家庭教育、學校教育、社會教育三方面，家庭教育是以家庭內的成員為對象，學校教育是以學生為對象，而社會教育則是以社會大眾為對象。但「教化」和「教育」之間的分際，常使人混淆不清，一般而言，教化蘊含更廣義的教育，包括「啓蒙」、「教化」和「傳道」等面向。〔註1〕根據杵淵義房的研究指出，「社會教化」是多元性的，可指社會事業，其中又區分成個別的社會教化，如少年教護、釋放者保護與諮商輔導，以及地區的社會教化，如隣保館、方面委員，以及保甲與矯風等不同方面；亦可以指學校教育、社會教育，以及家庭教育。〔註2〕

　　社會教化主要是以青年人為教化對象，期待藉由教化年輕人來改革地方風俗；而社會教育則是一種不分男女老幼都能接受的全民教育，也是一種不受時空限制的終身教育，是以全民為主要教育對象。明治 28 年（1895）馬關條約的簽定，開啓日本統治臺灣的序幕，也帶給臺灣人民另一種不同的生活體驗，由於臺灣是處於一個被殖民者的地位，臺灣總督府的統治政策亦不免帶有「綏撫」意味。此外，「教化」是指期待教導後，能使未成熟的或反社會的狀態在自然改變後，符合社會環境所施予的各種措施，主要是著重在對已產生事物的矯正，例如針對生活習慣與風俗的改良，加強人民的向心力；而「教育」則是著重防範於未然，屬於帶有教育與學習的目的和成份，必須藉

〔註1〕E. Patricia Tsurumi（派翠西亞・鶴見）, "*Japanese Colonial Education in Taiwan: 1895~1945*", (Havard University Press, 1977), p.11.

〔註2〕杵淵義房，《臺灣社會事業史》（臺北市：南天書局，1991 年），頁 1212～1213。

由不斷汲取知識來提升自身能力。〔註3〕

　　日治初期的臺灣總督府爲便於統治，重視教育方面的成效，在臺灣推行了許多教育政策，目的在將臺灣人「同化」爲日本人。然而，在臺灣總督府期待透過教育將臺灣人教育成爲忠良國民的同時，卻忽視眞正要能在廣大的臺民社會中發揮同化作用的，其實是在「社會教化」方面。此種體認，一直要到大正8年（1919）同化政策提出之後，才有較爲具體社會教化政策。其後，爲因應戰爭的需求，爲戰事作準備，積極推動一系列的社會教化運動。

　　「社會教化運動」，事實上包含許多不同的面向，例如日治初期主要是以民間地方團體爲主要發起者，藉由非官方或半官方的主導來辦理國語傳習、演講、演習等各種活動，以達到國語傳習和風俗改善等教育及生活上的教導。大正9年（1920）之後，臺灣總督府改變以往只求在文化和風俗上改造臺灣人的綏撫政策，進一步實施在教育與政治上改造臺灣人思想的「內地延長主義」，即是將臺灣視爲日本內地的延長，採用與日本相同的教育與生活方式，並以同化臺灣人爲主要目標。因此，本論文所謂的社會教化運動，除了指出日治初期有「天然足會」、「矯風會」、「同風會」，以及「風俗改良會」等風俗改良運動外，特別著重在大正9年以後由臺灣總督府主導的「部落振興會運動」、「國民精神總動員運動」，以及「皇民奉公運動」等一連串的社會教化運動，探討臺灣總督府如何以不同方式來教化人心，改變人民的生活習慣，使民眾能在潛移默化之中，感受到主事者所欲傳達的訊息。特別是在皇民化政策時期開始所推行的「國民精神總動員運動」，臺灣總督府是如何特別加強「同化政策」的具體施行，以及在戰爭後期，臺灣總督府如何藉由「皇民奉公運動」的推行，不僅將臺灣人全部納入動員體系之中，連在臺灣的日本人都被動員起來，並設有「皇民奉公會」此一專責機構來負責社會動員。

　　日本治臺初期，臺灣總督府的施政重點在於鎮壓抗日游擊勢力以及謀求財政獨立，因此並不甚重視學校教育，只注重基礎日語的教育，而社會事業在當時是扮演著輔助公學校推行日語普及的角色，因此並未特別在社會教化上有所著墨。然而，這並不代表官方忽略社會教化的重要性，而是由於

〔註3〕何健民纂修，《臺灣省通志稿》卷3政事志社會篇（臺北市：臺灣省文獻委員會，1960年），頁320。

人力、經費的缺乏，導致臺灣總督府希望在漸進同化的政策下以宣導的方式，使臺灣人民能夠自行組織社會教化團體來改善風俗。〔註4〕明治 33 年（1900），臺北人黃玉階糾集紳商同志 40 人，獲准成立「臺北天然足會」，以倡導解放纏足，揭開組織化放足運動的序幕，為民間社會教化組織倡革陋習之開始。之後全臺各地紛紛有社會領導階層倡組放足、斷髮組織，且不定期地在各地舉行各種放足、斷髮運動。〔註5〕此種藉由社會領導階層提倡組織，進行社會教化所收到的放足、斷髮成效，給予統治者莫大的鼓舞和啟示。臺灣總督府因而積極鼓勵各地參事、郡街庄長、保正、甲長、醫生、教師，以及紳商等社會領導階層組成風俗改良會、同風會、矯風會、敦風會、敦俗會等社會教化團體，以推波助瀾；並且推動普及日語、革新風教、矯正陋習，以及打破迷信等任務，期藉此促進同化之進展。〔註6〕雖然各地的組織名稱或有不同，但在性質上實則相去不遠，均是以普及日語和風俗改善為目標。

　　事實上，教化是屬於價值觀與生活習慣等思想、精神層面的問題，因此若要徹底統治臺灣，就必須要使臺灣人民真正融入日本式的生活型態。大正 9 年（1920），首任文官總督田健治郎推動同化政策，主張「內地延長主義」，欲藉由同化的方式，使臺灣人民接受日本統治的事實；〔註7〕昭和 5 年

〔註4〕 楊境任，〈日治時期臺灣青年團之研究〉（臺灣桃園：國立中央大學歷史研究所碩士論文，2001 年），頁 13。

〔註5〕 吳文星，〈日據時期臺灣的放足斷髮運動〉，收入瞿海源、章英華主編，《臺灣社會與文化變遷（上冊）》（臺北市：中央研究院民族學研究所專刊乙種第 16 號，1998 年），頁 82～90。

〔註6〕 吳文星，《日治時期臺灣的社會領導階層》（臺北市：五南圖書出版公司，2008 年），頁 300。

〔註7〕 日治初期，為有效解決臺灣人的武力抗爭，因而日本政府多任命軍事將領為臺灣總督，以軍事手段治理臺灣，明令當總督的條件，必須是具備中將或大將軍階的武官。計自 1895 年日本領臺至 1919 年同化政策實施之前，日本政府先後任命了七位武官總督來治理臺灣，依次為樺山資紀（海軍大將）、桂太郎（陸軍中將）、乃木希典（陸軍中將）、兒玉源太郎（陸軍大將）、佐久間左馬太（陸軍大將）、安東貞美（陸軍大將），以及明石元二郎（陸軍大將）。1918 年 9 月，日本內閣改組，一向主張文官總督制的原敬內閣誕生，使得文官總督的任用變為可能。1919 年明石元二郎總督在任期中病歿，原敬內閣因而任命出身眾議員，並授有男爵爵位的田健治郎為臺灣第一任文官總督，使臺灣正式進入文官總督時代，同時亦代表著初期武官總督時代的結束。黃昭堂著、黃英哲譯，《臺灣總督府》（臺北市：前衛出版社，2002 年），頁 70～74、112～118。

（1930），臺灣總督石塚英藏更以社會教化為名，積極展開「神社中心、大麻奉齋」等精神涵養運動，開始在全臺廣建神社與改變家庭信仰，藉此將日本神道敬神崇祖、效忠天皇的觀念滲入臺灣社會。〔註8〕昭和12年（1937），臺灣總督府極力推行皇民化運動，要求臺灣人民講日語，更改成日本姓名，穿著日本和服，住日本式的房子，並將符合標準者稱之為「國語家庭」，目的即在改造戰時體制下的臺灣人民以成為真正的日本人為榮，積極配合臺灣總督府的動員政策。

有關日治時期社會教化運動的相關課題，目前已有許多論文出現，單篇論文如王世慶〈皇民化運動前的臺灣社會生活改善運動：以海山地區為例〉一文，是以海山地區為例，以大正3年（1914）同風會創設到昭和12年（1937）推行皇民化運動前為斷限，分同風會、州郡聯合同風會、教化聯合會及部落振興會四個不同時期，探討社會風俗改善運動的組織發展與成效；蔡錦堂〈皇民化運動前臺灣社會教化運動的展開〉是針對皇民化運動前各地「部落振興運動」的推行、「臺灣社會教化協議會」和「臺灣教化團體聯合會」的召開、「臺灣社會教化要綱」的發布，以及「民風作興運動」等臺灣社會教化運動的展開，作一全面性的探討；謝瑞隆〈日治時期臺中州模範部落：三十張犁〉一文，以田尾鄉的三十張犁為例，說明在日本統治下，作為模範部落的時代面向與意義；許淑娟〈日治時代部落振興運動的社區精神〉，則是以地理學的觀點，說明社區的精神是指特定空間內社會關係網絡的建立；林蘭芳〈日據末期臺灣「皇民奉公運動」（1941～1954）〉，主要在討論臺灣總督府在戰時體制下，如何運用「皇民奉公會」的體系，在臺灣推動「皇民奉公運動」。〔註9〕

〔註8〕 蔡錦堂，〈日本治臺時期的神道教與神社建造〉，《宜蘭文獻》第50期（2001.03），頁14。

〔註9〕 王世慶，〈皇民化運動前的臺灣社會生活改善運動：以海山地區為例（1914～1937）〉，《思與言》第29卷4期（1991.12），頁5～63；蔡錦堂，〈皇民化運動前臺灣社會教化運動的展開（1931～1937）〉，收於周宗賢主編，《臺灣史國際學術研討會社會、經濟與墾拓論文集》（臺灣臺北：國史館，1995年），頁369～388；謝瑞隆，〈日治時期臺中州模範部落：三十張犁〉，《彰化文獻》第7期（2006.08），頁21～40；許淑娟，〈日治時代部落振興運動的社區精神〉，《環境與世界》第8期（2003.12），頁25～54；林蘭芳，〈日據末期臺灣「皇民奉公運動」（1941～1954）〉，收入中華民國史專題第三屆討論會秘書處編，《中華民國史專題論文集：第三屆討論會》（臺灣臺北：國史館，1996年），頁1193～1236。

　　學位論文方面，在探討教化團體組織方面有陳大元〈日治時期臺灣教化輔助團體之研究〉，論述臺灣施行文官總督制度後，教化團體的萌芽與茁壯；林麗卿〈日治時期臺灣的社教團體與社會變革：以臺北州「同風會」爲例〉，是藉由討論臺北州「同風會」的發展沿革與實際作爲，窺見日治時期社會教化團體的功能及其影響；楊境任〈日治時期臺灣青年團之研究〉，探討青年團制度引進臺灣後的發展概況，及其如何被整編入臺灣總督府的官方系統；吳玥瑜〈日據時期臺灣同化政策之研究〉，以日本在臺灣施行的同化政策，並非是將臺灣人同化成『日本人』，只是使臺灣表面『日本化』，以供日本驅使爲宗旨，就日治時期臺灣的同化政策作全面性的檢討；黃敏原〈論教育與規訓：以日治時期臺灣的皇民化現象爲例〉，除了自教育與規訓的觀點來探討臺灣總督府的基礎教育政策外，亦試圖從日治時期所實行的皇民化運動來檢視教育與規訓在支配中造成的影響；何義麟〈皇民化政策之研究：日據時代末期日本對臺灣的教育政策與教化運動〉，探討臺灣總督府如何自文化政策、學校教育，以及團體組織方面推行皇民化政策，並論述其對臺灣社會造成的影響。〔註10〕

　　其次，與組織戰爭動員團體，從事教化運動的相關論文，則有江智浩〈日治末期（1937～1945）臺灣的戰時動員組織：從國民精神總動員組織到皇民奉公會〉，針對臺灣總督府在戰時體制下，探討日本政府對臺施行皇民化政策的論文；鄭麗玲〈戰時體制下的臺灣社會（1937～1945）：治安、社會教化、軍事動員〉，則是以治安、社會教化與軍事動員爲中心，探討日本統治下臺灣的社會治安情況以及社會教化實施之後的人心驅向；至於李國生〈戰爭與臺灣人：殖民政府對臺灣的軍事人力動員（1937～1945）〉，則是以國民精神總動員運動爲論述主軸，自法律和組織運動的角度來析論「國民精神總動員法」

〔註10〕陳大元，〈日治時期臺灣教化輔助團體之研究〉（臺灣臺中：東海大學歷史研究所碩士論文，1999年）；林麗卿，〈日治時期臺灣的社教團體與社會變革：以臺北州「同風會」爲例〉（臺灣臺中：國立中興大學歷史研究所碩士論文，1997年）；楊境任，〈日治時期臺灣青年團之研究〉（臺灣桃園：國立中央大學歷史研究所碩士論文，2001年）；吳玥瑜，〈日據時期臺灣同化政策之研究〉（臺灣臺北：淡江大學日本研究所碩士論文，1991年）；黃敏原，〈論教育與規訓：以日治時期臺灣的皇民化現象爲例〉（臺北市：國立臺灣大學社會學研究所碩士論文，1998年）；何義麟，〈皇民化政策之研究：日據時代末期日本對臺灣的教育政策與教化運動〉（臺北市：中國文化大學日本研究所碩士論文，1986年）。

的制定過程，並著重在殖民政府對臺灣人的特殊動員。〔註11〕

　　整體而言，有關日治時期社會教化運動的相關研究，多是著重在論述教化團體對改良風俗方面所做的改變，以及針對皇民化運動時期的教化組織與活動作探討，大部份的研究多針對北部地區，關於臺中州則只多是附帶提及。目前所知有關臺中州的研究，除了謝瑞隆針對日治時期臺中州的三十張犁模範部落有單篇論文的探討外，學位論文則有蔡欣雁〈日治後期臺中州國家神道之傳播及影響（1931～1945）〉，主要是以國家神道的發展以及相繼引發的問題為主軸，教化政策為輔，研究臺中州下各郡施行的方向及其情況。另外，曾蓮馨〈日治時期臺中州社會事業之研究（1920～1945）〉，則是論述臺中地區在清代及日治前半期的社會事業概況，藉此瞭解臺中州設置之前社會事業之組織、經營型態及發展內容。〔註12〕

　　由上述相關研究可看出日治時期的社會教化運動，主要是著重在描述教化團體對改良風俗方面所做的改變，而且大部份的研究是以全臺灣為研究範圍，或是針對北部地區的教化情況作一綜合分析，關於臺中州的教化專門研究仍屬有限。若與臺中州教化課題有關的研究，亦甚少針對全臺中州的教化情況作一整合分析，仍是屬小範圍或小團體的區域研究。

　　本書的章節安排，除緒論與結論外，第二章為「臺灣總督府的殖民政策與行政區劃演變」，探究臺灣總督府治臺政策的內容與行政區劃的演變，為社會教化運動的展開作背景說明。

　　第三章「部落振興運動」，探討部落振興會的組織架構及運作，以及臺中州部落振興運動的推行情形與成效。

　　第四章「國民精神總動員運動」，探討國民精神總動員運動指導機關的組織架構和運作情形，以及臺中州如何配合國民精神總動員運動的實施。

〔註11〕江智浩，〈日治末期（1937～1945）臺灣的戰時動員組織：從國民精神總動員組織到皇民奉公會〉（臺灣桃園：國立中央大學歷史研究所碩士論文，1997年）；鄭麗玲，〈戰時體制下的臺灣社會（1937～1945）：治安、社會教化、軍事動員〉（臺灣新竹：國立清華大學歷史研究所碩士論文，1993年）；李國生〈戰爭與臺灣人：殖民政府對臺灣的軍事人力動員（1937～1945）〉（臺北市：國立臺灣大學歷史學研究所碩士論文，1997年）。

〔註12〕蔡欣雁，〈日治後期臺中州國家神道之傳播及影響（1931～1945）〉（臺灣臺中：東海大學歷史研究所碩士論文，2004年）；曾蓮馨，〈日治時期臺中州社會事業之研究（1920～1945）〉（臺灣桃園：國立中央大學歷史研究所碩士論文，1997年）。

　　第五章「皇民奉公運動」，探討臺灣在皇民奉公運動時期下的皇民奉公會
組織系統及其運作，並說明臺中州如何配合皇民奉公運動的推行。

　　日治時期社會教化團體的功能頗為複雜。在初期，多致力於風俗改良、
國語推行，以及青年教育，大多集中在臺灣人外在條件之改造。大正 8 年
（1919）臺灣開始文官總督體制之後，社會教化團體進一步強調所謂「日本
精神」，即推銷日本文化；太平洋戰爭爆發之後，社會教化團體更是配合政府
政策，鼓吹勞動增產，甚至協助軍方動員群眾，遠赴前線作戰。〔註13〕因
此，本論文以臺中州各種社會教化運動為研究課題，探討 1920～1945 年期間
臺灣總督府在臺中州推行的各種社會教化運動的背景，實際推行情形及其發
展狀況，進而探究此種社會教化運動是否成功影響臺灣人民的生活方式；
並試圖論述民眾接受的反應與態度，探討臺灣總督府在臺灣推行的「社會教
化運動」是否成功，當有助於學者對日治時期臺灣總督府統治政策的進一步
認識。

〔註13〕陳大元，〈日治時期臺灣教化輔助團體之研究〉，頁 1～2。

第二章　臺灣總督府的殖民政策與 行政區劃演變

　　臺灣是日本第一個殖民地，但臺灣總督府在治臺初期，尚未有長程的統治目標，只求便於統治，因而在臺灣施行無方針主義的綏撫政策，著重日語的學習與訓練。田健治郎接任臺灣總督後，於大正 9 年（1920）正式採取以同化政策爲統治的基本方針。由於「同化」乃是一個民族改變另一個民族的語言、文化、宗教信仰，以及風俗習慣等特性，使之類同於己的一種手段，其中語言最能表現出民族特性。語言一旦改變，其他特性亦將隨之改變；即可藉由改變語言，進而改變思想。因此在臺灣總督府的同化政策之中，即以語言的同化爲首要目標，並指出同化政策的精神就是「內地延長主義」，將臺灣視爲日本內地的延長，採取與日本國內相同的制度及教育方式，期待以教化的方式，在語言文字和宗教信仰等方面擬定相關法規，要求臺灣人民遵守。其後，隨著日本帝國主義的擴張，爲順應日本國勢的發展與戰爭的需求，臺灣社會正式進入「皇民化運動」時期，以謀求臺灣人皇國精神的徹底化，並培養忠良的帝國臣民。

　　因此本章擬探討日治時期臺灣總督府在無方針主義、內地延長主義與皇民化運動三個時期的殖民政策與社會教化運動的推行情況，並藉由對臺灣總督府行政區劃演變歷程的整理，認識臺中州的行政區劃演變。

第一節　臺灣總督府的殖民政策

一、綏撫政策時期（1895～1919）

　　1895 年馬關條約簽定，日本正式領有臺灣，成為臺灣的殖民母國。臺灣人民無法接受此一事實，曾短暫組成「臺灣民主國」〔註1〕，以示其不願淪為日本殖民地的決心，其後全臺各地亦相繼發生許多武裝抗日的事件。〔註2〕針對臺灣人民武裝抵抗之威脅，臺灣總督府乃在明治 30 年（1897）實施軍事統治，採取「三段警備制」〔註3〕，以武力鎮壓層出不窮的抗日事件。

　　面對臺灣人民仇日情緒與武裝抗日事件的不斷發生，加上日本欠缺經營殖民地之經驗，曾出現所謂「臺灣賣卻論」〔註4〕的主張，終未獲採納。但日

〔註1〕　清朝於 1895 年甲午戰爭失敗後，簽訂《馬關條約》，將臺灣和澎湖割讓給日本。臺灣紳民為拒日保臺，因而成立「臺灣民主國」，推唐景崧為總統，劉永福為大將軍、丘逢甲為義勇軍統領；並以藍地黃虎的「黃虎旗」為國旗，建年號為「永清」。然而，隨著日軍登陸基隆澳底後，自北而南陸續接收全臺，並掃蕩抗日人士，為求自保，唐景崧因而逃往廈門；丘逢甲亦逃往廣東，臺灣民主國終告潰敗。然而，究其失敗原因，除了與領導人唐景崧等人的匆促內渡、清廷的割棄與列強的拒伸援手有關係，亦與正規軍缺乏戰鬥意志，以及未能獲得地方士紳與一般民眾的一致擁護，有至為密切的關係。黃秀政，《臺灣割讓與乙未抗日運動》（臺北市：臺灣商務印書館，1992 年），頁 122～168。

〔註2〕　「臺灣民主國」瓦解後，抗日中心遂移至臺灣中南部。究其經過，可分為三個階段，且各有其主體戰力：第一階段是義軍在桃竹苗地區的抵抗，例如義軍在新竹及其附近地區、大料崁、三角湧一帶，苗栗及其附近地區等，皆曾與日軍發生激烈的戰鬥，方使臺灣總督府改變了對臺灣住民的認識；第二階段是彰化地區的抗戰，以新楚軍為主體戰力，義軍與黑旗軍協同抗戰，其主戰場在八卦山；第三階段是劉永福熔黑旗軍與義軍為一爐，直接領導的抗日運動。然而，就中南部的抗日運動來說，在外援斷絕的情形之下，以抗日軍有限的人力物力單獨抗拒強大的日軍，其失敗乃是必然的結果。黃秀政，《臺灣割讓與乙未抗日運動》，頁 332～334。

〔註3〕　所謂「三段警備制」，是指臺灣總督乃木希典在明治 30 年（1897）時，依治安狀況，將全臺分為三種警備等級：一為山地，由軍隊和憲兵負責；二為平地和山地的中間地帶，由憲兵和警察負責；三為平地，由警察負責。臺灣總督府警務局，《臺灣總督府警察沿革誌（一）》（臺北市：南天書局，1995 年；原刊於 1933 年），頁 419～420。

〔註4〕　日本統治臺灣初期，曾遭遇臺民頑強的抵抗，除犧牲慘重外，也遭致國際上的嘲笑，認為未成熟的日本，有何能力來承擔殖民地的統治。因此日本曾經在 1897 年的國會中，出現將臺灣以一億日元賣給法國的言論，稱為「臺灣賣卻論」。不過，這個提案最後並沒有被國會所接受。戴國輝著、魏廷朝譯，《臺

本政府對於如何治理臺灣，則曾經有過放逐主義、同化主義，以及放任主義三種不同的主張。最後日本政府認為，不論是採取「放逐主義」將臺人盡逐島外，或是採取「同化主義」將日本憲法強施於臺灣，非但徒增各地的紛擾，且恐難以獲致成效，於是在以同化為目標的基礎上，決定暫採取「放任主義」政策，亦即綏撫政策，一面進行特別立法，一面尊重臺灣人民固有的風俗習慣。

明治 31 年（1898），兒玉源太郎出任第四任臺灣總督，任用留學德國的醫學學者後藤新平擔任民政長官，並以後藤新平提出的「生物學原則」〔註 5〕作為對臺灣的統治政策，開始所謂「兒玉、後藤合作」時代。後藤新平認為，政治的實施對象不能是一種概念，而應該是社會的本體，所以若要順利治理臺灣，則首先就必須要瞭解臺灣的風俗習慣，以及社會制度。後藤更進一步指出，大凡殖民地的統治，須以今日科學進步的前提，根據生物學的原則，學生活、開創殖產、事業、衛生、教育，以及交通與警察事業。如此才能在生存競爭中獲勝。所以他認為統治臺灣的當務之急應為鎮壓土匪、恢復和平；從軍政到民政的過渡時期，建立文武官吏的威信；調查戶口與地籍，以確立行政的基礎。〔註 6〕因此建請兒玉總督對臺灣的舊慣、土地、戶口、物

灣總體相：住民、歷史、心性》（臺北市：遠流出版社，1989 年），頁 74。

〔註 5〕後藤新平提倡的「生物學原則」，是以比目魚與鯛魚的譬喻作為說明，即不能將比目魚的眼睛當作鯛魚的眼睛，鯛魚的眼睛在頭的兩側，而比目魚的眼睛卻在頭的同一側，雖然說這個樣子很奇怪，但是若要比目魚像鯛魚的眼睛一樣放在兩側是不可能的。比目魚的一側有兩個眼睛，在生物學上是有其必要性，若要將所有的魚的眼睛都置於頭的兩側是行不通的。因此，在政治和社會上亦是如此，即社會的習慣或制度其來有自，在道理未明之前，若要將文明國家的制度強行在尚未開化國家中，可謂文明的暴政。所以治理臺灣時，首先要以科學方法詳細調查臺灣的舊慣制度，順應民情施治。若是貿然強將日本的法律制度移到臺灣實施，就像想把比目魚的眼睛換成鯛魚的眼睛是一樣的，是行不通的。因而兒玉源太郎總督即以後藤新平提出的「生物學原則」為基礎，展開一系列的殖民統治與調查政策。另外，黃旺成亦指出，後藤新平在臺灣做民政長官時，從臺灣人的性質上，發現了三項的弱點，因而利用此三項弱點，提出了治臺三策：即臺灣人怕死，要用高壓手段威嚇；臺灣人愛錢，可以用小錢利誘；臺灣人愛面子，可以用虛名籠絡。鶴見祐輔，《後藤新平》（第二卷）（東京：勁草書房，1965 年），頁 398～400；菊仙（黃旺成），〈後藤新平的治臺三策〉，《臺灣民報》第 145 號，1927 年 2月 20 日。

〔註 6〕楊碧川，《後藤新平傳：臺灣現代化的奠基者》（臺北市：一橋出版社，1995年），頁 38～39。

產，以及風俗等實施大規模的科學調查，其後再依照實際調查結果，來制定適當的政策，例如藉由對臺灣社會的舊慣調查，而實施的鴉片漸禁政策，以及在土地及戶口調查的各項成果，不僅為臺灣的文化、風俗民情，以及律法留下重要的記錄，亦有助於各項制度之制定，更成為日本殖民統治與建設臺灣的重要參考資料。此外，為了有效掌握臺灣社會的地方事務，以及維持地方上的治安，兒玉總督亦利用臺灣舊有的地方自衛組織「保甲制度」〔註7〕，全面將警察、保甲役員和臺灣人民三方面作一縝密的串連，以構成一個嚴密的殖民統治體制，並作為基層行政和警政的輔助機關；並適度地尊重臺人的風俗習慣和社會組織，以籠絡人心，進而標榜統治方針應採順應現實需要而隨機應變的「綏撫政策」，即在臺民人心未定之前，盡可能不破壞臺灣社會固有的組織。

　　職是之故，在綏撫政策時期，臺灣總督府除了徹底壓制臺灣的武裝抗日運動外，並有效地籠絡利用臺人社會精英，將之納入殖民基層行政和治安體制中，使其成為殖民施政的輔助工具；其後再進行土地調查、改革田賦與金融制度、改善交通運輸、推行專賣制度等，完成臺灣資本主義化的「基礎工事」，以促進殖民資本主義產業經濟之發展；在社會教化方面，則有以漸進方式鼓吹放足、斷髮、禁纏足三項改善社會陋習運動的推行。即由初期的武力鎮壓方式，演變到順應現實需要、適度尊重臺灣人的社會習俗，並運用已存在的保甲制度來籠絡人心，運用寬猛並濟的鎮壓和懷柔治臺的手段，奠定日本殖民統治的基礎。

　　綜上所述，日本在治臺之初不僅缺乏經營殖民地的經驗，亦無心理準備，

〔註7〕所謂「保甲制度」，是清朝政府為防範盜匪，以十戶為一甲，十甲為一保，甲設甲長，保設保正，並實行連保連坐責任的一種維護地方安寧的制度。日治時期，臺灣總督府加以利用，全面成立保甲，並設立有保甲局，直到明治36年（1903）總督府廢止保甲局之後，為進一步強化保甲制，乃將以往的保甲加以改編、統一，並強制推行於臺灣各地，其任務主要為：一、清查戶籍；二、查拏匪盜；三、庄中守望相助、嚴查街中盜賊；四、禁止人民與盜勾結及藏匿；五、禁止賭博；六、獎勵慈善事業；七、遇警時酌議僱佣壯丁。另外，又以明文規定保甲和警察的關係，即將保甲局的職責轉移給保正，由警察直接監督保甲，使保甲成為警察的輔助工具。保正在其轄區內，有責任監督指揮甲長，而甲長負責監督甲內的家長，家長則約束家人；即不分男女老幼，只要是臺灣人都是保甲民，是保甲制的實施對象。洪秋芬，〈臺灣保甲和「生活改善」運動（1937～1945）〉，《思與言》第29卷4期（1991,12），頁115～153。

直到大正7年（1918），在總督明石元二郎任內，才逐漸開始有建立明確且一貫治臺方針的認知。然而，雖然在此一時期，臺灣總督府曾針對臺灣進行了一連串的制度與習俗調查，並改善臺灣的生活習慣，但嚴格說來，其目的僅是為了要革除清朝對臺灣人民在政治及思想上的影響，欲自生活習慣來移風易俗，以利其統治，並非是站在臺灣人民的立場上來著眼。

二、同化政策時期（1919～1937）

　　1910年代初期，日本國內正處於「大正民主時代」〔註8〕，此時國際上有美國總統威爾遜在巴黎和會中提出「民族自決」的口號，即全世界任何民族，都有權自己決定自己歸屬的政府體制，不需受其他國家或者政權影響，使得國際間到處都瀰漫著民族自決的思潮。除了歐州各國的殖民地紛紛要求獨立外，韓國亦有抗爭日本統治的「三一運動」〔註9〕。為因應國內外的民主潮流，臺灣總督府因而重新調整其殖民政策，開始以溫和穩健的方式，實施文官總督制。大正8年（1919），臺灣總督明石元二郎宣布「同化主義」將成為施政方針，並強調其施政之目標在於感化臺人，使臺灣人民能成為日本國民。一般而言，所謂同化是指文化不同的異民族間，透過自然或是人為的方式，在生活方式、風俗習慣、宗教、道德觀，以及藝術等各個層面逐漸產生以其中一個民族的文化表現為主的融合過程。〔註10〕但明石元二郎則欲以同化作為教育目標，除了將日本的文化移入殖民地外，亦使用日本的語言及各種文物制度，以期打破殖民地臺灣固有的語言、風俗習慣和各種制度，達到精神上的統一。可知明石元二郎主張的同化主義，主要是致力於臺灣人民在

〔註8〕　日本在歐戰期間，歷經一連串社會、經濟變動，促成社會、政治運動的興起，以及自由、民主思潮蓬勃，造就所謂「大正民主時代」的來臨。其一是實現普通選舉制度；其二是擴大言論和集會結社自由；其三是政黨政治的出現。范燕秋，〈大正民主時代臺灣新世代知識分子與蔣渭水醫師〉，《宜蘭文獻》第63期（2003,05），頁62～63。

〔註9〕　1910年日韓合併條約的實行，大韓帝國告此滅亡，朝鮮總督府成為統治朝鮮的機關。第一次世界大戰結束後，由於美國總統威爾遜在巴黎和會中提出反殖民的民族自決原則，因而1919年3月1日，在首爾有韓國獨立運動參與者，發表了「獨立宣言」，之後獨立運動遍布全韓，使得日本統治韓鮮半島的方式，不得不改為以文治主義為主的懷柔政策。

〔註10〕　江智浩，〈日治末期（1937～1945）臺灣的戰時動員組織：從國民精神總動員組織到皇民奉公會〉（臺灣桃園：國立中央大學歷史研究所碩士論文，1997年），頁43。

精神及思想上的感化，使其漸具日本國民的性格，因此提倡尊重教育、文教政治，以及民族的融合；此外，亦在經濟方面注重產業的興起和貿易的旺盛，強調臺灣和日本之間的聯繫，並向華南和南洋地區發展，致力於各種事業的進展。〔註11〕

　　同年，田健治郎接任明石元二郎爲臺灣總督，亦爲首任的文官總督，延續明石總督的治臺政策，正式採取以同化政策爲統治的基本方針，並指出同化政策的精神就是「內地延長主義」，也就是將臺灣視爲日本內地的延長，採取與日本國內相同的制度及教育方式，其目的在使臺灣人成爲完全的日本人，涵養其對國家的義務觀念，以效忠日本政府。「內地延長主義」的施行，主要是在標榜「一視同仁」、「內臺融合」的口號，其內容包括有委任立法的改革、地方制度的改革、臺灣評議會的設置、實施內臺共學制、內臺共婚制、廢除笞刑、任用臺人擔任高等文官，以及展開向南洋發展計畫等許多方面。其中，在地方制度改革方面，大正 9 年（1920），臺灣總督府廢除原來的堡、區、街、庄，公布實施市街庄制，設立市役所、街庄役場，確立了以市街庄地方團體爲主的基層體系，使得街庄役場、警察官吏派出所，以及公學校由一般行政、治安及教育的最基層單位，轉變成爲行政、經濟產業、文化、教育，以及社會教化革新的基層中心機構。

　　事實上，此時期臺灣總督府所採取的同化政策，基本上仍是沿襲著日本民族主義的思想系統，即採取統合更多的人民和地域的同化，而在此基礎之上，若欲同化，則教化的成效更顯重要。例如，在同化政策的推動下，各街庄紛紛成立各種教化團體，倡導生活改善、風俗及國語普及，並組訓基層男女青年、家長、主婦推行實踐改善運動，對臺灣街庄、村落社會的結構、社會環境、社會生活，以及風俗的改善，影響很大。〔註12〕因此，此一時期的教化政策亦自原先的放任主義轉變爲強制性質，其中的轉變可說是受到了時局的演變與當政者態度的影響。

　　大致說來，在內地延長主義實施之初，臺灣總督府的教化政策仍是屬於一般性質，例如對於衛生、教育方面採取漸進式教化，以期改善臺灣社會的生活環境。但同化政策最實際的，也最現實的問題，可說是在風俗習慣方面，

〔註11〕井上聰，〈臺灣第七代總督明石元二郎與同化政策〉，《臺灣風物》第 37 卷 1 期（1987,03），頁 37。

〔註12〕王世慶，〈皇民化運動前的臺灣社會生活改善運動：以海山地區爲例（1914～1937）〉，《思與言》第 29 卷 4 期（1991,12），頁 6。

因而臺灣總督府在 1910 年代中期，在不直接涉入的原則下，開始鼓勵地方紳
商，以及地方行政首長等社會領導階層，出面倡組國語普及會、風俗改良會
等社會教化團體，以推動普及日語、矯正陋習、革新風教等任務；到了 1930
年代，受到日本帝國主義欲擴張領土的影響，臺灣總督府更積極推動以農村
改造爲中心的部落振興運動，欲透過各地有系統且有組織的「部落振興會」，
來展開針對臺灣人民的國語普及、公民訓練、敬神尊皇，以及生活改善等運
動，以貫徹其皇國精神和強化國民意識，清楚地顯示臺灣總督府欲透過社會
教化運動來力求同化政策的徹底施行。然而在 1937 年進入戰時體制之後，爲
加速臺人日本化，臺灣總督府開始在政策上著重社會教化所具有的成效，不
僅廣建神社，甚至連民間的傳統宗教信仰、家中的祖先牌位都遭到廢除，軍
事性質的教化意味濃厚。

三、皇民化運動時期（1937～1945）

　　大正 12 年（1923）4 月，日本裕仁皇太子來臺巡視訪問，並宣達「國民
道德」的內涵。其後隨著 1930 年代日本帝國主義的擴張，昭和 11 年（1936），
具有武官身分的小林躋造出任總督，使臺灣再度由文官總督轉變爲武官總督
統治。太平洋戰爭爆發之後，日本進入戰時體制，臺灣總督府一方面壓制帶
有民族主義或共產主義的政治、社會運動，並強化對臺灣的統治；另一方面
則積極推動普及日語、部落振興、民風作興與皇民奉公等社會教化運動，以
加速臺灣人的同化，使臺灣人成爲利害與共的日本國民。爲了徹底自精神面
消除臺灣人的漢人思想，並在生活上脫離漢人的生活方式，以及補充戰時體
制下所需要的人力與物力，小林躋造總督因而提出「皇民化」、「工業化」、「南
進基地化」的概念，使臺灣社會正式進入「皇民化運動」時期。所謂「皇民
化」，即是先採取鼓勵的方針，後即要求臺灣人民改換日本姓氏，以同化於日
本，便於日本的工業移民，以及動員臺灣人力參加戰爭；「工業化」則是改變
以臺灣爲農業中心的政策，轉以工業發展，同時配合日本的侵略政策，將臺
灣建設成爲重要軍需工業的基地；「南進基地化」即是以臺灣爲南進基地，不
僅欲奪取歐美國家在南洋的工業產品市場，並計畫自中國華南及南洋輸入原
料，以擴大臺灣的工業生產，進而建立「工業臺灣、農業南洋」的經濟依存
關係。〔註13〕

〔註13〕袁穎生，《光復前後的臺灣經濟》（臺北市：聯經出版社，1998 年），頁 44。

　　皇民化運動的實施，就其歷史意義來說，是指在戰爭期間更爲徹底的同化政策，屬於針對皇國領土的人民推行運動。主要是爲了確保戰時體制下臺灣島內治安能夠維持，並使臺灣人民能積極協力戰時經濟的需求，以及培養臺灣人民成爲南進的尖兵，以補充戰時所需的勞動力。因此所謂的「皇民化」，即是在謀求皇國精神的徹底化、振興普通教育，糾正言語風俗，以及培養忠良帝國臣民的素質，進而加強同化意念的灌輸。〔註 14〕在皇民化政策的推行之下，其中心目標爲普及日語和常用日語兩方面，除了積極致力於將臺灣人鍛鍊成天皇的國民之外，臺灣總督府更於昭和 12 年（1937）起，禁止臺民使用中文，以及廢除報紙的漢文版、停刊中文雜誌，以及廢除公學校的漢文科；並鼓勵臺灣人改從日本姓名、養成日式的生活習慣，以及供奉日本神祇。在普及日語的推廣方面，除了在既有的學校教育系統中加強日語教育外，另外有所謂「國語家庭」的鼓吹；在姓名的改易方面，日治時期原則上並不允許臺灣人使用日本姓名，直到昭和 15 年（1940）依據臺灣總督府府令 19 號實施戶口規則修正，才開放臺灣人可有條件地將漢式姓名改爲日本式的姓名，其後更強迫實施改姓名運動；在改變臺灣人固有信仰方面，則是分別透過國家神道的實踐、家庭正廳的改善，以及傳統寺廟的整理三方面來進行，一方積極提倡日本國家神道，另一方面對臺灣的傳統加以壓抑與破壞，縮建寺廟；在社會風俗的改良方面，主要是以文官統治時期的同化政策爲基礎，針對臺灣家庭及個人生活方式與風俗習慣進行更進一步的同化。例如在服飾上，將臺灣式的布質鈕釦改爲現代鈕釦，鼓勵穿日式和服或西式服裝；在風俗習慣上，則廢止農曆新年，改過陽曆新年，並廢除原有的貼門聯、放鞭炮與燒金銀紙等習慣。〔註 15〕其後更於昭和 16 年（1941）年設置皇民奉公會，強制皇民化政策執行與落實。

　　此一時期臺灣總督府的社會教化目標，主要在提昇國民資質、促進社會進步，故其重點有國民精神的涵養、國語的普及、情操的陶冶、職業技能的培養、公民精神的養成，以及體能的鍛鍊，因而有國語普及會、青年會、家長會、主婦會等團體的成立。然而各個團體依其組成份子和特性，長期以來都是單獨發展起來的，各有其獨立的組織，發展重點亦各不相同。因此，爲

〔註14〕黃昭堂著，黃英哲譯，《臺灣總督府》（臺北市：前衛出版社，1994 年），頁171。

〔註15〕江智浩，〈日治末期（1937～1945）臺灣的戰時動員組織：從國民精神總動員組織到皇民奉公會〉，頁 26～28。

統一各地的教化團體，臺灣總督府進而加強對各種社會教化組織的操控，以統合並指導各地的教化團體及其運動。〔註16〕其中，在政策執行上，除了提倡遵守教育敕語之外，更注重臺灣人民內在精神的改造，強調盡忠報國的精神，推銷日本文化，並灌注臺灣人民日本帝國乃是神國的信念，使臺灣人民能感受到身為天皇子民的榮耀，進而為戰爭奉獻，以實現「大東亞共榮圈」〔註17〕的理想。

第二節 行政區劃演變

明治28年（1895）6月，臺灣總督府制定「地方官制暫行條例」，將地方行政劃分成臺北縣、臺灣（臺中）縣、臺南縣和澎湖島廳，其中臺北縣下轄基隆、淡水、宜蘭及新竹四支廳。但由於當時臺灣島內抗日事件頻傳，因而此地方官制實際只在臺北縣和澎湖島廳施行，至於臺灣縣和臺南縣則未予施行。同年8月實施軍政，將原來臺灣縣及臺南縣改置為民政支部，並在其下設出張所。中部地區是隸屬於臺灣民政支部之下，其中心都市本在彰化街，但考慮到彰化街位置偏西，且在八卦山腳下，易受抗日軍的攻擊，因此改將民政支部設在東大墩街，然而此一行政組織依明治29年（1896）總督府條例公布廢除軍政、改行民政後又再度變更。〔註18〕

明治29年3月再度改正地方官官制，同年4月公佈改正後的地方行政區劃，將原民政支部改為縣；出張所改為支廳，即將全臺劃分為臺北縣、臺中縣、臺南縣及澎湖島廳。臺中縣由原本的臺灣民政支部改置，下轄鹿港、苗栗、雲林以及埔里四支廳。並將大墩街改名為臺中街，臺中此一名稱正式出現，並與北部的臺北，南部的臺南兩大中心都市並列，成為中部的中心都市。明治30年（1897）5月，再行地方官官制改正，除了廢止支廳外，並重新劃

〔註16〕中越榮二，《臺灣の社會教育》（臺北市：「臺灣の社會教育」刊行所，1936年），頁214～215。

〔註17〕所謂的「大東亞共榮圈」，是日本在第二次世界大戰期間施行的一個侵略計劃，是欲以日本帝國為核心，擬以文明的日本，來治理非文明的亞洲國家，並建立大東亞地區的各個國家和民族共榮共存的秩序。其目的為將亞洲和西南太平洋等地全納入日本的殖民統治之下，進而建立起一個以日本為殖民者的亞洲殖民帝國。遠山茂樹、今井清一、藤原彰著，《昭和史》（日本東京：岩波書店，1990年），頁216。

〔註18〕篠原正巳，《臺中・日本統治時代の記錄》（臺北市：臺灣區域發展研究院臺灣文化研究所，1996年），頁198。

分行政區域，使臺灣成爲轄有臺北、新竹、臺中、嘉義、臺南、鳳山 6 縣及宜蘭、臺東、澎湖 3 廳的 6 縣 3 廳制，且在管轄的重要地區設置辨務署。按此次行政區劃的改變仍基於統治基礎日漸穩固，不得不以重劃行政區域的方式來消化日益增加的地方行政業務。

明治 31 年（1898）6 月，地方官官制進行第五次的變更，將原有的 6 縣 3 廳整合爲 3 縣 3 廳，全臺劃分爲臺北縣、臺中縣、臺南縣、宜蘭廳、臺東廳，以及澎湖廳。在整併的同時，亦將全臺的辨務署、撫墾署及警察署等下級行政機關整理統合成 44 個辨務署。此次變更的基礎在於已排除統治初期交通不便，且須細分行政區域的因素，爲避免不必要的人員與經費開銷，因此重行整併行政區。接著自明治 33 年（1900）10 月到 34 年 4 月間，又將臺南縣的一部份分離出，另置恆春廳，形成 3 縣 4 廳制。〔註 19〕

明治 34 年（1901）11 月，地方官官制再行改正，施行廢縣置廳制。新制度將全臺的辨務署統合，新設臺北、基隆、深坑、宜蘭、桃仔園、新竹、苗栗、臺中、彰化、南投、斗六、嘉義、鹽水港、臺南、鳳山、蕃薯藔、阿緱、恆春、臺南及澎湖 20 個廳。廳之下的各地區再由總督府設置支廳管轄。屬於從前臺中縣管轄的範圍計有臺中、彰化、南投、苗栗、斗六 5 廳。在施行廢縣置廳制之後，臺中廳的管轄範圍明顯縮小，只領有臺中街、東勢角、葫蘆墩、牛罵頭、塗葛窟等地。

明治 42 年（1909）10 月，重新公布地方官官制，將 20 廳以區域大小的重要性區分爲 3 等。第一等爲臺北、臺中、臺南 3 廳；第二等爲新竹、嘉義、阿緱 3 廳；第三等爲宜蘭、桃園、南投、臺東、花蓮港、澎湖 6 廳。全臺計合併爲 12 廳。臺中廳的管轄範圍擴大，即合併了 20 廳時代的彰化和南投 2 廳。總計此時臺中廳共包括了 9 個支廳及 10 個直轄區，其中 9 支廳計有東勢角、葫蘆墩、大甲、沙鹿、彰化、鹿港、員林、北斗、二林；直轄區有臺中街、大平、大里杙、烏日、霧峰、溪心埧、三十張犁、四張犁、西大墩及犁頭店。〔註 20〕

總計中部地區在臺灣民政支部時期，含嘉義、雲林、彰化、埔里社及苗栗出張所，到了明治 29 年（1896）3 月廢軍政，改地方官官制，行 3 縣 1 廳制後，臺中縣含鹿港、雲林、埔里社和苗栗 4 支廳；明治 30 年（1897）6 月，

〔註 19〕篠原正巳，《臺中・日本統治時代の記錄》，頁 202。
〔註 20〕篠原正巳，《臺中・日本統治時代の記錄》，頁 204。

行 6 縣 3 廳制，含彰化、埔里社 2 支廳；明治 31 年 6 月，行 3 縣 3 廳制，臺中縣下含臺中、彰化、鹿港、梧棲、南投、北斗、員林、埔里社、苗栗、大甲、北港、斗六共 12 個辨務署，與明治 34 年（1901）11 月廢縣置廳後臺中廳所轄臺中、梧棲二辨務署的轄區相同；明治 42 年（1909），臺中廳合併彰化廳全部及部份苗栗廳；大正 8 年（1919）9 月，地方制度改正後的臺中州合併臺中及南投 2 廳。〔註 21〕

　　大正 8 年（1919）田健治郎接任第八任臺灣總督，接續前任總督明石元二郎的主張，採取同化政策，高唱「內地延長主義」，以臺灣爲日本內地的延伸爲訴求，目的在使臺灣人民日本化，以便於統治。大正 9 年（1920）7 月地方官官制改正，廢除以前的「廳」而設立「州」，將全臺廳制整合成 5 州 2 廳，並在州下設有郡、市、街、庄，廳下設有支廳、街、庄及區。5 州爲臺北州、新竹州、臺中州、臺南州、高雄州；2 廳爲臺東廳及花蓮港廳。大正 15 年（1926）時，又將澎湖郡自高雄州分離出，改爲澎湖廳，使全臺成爲 5 州 3 廳，自此行政區劃至日本戰敗皆未再有大幅度變更。所謂的「州」，相當於日本的「縣」，「州」包含不到的地域才設置「廳」，「州」以下設「市」、「郡」，「市」、「郡」之下設「街」、「庄」。從前屬於廳補助的支廳總共有 86 個，今廢止後統合成 46 個「郡」。〔註 22〕大正 9 年（1920）因廢廳置州而劃分出的臺中州範圍計轄舊有的臺中廳及南投廳，全州可分成 1 市 11 郡，1 市即臺中市，11 郡即爲大屯郡、彰化郡、南投郡、東勢郡、豐原郡、大甲郡、員林郡、北斗郡、竹山郡、新高郡，以及能高郡。〔註 23〕昭和 10 年（1935）9 月，彰化升格爲市，使臺中州轄區轉變爲 2 市、11 郡、10 街，以及 47 庄。〔註 24〕

　　總計自 1895 年日本依馬關條約取得臺灣，截至 1945 年第二次世界大戰戰敗投降，日本在臺灣共施行 9 次的地方行政區域變更，大致上可區分爲縣、廳、州三個時期。（參見表 2-1）

〔註 21〕臺中州，《臺中州要覽》（臺北：臺灣日日新報印刷，1926 年），頁 1～3。

〔註 22〕黃昭堂著，黃英哲譯，《臺灣總督府》，頁 155。

〔註 23〕篠原正巳，《臺中・日本統治時代の記錄》，頁 206。

〔註 24〕井出季和太，《臺灣治績志》（臺北市：南天書局，1997 年；原刊於 1937 年），頁 27。

表 2-1：日治時期臺灣地方行政區域變更表

總　督	任　　　期	行政區域變更	附註
樺山資紀	明治 28 年 5 月～29 年 6 月（1895.05～1896.06）	明治 28 年（1895）8 月，1 縣 2 民政支部 1 廳：臺灣縣，臺灣及臺南民政支部，澎湖島廳。明治 29 年（1896）3 月，3 縣 1 廳：臺北、臺中、臺南 3 縣及澎湖島廳。	置縣時期
桂太郎	明治 29 年 6 月～10 月（1896.06～10）	3 縣 1 廳	
乃木希典	明治 29 年 10 月～31 年 2 月（1896.10～1898.02）	明治 30 年（1897）5 月，6 縣 3 廳：臺北、新竹、臺中、嘉義、臺南、鳳山 6 縣及宜蘭、臺東、澎湖 3 廳。	
兒玉源太郎	明治 31 年 2 月～39 年 4 月（1898.02～1906.04）	明治 31 年（1898）6 月，3 縣 3 廳：臺北、臺中、臺南 3 縣及宜蘭、臺東、澎湖 3 廳。明治 34 年（1901）5 月，3 縣 4 廳：臺北、臺中、臺南 3 縣及宜蘭、臺東、澎湖、恆春 4 廳。	
		明治 34 年（1901）11 月，20 十廳：臺北、基隆、宜蘭、深坑、桃仔園、新竹、苗栗、臺中、彰化、南投、斗六、嘉義、鹽水港、臺南、蕃薯藔、鳳山、阿緱、恆春、臺東及澎湖 20 廳。	置廳時期
佐久間左馬太	明治 39 年 4 月～大正 4 年 5 月（1906.04～1915.05）	明治 42 年（1909）10 月，12 廳：臺北、宜蘭、桃仔園、新竹、臺中、南投、嘉義、臺南、阿緱、臺東、澎湖及花蓮港 12 廳。	
安東貞美	大正 4 年 5 月～7 年 6 月（1915.05～1918.06）	12 廳	
明石元二郎	大正 7 年 6 月～8 年 10 月（1918.06～1919.10）	12 廳	
田健治郎	大正 8 年 10 月～12 年 9 月（1919.10～1923.09）	大正 9 年（1920）9 月，5 州 2 廳：臺北、新竹、臺中、臺南、高雄 5 州及臺東、花蓮港 2 廳。	置州時期
內田嘉吉	大正 12 年 9 月～13 年 9 月（1923.09～1924.09）	5 州 2 廳	
伊澤多喜男	大正 13 年 9 月～15 年 7 月（1924.09～1926.07）	大正 15 年（昭和元年：1926）6 月，5 州 3 廳：臺北、新竹、臺中、臺南、高雄 5 州及臺東、花蓮港、澎湖 3 廳。	

上山滿之進	大正 15 年 7 月～昭和 3 年 6 月 （1926.07～1928.06）	5 州 3 廳
川村竹治	昭和 3 年 6 月～4 年 7 月 （1928.06～1929.07）	5 州 3 廳
石塚英藏	昭和 4 年 7 月～6 年 1 月 （1929.07～1931.01）	5 州 3 廳
太田政弘	昭和 6 年 1 月～7 年 3 月 （1931.01～1932.03）	5 州 3 廳
南　　弘	昭和 7 年 3 月～5 月 （1932.03～05）	5 州 3 廳
中山健藏	昭和 7 年 5 月～11 年 9 月 （1932.05～1936.09）	5 州 3 廳
小林躋造	昭和 11 年 9 月～15 年 9 月 （1936.09～1940.09）	5 州 3 廳
長谷川清	昭和 15 年 9 月～19 年 12 月 （1940.09～1944.12）	5 州 3 廳
安藤利吉	昭和 19 年 12 月～21 年 4 月 （1944.12～1946.04）	5 州 3 廳

備　　註：安藤利吉於 1946 年 4 月 19 日自殺；臺灣總督府官制於 1946 年 5 月 31 日廢止。
資料來源：井出季和太，《臺灣治績志》（臺北市：南天書局，1997 年；原刊於 1937 年），頁
　　　　　211～854；黃昭堂著，黃英哲譯，《臺灣總督府》（臺北市：前衛出版社，2002 年），
　　　　　頁 72～165。

第三章 部落振興運動

　　1895 年馬關條約簽定，臺灣成爲日本的殖民地。臺灣民眾面臨此一既定事實，初期是以武裝方式展開抗日活動，然而武裝抗日對臺灣民眾而言，是一種生命財產與流血的犧牲，但換來的卻是統治者更嚴厲的鎮壓和摧殘。因此，到日治中期以後，不得不改採漸進式的、非暴力的，以及文化的方式來表達臺灣人民的意志。大正 10 年（1921），集結臺灣知識份子精英及各階層人士反省自覺力量的臺灣文化協會成立，其主要目的是致力於臺灣人民的文化啓迪，並灌輸臺灣人民新的思潮和觀念，影響層面廣泛。然而，此一時期，臺灣總督府亦在同化政策施行之後，爲期有效遏止臺灣文化協會的發展，使臺灣人在文化上認同日本的統治，亦致力於灌輸臺灣人民「皇民」的精神，因而採取神社崇敬、國語普及、青少年訓練，以及教化完成網等一連串的社會教化施設，其目的即在提升臺灣人民的國民資質、促進社會進步、培養國家觀念、普及國語、啓發公民精神，以及修鍊職業技能等，使臺灣人能體會日本的建國精神，專心致力建立新日本文化，進而成爲眞正的天皇子民。〔註1〕

　　其中，社會教化與學校教育相輔相成，是以國民資質的提升和社會的進步改善爲目標，並且注重國家觀念的養成、國語的普及、公民精神的啓迪、職業技能的修鍊、體能的提升，以及生活興趣的培養。昭和 9 年（1934），臺灣總督府與中央教化聯合組織共同召開「臺灣社會教化協議會」，制定「臺灣社會教化要綱」，其宗旨即是以「一視同仁」的基本理念，來宣揚皇國精神，

〔註 1〕 臺中州教育課，《臺中州教育展望》昭和 10 年（臺中州：編印者，1935 年），
　　　　頁 115。

並以日臺人的融合爲目標，冀望普及國民教化，強化國民意識，貫徹皇國精神，涵養公民精神，以及培育國民實際的技能；〔註2〕此外，臺灣總督府並大力推動以農村改造爲中心的「部落振興運動」〔註3〕，欲藉由各地區的部落振興會，展開一系列的普及國語、敬神尊皇、產業振興、公民訓練，以及生活改善等活動，其目的即在進一步強化各地部落振興會的教化功能。

因此本章主要是在探討臺灣總督府如何藉由推動以農村改造爲中心的「部落振興運動」，來推行其社會教化政策，並說明部落振興會的組織架構及運作情形，以及臺中州下部落振興運動推行的情形爲何，是否眞能達到臺灣總督府推行社會教化運動的預期成果。

第一節　部落振興運動的組織與內容

明治 33 年（1900），臺北人黃玉階糾集紳商同志 40 人，獲准成立「臺北天然足會」，以倡導解放纏足，揭開組織化放足運動的序幕，之後全臺各地紛紛有社會領導階層不定期地在各地舉行放足、斷髮運動。〔註4〕此種藉由社會領導階層提倡組織，進行社會教化所收到的放足、斷髮成效，給予統治者莫大的鼓舞和啓示。臺灣總督府因而積極鼓勵臺灣各地的社會領導階層成立不同性質的社會教化組織，並鼓勵其以普及國（日）語和風俗改善爲主要目標，以便利臺灣總督府日後的統治。

然而，昭和 5 年（1930）以前，推動國語教學和實踐生活改善運動者，並無統一性的教化組織，且各個已成立的組織各自針對特定的對象，亦有不同的推行方式。例如針對普及國語教育方面有國語講習所；針對青（少）年教育，則有男、女青（少）年團〔註5〕；針對修畢初等教育者的補習教育

〔註 2〕蔡錦堂，《日本帝國主義下臺灣の宗教政策》（日本東京：同成社，1994 年），頁 93～94。

〔註 3〕此處的「部落」，是指日治時期以小字（小地名）爲單位所形成的聚落，有其地緣性，類似於今日的村、里組織，而非今日單純指原住民的部落。雅虎日本辭典網站：http://dic.yahoo.co.jp/dsearch?enc=UTF-8&p=%E9%83%A8%E8%90%BD&dtype=0&dname=0na&stype=0&pagenum=1&index=16296600（2007/03/14）。

〔註 4〕吳文星，〈日據時期臺灣的放足斷髮運動〉，收入瞿海源、章英華主編，《臺灣社會與文化變遷（上冊）》（臺北市：中央研究院民族學研究所專刊乙種第 16 號，1998 年），頁 82～90。

〔註 5〕日本的青年團組織可遠溯於上古鄉黨間之社交，古時每逢春、秋二個時節，

者，亦有青年教習所、公民講習所、畢業生指導講習會，以及青年訓練所等
不同組織；至於針對成人教育，則有家長會〔註6〕、主婦會〔註7〕等不同性質
的成人組織。〔註8〕而事實上，這些較有組識性質教化團體的產生，實是奠基
於大正3年（1914）爲了改善社會陋習而組成的「同風會」〔註9〕。即是由於
有「同風會」的成立，進而促使各地區亦開始陸續出現多元性的教化組織，
以進行語言、風俗和生活習慣上的改革。（參見表3-1）

表3-1：1910年代臺灣各廳教化組織名稱一覽表

廳　別	名　　　稱	目　　　　　　的
宜蘭廳	敦風會	維持風教、改善風俗。
	國語普及會	日語普及、禮儀作法。
	國語獎勵會	日語普及、禮儀作法。
基隆廳	敦俗會	會員之斷髮、改用新曆。

村中男女在神社集合，由社首告知國家法令，長者居座，子弟等負責準備飲
食，亦即在神社祭禮進行之際施以公民教育，屬於宗教意義的團體訓練，因
此所謂青年會或青年團是指將村中壯丁組織編隊，是日本固有的傳統，只是
古時並沒有使用特定名稱來稱呼這類團體，直到近代才用「青年會」或「青
年團」來加以定義。近代的青年會或青年團主要是將接受過義務教育，十四
五歲以上的年輕人團結起來，矯正風儀，啓發智德，鍛鍊體格，並且出力協
助各種公益事業。林素珍，〈日治後期的理蕃：傀儡與愚民的教化政策（1930
～1945）〉（臺灣臺南：國立成功大學歷史研究所博士論文，2003年），頁164；
陳大元，〈日治時期臺灣教化輔助團體之研究〉（臺灣臺中：東海大學歷史研
究所碩士論文，1999年），頁37。

〔註6〕 家長會的成員爲特定地區內（如町或街、庄）的家長，集會的目的在交換社
會上的知識以增進常識，並以改善風俗和涵養國民性，因此其活動著重在國
語的普及、風俗的改良、衛生思想的發達，以及體育方面。臺灣新聞社，《臺
中市史》（臺中州：編印者，1934年），頁666。

〔註7〕 主婦會的成員爲特定地區內（如町或街、庄）的婦女，集會的目的在學習婦
人的淑德和修養，或是博愛慈善的行爲和知識交換等方面，因此其活動著重
在家庭的和合、日語教授、禮儀學習各風俗改善等方面。臺灣新聞社，《臺中
市史》，頁668。

〔註8〕 井出季和太，《臺灣治績志》（臺北市：南天書局，1997年；原刊於1937年），
頁953。

〔註9〕 大正3年（1914）樹林區長黃純青，爲革新社會風俗、矯正陋習，打破迷信、
推行日語，創設了大眾教化機關「樹林同風會」，開創基層社會生活風俗改善
運動。王世慶，〈皇民化運動前的臺灣社會生活改善運動：以海山地區爲例
（1914～1937）〉，《思與言》第29卷4期（1991,12），頁7。

	國語普及會	日語普及、禮儀作法。
臺北廳	國語普及會	日語普及、禮儀作法。
	風俗改良會	斷髮、解纏足、改良冠婚喪祭。
桃園廳	同風會	矯正陋習、革新風教、打破迷信。
	家長會	矯正陋習、革新風教、打破迷信。
	主婦會	矯正陋習、革新風教、打破迷信。
	國語練習會	教授日語、裁縫、禮儀作法。
新竹廳	矯風會	融合日臺、改良風俗、日語普及。
	國語練習會	教授中上階層婦人日語、裁縫及禮儀作法。
	國語夜學會	教授工人、小販、車夫等人職業上必要的日語。
臺中廳	風俗改良會	斷髮、解纏足、矯正弊風。
	家長會	矯正陋習、革新風教、打破迷信、改用新曆。
	主婦會	矯正陋習、革新風教、打破迷信、改用新曆。
	同仁會	融合日臺、改良風俗、日語普及。
	國語夜學會	教授日語、禮儀作法。
	國語普及會	教授日語、禮儀作法。
南投廳	國語普及會	教授日語、禮儀作法。
嘉義廳	同風會	斷髮、解纏足、改用新曆。
	嘉義國語研究夜學會	教授日語、修身、算術等學科。
	國語獎勵會	日語普及
臺南廳	家長會	教授日語、禮儀作法、改用新曆。
	婦女會	教授日語、禮儀作法、改用新曆。
	國語普及會	日語普及。
	風俗改良會	矯正陋習、打破迷信。
鳳山廳	國語夜學會	教授日語、禮儀作法。
阿緱廳	國語普及會	日語普及。
臺東廳	國語夜學會	教授日語、禮儀作法。
花蓮港廳	國語普及會	教授日語、禮儀作法。
澎湖廳	國語普及會	日語普及。
	風俗改良會	矯正陋習。

資料來源：林麗卿，〈日治時期臺灣的社教團體與社會變革：以臺北州「同風會」為例〉（臺灣臺中：國立中興大學歷史學系碩士論文，1997 年），頁 15。

　　大正 9 年（1920）臺灣總督府實施地方行政制度改正，施行市街庄制，
同風會因此改以新制之街庄爲單位，將原來以自然村庄爲單位所設之同風
會，改爲分會，並以街庄同風會來統合所屬的同風會分會；大正 14 年（1925）
以後，則進一步設立州郡聯合同風會，形成州、郡（市）、街庄各級皆設有聯
合同風會，以及所屬戶主會、主婦會、青年會、處女會（即女子青年會）等
組織，可說是更加強化了各級同風會的功能；昭和 6 年（1931），爲配合全國
性教化聯合會的聯絡統制，又將各級聯合同風會改爲州、郡、街庄教化聯合
會，並以其統合指揮所屬男女青年團、部落會、振興會、生活改善實行會、
農事實事組合，以及成人會等，可說是進一步擴大生活風俗的改善，以及教
化運動的內容。〔註 10〕

　　昭和 7 年（1932），臺灣各地開始出現以行政系統最末端的組織，即街庄
之下的「部落」爲單位組成的團體，這些團體的名稱有振興會、同榮會、更
生會等不同名稱。〔註 11〕而在昭和 9 年（1934）以後受到臺灣總督府推行「部
落教化運動」之影響，臺灣各地的同風會組織乃由各州的教化聯盟和部落振
興運動取代，此類組織因而通稱爲「振興會」。因此，所謂的「部落振興會」，
是指在街庄底下，以部落中的每一戶爲單位，全體住民爲委員，經費按戶平
均分擔而成的教化組織，其發展是始於昭和 6 年（1931）日本侵略東北之後，
日本國內農村經濟復興運動的一環，其主要功能爲開發產業，改善農村經
濟，以及振興社會教化。〔註 12〕而臺灣最早的部落振興會則始見於昭和 7 年
（1932）6 月臺南州斗六街的海豐崙部落，其主要著重點在語言、產業和衛生
方面，隨後各州廳亦以市街庄爲單位，相繼成立部落振興組織。直到昭和 11
年（1936）間，在民風作興運動風潮下，藉助保甲制度體系，在各州、郡，
以及街庄之下普設部落振興指導委員會，將全臺的基層教化團體全部改稱爲
部落振興會，才促使部落振興會統一成爲教化體系中的最末端組織。

　　大致而言，各地的部落振興會組織中，主要設有會長一名、副會長一名、

〔註 10〕王世慶，〈皇民化運動前的臺灣社會生活改善運動：以海山地區爲例（1914～
　　　　1937）〉，《思與言》第 29 卷 4 期，頁 42。
〔註 11〕蔡錦堂，〈皇民化運動前臺灣社會教化運動的展開〉，收於周宗賢主編，《臺灣
　　　　史國際學術研討會社會、經濟與墾拓論文集》（臺灣臺北：國史館，1995 年），
　　　　頁 371。
〔註 12〕臺灣的部落振興運動可說是日本國內農村經濟更生運動的臺灣版，是以振興
　　　　農村產業爲目的，但是基於臺灣爲殖民地的屬性，因而實施的方法和內容也
　　　　不同。蔡錦堂，《日本帝國主義下臺灣の宗教政策》，頁 90～91。

幹事若干名、實行委員若干名，負責營運事宜；另亦附有多名的「顧問」或
「教化委員」，多由當地的警察、校長、街庄長來擔任，其功能除指導推行教
化運動的組織外，也扮演著振興會與官廳間之溝通的角色，使前者能隨時接
受後者的統治與指導。﹝註 13﹞此外，部落振興會底下亦設有總務、教化、產
業、衛生、交通等事業部門，以及家長部、主婦部、青年部、處女部（即女
子青年部）等訓練部門，來加強州下民眾的公民訓練、國語普及、生活改善，
以及各種產業振興。（參見圖 3-1）

圖 3-1：部落振興會的組織架構

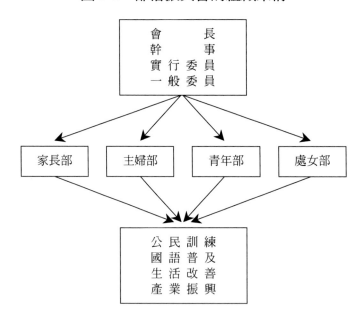

資料來源：臺中州教育課，《臺中州社會教育概況》（臺中州：編印者，1933 年），頁 16。

　　部落振興會在初期實是屬於一種自發性的團體，其後基於官方統制體系
的必要，因此在各地部落振興運動進行的過程中，除了部落振興會的設置外，
亦有社會教化委員制度的產生，以及部落集會所（昭和 14 年以後改稱「部落
道場」）等各種施設。其中，社會教化委員是屬無給職，多由州知事任命地方
上的官員、警察和教員擔任，實是屬一指導監督性質的角色，目的在作為地
方與中央政府間的溝通橋樑。再者，自從有社會教化委員制度以來，各委員

﹝註 13﹞ 蔡錦堂，〈皇民化運動前臺灣社會教化運動的展開〉，收於周宗賢主編，《臺灣
　　　　史國際學術研討會社會、經濟與墾拓論文集》，頁 372。

莫不致力於創設部落振興會，其宗旨多為標榜生活改善、國語普及，以及產業開發等。因此，可說部落振興會是屬於基層的教化組織，在推展皇民精神的前提下，是以教化委員為中心而成立；而其後在皇民化運動下，則整併成為皇民奉公會體系下的部落會，以「保甲制度」的空間、行政機制為基礎，成為皇民化運動中不可或缺的一環。此外，部落振興會亦設置有一部落集會所，主要是指在各個部落底下設置集會所，以作為部落中民眾集會、活動、教化的場所，以及充作國語講習之用；並在集會所內設置神棚，以奉祀神宮大麻；在集會所中亦製作有部落振興過程的圖表，以記錄其活動過程及成效，並在集會所之前留空地，建置升旗臺，以舉辦各種戶外活動，明顯地欲以集會所來取代傳統寺廟的集會功能。

　　臺灣總督府為了宣揚皇國精神和促進國民融合，提升文化素質，以建設理想的臺灣，因而特地在部落振興會的指導綱領中指出，其提倡部落振興的目標，在於強調臺灣人民皇國精神的徹底實現、努力強化國民意識以扶翼皇運；在教育教化上徹底增進公民的訓練，以提升國民的文化；致力於產業、衛生、交通的改善，以謀福利的增進；進行打破陋習的生活改善，期待明朗的部落建設；協力達成融合親和的美風四方面；並指出其實施事項為教育教化的普及、公民的訓練、產業的振興、衛生施設的完備、生活改善陋習的打破、道路交通的整備，以及治安的維持等各個不同的面向。〔註14〕首先，在教育教化的普及方面，主要是在臺灣施行皇室尊崇和神道教、培養臺灣人民國家觀念、普及神宮大麻奉齋、勵行國旗尊重、國語普及家庭及部落的國語化、貫徹青少年教育、家長及婦人的教育、兒童的就學獎勵、徹底實行祝祭日等紀念日的紀念儀式，以及其他國民精神涵養上必要的事項；其次，在公民的訓練方面，包含推廣納稅義務觀念和不逃漏稅、遵守時間、培養交通道德的觀念和道路愛護、灌輸選舉知識與遵守各項法令法規，以及其他一般的公民道德指導；第三，在產業振興方面，包括有堆肥豬舍、乾燥場的設置、共同耕作、宅地利用、共同的運銷販賣購入、共同設備的利用、業佃事業的刷新、鼓勵加入產業組合，以及其他的農事改良；第四，在衛生施設的完備方面，主要有住宅的改善、地下水井和浴室的設備獎勵、公共廁所和個人廁所設備的獎勵、部落的美化和排水溝的設備、瘧疾（malaria）和沙眼（trachoma）的防治、寄生蟲的驅除，以及其他的保健衛生；第五、在生活陋

〔註14〕臺灣總督府，《臺灣の社會教育》（臺北：臺灣總督府，1940年），頁64～66。

習的改善方面，則注重打破婚葬喜慶的迷信陋習和改善娛樂，以及改善廚房等其他生活習俗或習慣的改善；第六、在道路交通的整備方面，重視道路、橋樑、地下道的補修，以及行道樹的種植；最後是治安的維持方面，注重保甲規約的徹底實行，以及預防水、火災和偷盜事件的發生。〔註15〕

　　昭和 16 年（1941），臺灣總督府因戰事需求而成立皇民奉公會，因而進一步將部落會併入其奉公體系之下，期待以鄰保團結的精神，將市街庄內的住民組織結合起來，在「萬民翼贊」的本旨下，遂行地方共同的任務。此外，此時期的部落振興會則注重國民道德的鍛鍊和精神的團結，發揮經濟統制和國民生活安定的功用，使國家的政策能順利的推行，並以地域的共同體來發揮鄰保團結的精神，進而促進皇民化運動的實施。

第二節　臺中州的部落振興運動

　　臺中州在大正 9 年（1920）實施地方行政區劃改制以前，已成立許多教化團體，例如在實踐放足、斷髮運動方面，於明治 44 年（1911）神武天皇祭典時，有由林獻堂、張棟梁、林成基、張錦上，以及鄭汝南等人發起成立「臺中剪髮會」，並於臺中公學校舉行斷髮儀式；〔註16〕大正初期時，又有社會領導階層者，倡導「解纏足」，以改善不良風俗；此外，亦有風俗改良會、家長會、主婦會、青年會、同仁會，或是國語普及會等教化團體的成立，其目的不外乎是融合日臺、矯正陋習、打破迷信、革新風教、改良風俗，以及教授日語與禮儀等方面，其團體成員的組成則依年齡與性別的不同而略有區別，但多屬於民間私人團體。〔註17〕依據臺灣總督府的統計，大正 15 年（1926）臺中州家長會（主戶會）的會數爲 95 個，佔全臺 18.4%，會員數爲 120,869 人，佔全臺 35.9%（參見表 3-2）；臺中州主婦會（婦女會）的會數爲 61 個，佔全臺 23.0%，會員數爲 51,992 人，佔全臺 34.1%（參見表 3-3）；臺中州青年團的會數爲 53 個，佔全臺的 15.4%，會員數爲 7,763 人，佔全臺的 11.4%（參見表 3-4）。由於臺中州在家長會、主婦會，或是青年團的會數和會員數均在全臺灣調查表裡佔有很大的比率，可推知臺中州在大正時期推行社會教

〔註15〕臺灣總督府，《臺灣の社會教育》，頁 64～66。
〔註16〕臺灣新聞社，《臺中市史》，頁 631。
〔註17〕林麗卿，〈日治時期臺灣的社教團體與社會變革：以臺北州「同風會」爲例〉，頁 15。

化的態度較為積極，因而收到的成效亦皆較為顯著。

此外，較為特別的是，由於處女會成立的時間較晚，若將其與家長會、主婦會，或是青年團相比較，明顯可看出，處女會不論是在成員方面的人數較少，在全臺成立的會數亦不多，且多集中在臺北州，因此在大正 15 年（1926）時，臺中州尚未有獨立的處女會出現，當時臺中州的女性組織實是隸屬於青年團的一部份。（參見表 3-5）；而於大正 3 年（1914）成立的風俗改良會，則是依據臺中廳長枝德二（任期自明治 42 年至大正 4 年）召開臺中廳區會議時，對各區區長關於風俗改良和國語研究的訓示而成立的，其內容包含風俗改良、國語獎勵和學事獎勵。〔註 18〕按此一風俗改良會與一般的社會教化團體是由臺灣總督府獎勵而成立的情況略有所區別，此改良會實是由地方首長倡導，針對地方民情而成立社會教化組織。

表 3-2：大正 15 年全臺家長會（主戶會）調查表

州 廳 名	會 數	%	會 員 數	%
臺北州	163	31.7	84,468	25.1
新竹州	113	21.9	79,394	23.5
臺中州	95	18.4	120,869	35.9
臺南州	135	26.2	39,169	11.6
高雄州	7	1.4	10,129	3.0
臺東廳	1	0.2	786	0.3
澎湖廳	1	0.2	1,854	0.6
合 計	515	100	336,669	100

資料來源：臺灣總督府文教局，《全島青年團、處女會、家長會、主婦會調》（臺北：編印者，1926 年），頁 37。

表 3-3：大正 15 年全臺主婦會（婦女會）調查表

州 廳 名	會 數	%	會 員 數	%
臺北州	95	35.9	48,381	31.6
新竹州	57	21.5	41,276	27.0
臺中州	61	23.0	51,992	34.0

〔註18〕臺灣新聞社，《臺中市史》，頁 632。

臺南州	47	17.7	9,614	6.3
高雄州	2	0.8	1,600	1.0
臺東廳	1	0.3	60	0
澎湖廳	2	0.8	136	0.1
合　計	265	100	153,059	100

資料來源：臺灣總督府文教局，《全島青年團、處女會、家長會、主婦會調》，頁 77。

表 3-4：大正 15 年全臺青年團調查表

州　廳　名	會　數	%	會　員　數	%
臺北州	50	14.5	18,206	26.8
新竹州	47	13.6	9,260	13.6
臺中州	53	15.4	7,763	11.4
臺南州	108	31.3	11,035	16.3
高雄州	41	11.9	16,323	23.9
臺東廳	33	9.6	3,656	5.4
花蓮港廳	11	3.2	1,611	2.4
澎湖廳	2	0.5	159	0.2
合　計	345	100	68,013	100

資料來源：臺灣總督府文教局，《全島青年團、處女會、家長會、主婦會調》，頁 1。

表 3-5：大正 15 年全臺處女會調查表

州　廳　名	會　數	%	會　員　數	%
臺北州	24	70.6	7,681	86.9
新竹州	2	5.9	597	6.8
臺中州	0	0	0	0
臺南州	5	14.7	231	2.6
高雄州	0	0	0	0
臺東廳	2	5.9	302	3.4
花蓮港廳	1	2.9	29	0.3
澎湖廳	0	0	0	0
合　計	34	100	8,840	100

資料來源：臺灣總督府文教局，《全島青年團、處女會、家長會、主婦會調》，頁 32。

　　在上述教化團體推行的運動項目中，總計臺中州家長會的事業概況有國語練習、風俗改良、禮儀作法實習、涵養自治精神、促進內臺融合，以及舉辦講話會、修築道路、栽植樹木等，其中又以舉辦講話會為主要項目。（參見表3-6）臺中州主婦會的事業概況則有舉辦講話會、獎勵副業，以及日常社交禮儀作法、裁縫、造花等練習，其中亦以舉辦講話會為主要項目。（參見表3-7）另外，思想與行為的改造並非一蹴可幾，必須自小開始灌輸與培養，且年輕人較易接受新的事物，也較有熱誠，因此臺灣總督府很早即一直以年輕人作為其社會教化運動的主要施行對象，其包括的內容也較家長會和主婦會更為多元，總計有風俗改善、國語研究、國語普及思想、指導標語的建設、農事改良、衛生思想的宣傳，並致力於國民精神的提昇、社會奉獻勞動、勤儉儲蓄與舉辦講話會、體育會、勸誘夜學會、音樂會、讀書會、文化講演、農村講演等方面。（參見表3-8）

表3-6：大正15年臺中州家長會（主戶會）一覽表

市郡名	會　名	地　點	會　長	設立時間	會員數	維持方法	事業概況
大屯郡	大里庄家長會	大里庄	大里庄長	大正10年	2,320	庄費	講話會
	大平家長會	大平庄	大平庄長	大正11年	2,000	庄費	講話會
	北屯庄家長會	北屯庄	北屯庄長	大正10年	3,128	庄費	講話會
	西屯庄家長會	西屯庄	西屯庄長	大正10年	1,849	庄費	講話會
	烏日庄家長會	烏日庄	烏日庄長	大正10年	1,695	庄費	道路修築、講話會、樹木栽植等
豐原郡	豐原街家長會	豐原街	豐原街長	大正10年	3,937	街費	風俗改良、講話會
	內埔庄家長會	內埔庄	內埔庄長	大正10年	2,339	庄費	國語練習、禮儀實習、講話
	神岡庄家長會	神岡庄	神岡庄長	大正10年	2,034	庄費	講話會
	大雅庄家長會	大雅庄	大雅庄長	大正10年	1,980	庄費	講話會
	潭子庄家長會	潭子庄	潭子庄長	大正10年	1,475	庄費	講話會
東勢郡	石岡庄家長會	石岡庄	石岡庄長	大正10年	983	庄費	講話會
	新社庄家長會	新社庄	新社庄長	大正9年	742	庄費	講話會
	東勢庄家長會	東勢庄	東勢庄長	大正10年	2,688	庄費	禮儀練習、講話會

大甲郡	清水街家長會	清水街	清水街長	大正 10 年	2,900	街費	講話會
	梧棲街家長會	梧棲街	梧棲街長	大正 9 年	2,530	街費	講話會、自治精神涵養
	大甲街家長會	大甲街	大甲街長	大正 10 年	2,900	街費	講話會
	外埔家長會	外埔庄	外埔庄長	大正 10 年	300	庄費	講話會
	大安庄家長會	大安庄	大安庄長	大正 12 年	1,250	庄費	講話會
	沙鹿庄家長會	沙鹿庄	沙鹿庄長	大正 11 年	2,254	庄費	講話會
	大肚庄井子頭家長會	大肚庄	林世賢	大正 11 年	200	庄費	講話會
	大肚庄大肚家長會	大肚庄	何煥榮	大正 11 年	370	庄費	講話會
	大肚庄汴子頭家長會	大肚庄	陳進富	大正 11 年	355	庄費	講話會
	大肚庄王田家長會	大肚庄	孫 池	大正 11 年	100	庄費	講話會
彰化郡	海埔厝家長會	鹿港街	施禎榮	大正 10 年	536	街費	國語講習、講話會
	新興家長會	鹿港街	周清水	大正 10 年	997	街費	國語講習、講話會
	草港尾家長會	鹿港街	黃 瓜	大正 10 年	636	街費	國語講習、講話會
	和興家長會	鹿港街	蔡敦波	大正 10 年	1,287	街費	國語講習、講話會
	大有口家長會	鹿港街	施文波	大正 10 年	1,007	街費	國語講習、講話會
	菜市頭家長會	鹿港街	施媽看	大正 10 年	1,192	街費	國語講習、講話會
	頂番婆家長會	鹿港街	王 元	大正 10 年	709	街費	國語講習、講話會
	南郭庄家長會	南郭庄	南郭庄長	大正 10 年	1,584	庄費	自治精神涵養、講話會
	大竹庄家長會	大竹庄	大竹庄長	大正 10 年	1,500	庄費	講話會
	和美庄家長會	和美庄	和美庄長	大正 11 年	3,865	庄費	國語講習、講話會
	線西庄家長會	線西庄	線西庄長	大正 10 年	2.200	庄費	日臺人融合、講話會
	福興庄番社家長會	福興庄	謝 岳	大正 11 年	193	庄費	講話會
	福興庄外中家長會	福興庄	梁 建	大正 11 年	415	庄費	講話會

	福興庄外埔家長會	福興庄	陳炳旺	大正11年	354	庄費	講話會
	福興庄橋頭家長會	福興庄	張　在	大正11年	174	庄費	講話會
	福興庄管嶼厝家長會	福興庄	許　頭	大正11年	649	庄費	講話會
	福興庄洪堀寮家長會	福興庄	洪　昆	大正11年	325	庄費	講話會
	秀水庄家長會	秀水庄	秀水庄長	大正10年	1,830	庄費	講話會、活動照片畫
	花壇庄家長會	花壇庄	花壇庄長	大正10年	1,981	庄費	國民精神涵養、講話會、國語講習
	芬園庄家長會	芬園庄	芬園庄長	大正10年	2,000	庄費	講話
員林郡	員林街柴頭井家長會	員林街	張芳振	大正11年	900	街費	講話會
	員林街東山家長會	員林街	曹　芊	大正11年	700	街費	講話會
	員林街員林家長會	員林街	江秋陽	大正11年	1,300	街費	講話會
	二水家長會	二水庄	二水庄長	大正10年	1,481	庄費	講話
	埔鹽家長會	埔鹽庄	埔鹽庄長	大正10年	1,050	庄費	講話會
	瓦磘家長會	埔鹽庄	埔鹽庄長	大正10年	1,100	庄費	講話會
	永靖家長會	永靖庄	永靖庄長	大正10年	1,200	庄費	講話會
	社頭家長會	社頭庄	社頭庄長	大正10年	1,330	庄費	講話會
	溪湖家長會	溪湖庄	溪湖庄長	大正10年	1,650	庄費	講話會
	崙子腳家長會	溪湖庄	溪湖庄長	大正10年	656	庄費	講話會
	坡心家長會	坡心庄	坡心庄長	大正10年	1,840	庄費	講話
	大村家長會	大村庄	大村庄長	大正10年	1,622	庄費	副業獎勵、講話
	田中家長會	田中庄	田中庄長	大正10年	1,918	庄費	講話會
北斗郡	北斗街西北斗家長會	北斗街	北斗街長	大正10年	917	街費	禮儀練習、講話會
	北斗街東北斗家長會	北斗街	北斗街長	大正10年	207	街費	禮儀練習、講話會
	北勢寮家長會	北斗街	北斗街長	大正10年	493	街費	禮儀練習、講話會

田尾家長會	田尾庄	田尾庄長	大正10年	1,150	庄費	風俗改良、國語練習、講話
海豐崙家長會	田尾庄	田尾庄長	大正10年	751	庄費	風俗改良、國語練習、講話
埤頭家長會	埤頭庄	埤頭庄長	大正10年	342	庄費	講話會
小埔心家長會	埤頭庄	埤頭庄長	大正10年	614	庄費	講話會
牛稠子家長會	埤頭庄	埤頭庄長	大正10年	346	庄費	講話
路口厝家長會	埤頭庄	埤頭庄長	大正10年	557	庄費	講話
二林家長會	二林庄	二林庄長	大正10年	1,400	庄費	講話會
萬興家長會	二林庄	二林庄長	大正10年	670	庄費	講話會
丈八斗家長會	二林庄	二林庄長	大正10年	580	庄費	講話會
竹塘家長會	竹塘庄	竹塘庄長	大正10年	707	庄費	禮儀練習、講話
九塊厝家長會	竹塘庄	竹塘庄長	大正10年	404	庄費	禮儀練習、講話
潮洋厝家長會	溪州庄	溪州庄長	大正11年	460	庄費	講話
下霸家長會	溪州庄	溪州庄長	大正11年	520	庄費	講話
溪州家長會	溪州庄	溪州庄長	大正11年	630	庄費	講話
大城庄西港家長會	大城庄	大城庄長	大正10年	825	庄費	講話
大城庄大城家長會	大城庄	大城庄長	大正10年	814	庄費	講話
沙山家長會	沙山庄	沙山庄長	大正10年	1,420	庄費	講話會
王切家長會	沙山庄	沙山庄長	大正10年	895	庄費	講話會
南投郡 南投街家長會	南投街	南投街長	大正10年	3,972	街費	講話
名間庄家長會	名間庄	名間庄長	大正10年	2,684	庄費	講話
草屯庄家長會	草屯庄	草屯庄長	大正11年	4,150	庄費	講話會
中寮庄中寮家長會	中寮庄	中寮庄長	大正11年	703	庄費	講話會
中寮庄後寮家長會	中寮庄	中寮庄長	大正11年	408	庄費	講話會
中寮庄龍眼林家長會	中寮庄	中寮庄長	大正11年	458	庄費	講話會
新高郡 集集庄家長會	集集庄	集集庄長	大正11年	1,499	庄費	講話會
魚池庄家長會	集集庄	集集庄長	大正10年	1,430	庄費	講話會

能高郡	北山坑家長會	國姓庄	蔡連旺	大正 12 年	279	庄費	講話會
	北港溪家長會	國姓庄	葉 魁	大正 12 年	474	庄費	講話會
	龜子頭家長會	國姓庄	彭富來	大正 12 年	278	庄費	講話會
	埔里家長會	埔里街	石文彬	大正 12 年	1,941	街費	講話會
	烏牛欄家長會	埔里街	黃敦仁	大正 12 年	670	街費	講話會
	史港家長會	埔里街	張振春	大正 12 年	510	街費	講話會
	桃米坑家長會	埔里街	黃萬得	大正 12 年	303	街費	講話會
	大湳家長會	埔里街	許清標	大正 12 年	195	街費	講話會
竹山郡	竹山庄家長會	竹山庄	竹山庄長	大正 11 年	4,063	庄費	講話會
	鹿谷庄家長會	鹿谷庄	鹿谷庄長	大正 11 年	1,640	庄費	講話會

資料來源：臺灣總督府文教局，《全島青年團、處女會、家長會、主婦會調》，頁 57～64。

表 3-7：大正 15 年臺中州主婦會（婦人會）一覽表

市郡名	會 名	地 點	會 長	設立時間	會員數	維持方法	事業概況
臺中市	臺中市櫻町主婦會	臺中市	陳 玉	大正 11 年	35	有志者的集資	講話會、社交禮儀的練習
大屯郡	大里庄主婦會	大里庄	大里庄長	大正 10 年	2,230	庄費	講話會
豐原郡	神岡庄主婦會	神岡庄	神岡庄長	大正 11 年	2,034	庄費	講話會
東勢郡	東勢庄主婦會	東勢庄	東勢庄長	大正 15 年	2,688	庄費	講話會、禮儀練習
	石岡主婦農淡會	石岡庄	石岡庄長	大正 10 年	877	庄費	講話會
	新社庄主婦會	新社庄	新社庄長	大正 10 年	742	庄費	講話會
	清水街主婦會	清水街	清水街長	大正 11 年	1,000	街費	講話會
	梧棲街主婦會	梧棲街	梧棲街長	大正 11 年	2,530	街費	講話會
	大甲街主婦會	大甲街	大甲街長	大正 10 年	2,610	街費	講話會
	外埔庄主婦會	外埔庄	外埔庄長	大正 11 年	300	庄費	講話會
	沙鹿庄主婦會	沙鹿庄	沙鹿庄長	大正 11 年	2,250	庄費	講話會
	大肚庄王田主婦會	大肚庄	孫 池	大正 11 年	100	會費補助金	講話會
	大肚庄大肚主婦會	大肚庄	何煥榮	大正 11 年	370	會費補助金	講話會

	大肚庄汴子頭主婦會	大肚庄	陳進富	大正 11 年	355	會費補助金	講話會
	大肚庄井子頭主婦會	大肚庄	林世賓	大正 11 年	200	會費補助金	講話會
彰化郡	海埔厝主婦會	鹿港街	施 螺	大正 11 年	536	捐獻、街補助金	講話會
	草港尾主婦會	鹿港街	黃 瓜	大正 11 年	636	捐獻、街補助金	講話會
	頂番婆主婦會	鹿港街	王 元	大正 11 年	709	捐獻、街補助金	講話會
	福興庄番社主婦會	福興庄	謝 岳	大正 11 年	191	NA	講話會
	福興庄外中主婦會	福興庄	梁 達	大正 11 年	393	NA	講話會
	福興庄外埔主婦會	福興庄	陳炳旺	大正 11 年	305	NA	講話會
	福興庄橋頭主婦會	福興庄	張 在	大正 11 年	169	NA	講話會
	福興庄管嶼厝主婦會	福興庄	許 頭	大正 11 年	640	NA	講話會
	福興庄洪堀寮主婦會	福興庄	黃 昆	大正 11 年	291	NA	講話會
	秀水庄主婦會	秀水庄	秀水庄長	大正 10 年	1,842	庄費	講話會
員林郡	員林街東山主婦會	員林街	曹芋夫人	大正 11 年	700	街費	講話會、日常禮儀練習
	員林街湖水坑主婦會	員林街	黃文耀夫人	大正 11 年	200	街費	講話會、日常禮儀練習
	員林街柴頭井主婦會	員林街	張天良夫人	大正 11 年	420	街費	講話會、日常禮儀練習
	員林街大饒主婦會	員林街	張徐氏彩鶯	大正 11 年	430	街費	講話會、日常禮儀練習
	員林街南本主婦會	員林街	吳恭夫人	大正 11 年	300	街費	講話會、日常禮儀練習
	埔鹽庄埔鹽主婦會	埔鹽庄	埔鹽庄長	大正 13 年	790	庄費	講話會
	埔鹽庄瓦磘主婦會	埔鹽庄	埔鹽庄長	大正 13 年	1,000	庄費	講話會

	永靖主婦會	永靖庄	永靖庄長	大正 10 年	1,200	庄費	講話會
	溪湖庄主婦會	溪湖庄	溪湖庄長	大正 10 年	2,060	庄費	講話會
	大村庄主婦會	大村庄	大村庄長	大正 13 年	1,540	庄費	講話會
	坡心庄主婦會	坡心庄	坡心庄長	大正 11 年	1,937	庄費	講話會
北斗郡	二林庄二林主婦會	二林庄	二林庄長	大正 10 年	1,450	庄費	講話會
	二林庄丈八斗主婦會	二林庄	二林庄長	大正 10 年	596	庄費	講話會
	二林庄萬興主婦會	二林庄	二林庄長	大正 10 年	682	庄費	講話會
	北斗街西北斗主婦會	北斗庄	北斗庄長	大正 10 年	909	街費	講話會
	北斗街東北斗主婦會	北斗庄	北斗庄長	大正 10 年	191	街費	講話會
	北斗街北勢寮主婦會	北斗庄	北斗庄長	大正 10 年	484	街費	講話會
	田尾庄海豐崙主婦會	田尾庄	田尾庄長	大正 10 年	711	庄費	講話會、禮儀練習
	田尾庄田尾主婦會	田尾庄	田尾庄長	大正 10 年	1,089	庄費	講話會、禮儀練習
	埤頭庄埤頭主婦會	埤頭庄	埤頭庄長	大正 10 年	328	庄費	講話會
	埤頭庄牛稠子主婦會	埤頭庄	埤頭庄長	大正 10 年	324	庄費	講話會
	埤頭庄路口厝主婦會	埤頭庄	埤頭庄長	大正 10 年	537	庄費	講話會
	竹塘主婦會	竹塘庄	竹塘庄長	大正 10 年	736	庄費	講話會、禮儀練習
	九塊厝主婦會	竹塘庄	竹塘庄長	大正 10 年	417	庄費	講話會、禮儀練習
	溪州主婦會	溪州庄	溪州庄長	大正 10 年	500	庄費	講話會、禮儀練習
	下霸主婦會	溪州庄	溪州庄長	大正 10 年	500	庄費	講話會、禮儀練習
	潮洋厝主婦會	溪州庄	溪州庄長	大正 10 年	470	庄費	講話會、禮儀練習
	大城庄大城主婦會	大城庄	大城庄長	大正 10 年	814	庄費	講話會、禮儀練習
	大城庄西港主婦會	大城庄	大城庄長	大正 10 年	825	庄費	講話會、禮儀練習

	沙山主婦會	沙山庄	沙山庄長	大正 10 年	1,425	庄費	講話會
	王巧主婦會	沙山庄	沙山庄長	大正 10 年	892	庄費	講話會
南投街	南投街主婦會	南投街	南投街長	大正 10 年	3,970	街費	講話會
	名間庄主婦會	名間庄	名間庄長	大正 10 年	2,684	庄費	講話會
能高郡	埔里婦人會	埔里街	秋永フサ	大正 12 年	41	會員負擔	講話、裁縫、造花等練習
	烏牛欄婦女會	埔里街	黃望氏阿參	大正 10 年	255	庄費	講話會
	埔里佛教婦人會	埔里街	久保山圓球	大正 9 年	107	會費	講話會

資料來源：臺灣總督府文教局，《全島青年團、處女會、家長會、主婦會調》，頁 88～93。

表 3-8：大正 15 年臺中州青年教化團體一覽表

市郡名	名　稱	設置地點	代表者	設立時間	維持方法	事業概況
臺中市	臺中市青年團	臺中市	黃朝清	大正 11 年	捐款、補助金	社會奉獻勞動、團員善行表彰、國語研究、講演會
大屯郡	北屯庄第一青年會	北屯庄	林拔新	大正 10 年	收益金、捐款	講話會、體育會、社會奉獻勞動
	北屯庄第二青年會	北屯庄（廍子、大坑、外二）	邱伯璘	大正 10 年	收益金、捐款	國語演習、體育會、勤儉儲蓄、共同作業
	西屯庄青年會	西屯庄	廖德聰	大正 5 年	會費、補助金	夜學會、青年文圖書室、俱樂部
	南屯青年會	南屯庄	何天佑	大正 10 年	庄補助金	參觀學習、奉迎
	南屯昌明會	南屯庄	林友仁	大正 14 年	會費、補助費	體育會、地方文化的促進
	烏日庄第一青年會	烏日庄	陳鄭鴻源	大正 10 年	補助金	體育會、紀念植樹、水浴場、講演、講習會
	烏日庄第二青年會	烏日庄（喀哩溪心埧同安厝）	岡村路	大正 11 年	補助金	體育會、紀念植樹
	大里庄青年會	大里庄	林汝欽	大正 10 年	補助金	風習改善、勤儉儲蓄的宣傳
	大平庄青年會	大平庄	林垂拱	大正 11 年	捐款	國語演習會、運動會

	霧峰庄青年會	霧峰庄	林以義	大正 11 年	補助金	講演會、體育會
豐原郡	豐原青年團	豐原街	大田嘉三太	大正 11 年	補助金	建設指導標語、體育會、教育幫助
	內埔庄自勵會	內埔庄	張　花	大正 11 年	收益金	文庫、紀念植樹
	內埔庄自勵會附屬青年團	內埔庄	張我湖	大正 13 年	收益金	樹木種植、補習夜學會、休憩所建設
	神岡庄向上會	神岡庄	林全福	大正 12 年	補助金、捐款	分會的設置、圖書館指路標、講演會
彰化郡	同志青年會	彰化街（彰化街及近村）	楊吉臣	大正 3 年	股票的配股、會費、捐款	體育會、國語夜學會、讀書會、音樂會
	南郭庄青年會	南郭庄	張晏臣	大正 11 年	庄補助金	納稅思想、衛生思想的宣傳及勸誘夜學會
	秀水親友會	秀水庄（秀水派出所管內）	廖雅雲	大正 11 年	會費	講話會、體育會
	秀水庄青年會	秀水庄	未　定	大正 10 年	會員補助金	國語練習會、體育會、戶外教學
	大霞田青年會	和美街（大霞田）	謝以貞	明治 45 年	捐款	農事改良、風俗向上
	花壇青年會	花壇庄	李鳴儀	大正 12 年	無	無特別記載
	線西庄青年會	線西庄	黃　傳	大正 11 年	捐款	國語普及會、風俗改良宣傳
	大竹青年會	大竹庄	小久保繁治	大正 12 年	庄補助金、捐款	國語練習會、體育會、戶外教學
	烏牛欄青年會	鹿港街（烏牛欄）	黃茅格	大正 11 年	會費	社會奉獻勞動、風俗改善、教育激勵、體育會
	海埔厝青年會	鹿港街（海埔厝）	施禎榮	大正 10 年	捐款金	國語練習會、體育會、戶外教學
	頂番婆青年會	鹿港街（頂番婆）	謝　慶	大正 10 年	捐款	國語練習會、體育會、戶外教學
	草港尾青年會	鹿港街（草港尾）	黃毓玉	大正 11 年	捐款	國語練習會、體育會、戶外教學
北斗郡	溪州青年會	溪州庄	白龍樹	大正 12 年	庄補助金、捐款	音樂會、讀書會、夜學會
	沙山庄青年會	沙山庄	牧九六	大正 10 年	會費	國語談話會、紀念運動會、茶話會、庭球會

大甲郡	梧棲青年會	梧棲街	楊瑞銓	大正 12 年	會費、捐款	設立圖書室、獎勵勤儉儲蓄、風俗改良、體育
	梧棲青年篤志會	梧棲街	陳瑞麟	大正 10 年	會費	精神及能力的養成
	龍井同友會	龍井庄	劉泉源	大正 10 年	會費、捐款	建設指導標語、揭示板
南投郡	田中庄青年會	田中庄	蕭敦仁	大正 10 年	收益金、庄補助金	戶外教學
	坡心青年會	坡心庄	黃耀南	大正 14 年	庄補助金	國語練習會、風習改善宣傳
	大村青年會	大村庄	賴成熙	大正 11 年	庄補助金、捐款	國民精神的作興、體育會、國語普及補習教育
	南投青年會	南投街	山本將茂	大正 2 年	會費	紀念植樹、公眾閱覽
	龍眼林青年團	中寮庄（龍眼林）	瀨戶清之助	大正 14 年	收益金、庄補助金	建設指導標語
	中寮青年團	中寮庄（鄉親寮）	小林實次	大正 11 年	收益金、補助金	儲蓄基本財產、建設指導標語
	名間庄青年會	名間庄	吳沛霖	大正 11 年	收益金、庄補助金	總會
	新松青年會	名間庄（松柏坑）	陳　高	大正 9 年	會費	總會
	秀惠青年會	草屯庄（牛尾崎）	洪支山	大正 13 年	會費、捐款	勸善會
	炎峰青年會	草屯庄	洪元煌	大正 13 年	捐款	體育會、文化講演、農村講演、文化劇
	永豐青年會	草屯庄（林子頭）	簡德生	大正 11 年	庄補助金	講話會、國語練習會、副業講習會
	土城青年團	草屯庄（土城）	洪周南	大正 11 年	庄補助金	國旗製作、勤儉儲蓄、風俗改良、道路指導標語
	新庄青年團	草屯庄（新庄部落）	洪深坑	大正 12 年	庄補助金	國語夜學會、指導標講習會
員林郡	溪湖庄青年會	溪湖庄	楊春木	大正 11 年	寄附金、庄補助金	圖書室、例行會、講演會
	埔鹽庄青年會	埔鹽庄	陳　炎	大正 11 年	不詳	國民精神的作興、補習教育、風俗改良、體育會

	社頭青年會	社頭庄	蕭載福	大正 10 年	庄補助金	國語普及思想善導、體育獎勵
能高郡	埔里青年會	埔里街	蘇逢時	大正 12 年	捐款、補助金	講演部、體育部、音樂部、圖書館
	史港青年會	埔里街（史港坑）	張振春	大正 12 年	會費	紀念植樹、風俗改良、國語練習、社會奉獻勞動
	向陽會埔里分會	埔里街	兒玉達吉	大正 12 年	捐款、補助金	國語普及、紀念植樹、風俗改良
	向陽會國姓分會	國姓庄	潘玉山	大正 12 年	捐款、補助金	國語普及、家長會、青年會、其他諸會
	埔里佛教青年會	埔里街	林長平	大正 12 年	會費	佛教講究會、講演會
	大湳青年會	埔里街	楊阿鵠	大正 12 年	會費、補助金	紀念植樹、社會奉獻勞動、勤儉儲蓄、副業研究
	協進青年會	埔里街（桃米坑、珠子山）	劉春華	大正 12 年	無	巡迴圖書室、社會奉獻勞動、勤儉儲蓄、風俗改善
	北山坑青年會	國姓庄（北山坑部落）	王足恩	大正 12 年	無	講話會、風俗改良、慈善事業、勤儉儲蓄
	龜子頭青年會	國姓庄（龜子頭）	彭富來	大正 12 年	捐款	指導標語
	北港溪青年會	國姓庄（北港溪）	大川彥次	大正 12 年	捐款	役場吏員的援助、稅金督促的努力
新高郡	集集青年團	集集庄	佐藤慶一郎	大正 11 年	補助金、捐款	雜誌瀏覽、月例行會、敬老會援助
	魚池青年會	魚池庄	福島榮藏	大正 11 年	會費、捐款	儲存基本財產
	頭社青年會	魚池庄（頭社）	伊志嶺朝堅	大正 12 年	會費	講演會
竹山郡	竹山青年會	竹山庄	王美木	大正 9 年	會費、捐款	圖書館建設、慈善事業、勤儉儲蓄、風俗改善

資料來源：臺灣總督府內務局文教課，《全島青年會其他社會教化的團體》（臺北：編印者，1926年），頁 9～14。

　　由於各個教化團體的屬性不同，為了整合州內的各種教化組織與統合各
項社會事業，臺中州政府因而在大正 11 年（1922）正式成立由日本人本素魯
哉、常喜德壽發起，目的在對抗臺灣文化協會的以「萬物向太陽生長發育」
為意涵的「向陽會」。綜觀向陽會的主旨為提高文化、振興地方自治、改良社
會、充實民力，以及發揚國民精神、養成自治精神、振作公德心、推行國
語、喚起興學風氣、改良風俗、提高衛生思想、獎勵體育、發展產業、改善
生活、善道思想等。此外，臺灣總督府並以向陽會作為臺中州推行社會教化
運動的中樞機關，欲逐漸將家長會、主婦會，以及青年團納入其組織系統之
中，可說是臺中州最早成立的統一性社會教化組織。然而實際上，臺灣文化
協會在此時已有一定的影響力，臺中州下部份地區因受臺灣文化協會影響力
太大，導致向陽會並無法充份發揮其功能。〔註 19〕大致而言，「向陽會」的功
能為聯絡州內各郡市的社會教化組織，其主要目標有促進地方自治、改良社
會風俗、提升文化、充實民力，以及健全並發揚國民精神。此外，為了推廣
教化運動，向陽會除了致力於舉辦各種演講與講習會外，亦出版《向陽》雜
誌（月刊），作為向陽會的機關刊物，並刊行國語練習本，致力於國語的普及
和文化的提升。〔註 20〕值得一提的是，與之前的教化團體所不同的是，「向陽
會」不再是屬於民間團體性質，而是由臺中州政府主導而成立的統一性教化
組織，因此在其人事安排及財政事務方面，官方介入的色彩濃厚；且「向陽
會」目標除了風俗改良與國語傳習等基本內容外，更重要的是，在其成立宗
旨中，健全和發揚國民精神，已成為其重要發展項目，並期待加速臺日人民
能在精神方面真正的融合，同化臺灣人成為日本人。

　　昭和 7 年（1932）12 月 7 日，臺中州告示第 238 號發布「臺中州教化聯
盟規約準則」和「市郡教化聯盟規約準則」，表示將原有的「向陽會」擴大改
組成為「教化聯盟」，以聯絡州下的各個教化團體。〔註 21〕此準則的內容主要
在說明此聯盟的成立宗旨除了聯絡、提攜社會教化事業，進行社會教化的研
究調查外，對社會教化事業的助成獎勵，除了表彰有貢獻的社會教化組織外，
亦致力普及國語與改善生活，以及其他社會教化施設的相關事項。〔註 22〕臺

〔註 19〕劉枝萬，《南投縣教育志稿》（臺灣南投：南投縣文獻委員會，1960 年），頁 178。
〔註 20〕臺中州教育課，《臺中州教育展望》昭和 10 年，頁 32。
〔註 21〕臺中州教育課，《臺中州教育展望》昭和 10 年，頁 115～116。
〔註 22〕臺中州教育課，《臺中州社會教育概況》昭和 9 年（臺中州：編印者，1934
　　　　年），頁 181～185。

中州教化聯盟的組織系統下分「市教化聯盟」與「郡教化聯盟」兩個系統，而市、郡教化聯盟其下又各自擁有各種教化團體與社會教化委員。

　　昭和 8 年（1933）3 月 25 日臺中州正式頒布「臺中州教化聯盟規約」，說明「臺中州教化聯盟」是由「市郡教化聯盟」組織而成，以實行各種社會教化施設爲目的，其事務所設置於臺中州廳內。主要的活動爲聯絡提攜社會教化事業，進行關於社會教化的研究調查，舉行社會教化事業的助成獎勵，表彰社會教化團體及功勞者，注重生活改善、國語普及，以及其他社會教化施設。教化聯盟的組織成員有理事長一名、副理事長二名、評議員若干名、幹事二名、主事一名，以及書記若干名。原則上，理事長是由知事推舉、副理事長則由內務部長及警務部長推舉，至於評議員、幹事，以及書記則由理事長自行派任即可。〔註 23〕其後爲便於聯絡各地區的社會教化組織，因此於昭和 12 年（1937）時，臺中州教化聯盟又再擴大其組織成爲臺中州教化聯合會，將其目標特別定位在灌輸皇國精神，強化國民自覺，促進良好風氣，以及致力於產業、交通、衛生的改善等精神改造及生活品質提升等方面；其事業主要則包含教化內容的樹立與指導，各種教化團體的指導，發行機關紙和指導書，舉辦講習會、講演會，以及設立模範部落和表彰善行者及有功勞者等方面。〔註 24〕

　　此外，昭和 7 年（1932）臺中州在公告向陽會改組爲臺中州教化聯盟前後，亦以告示第 237 號，公告「臺中州社會教化委員規程」，開始施行社會教化委員制度。主要是希望藉由社會大眾的參與，作爲社會教化工作前進的動力；再者，爲了使社會教化運動能符合社會現狀，臺中州政府希望自民眾中挑選出社會教化運動的指導者，並且以部落爲單位來組織教化團體；最後再藉由教化委員制度，來加強官方行政系統對教化團體的指導與控制。〔註 25〕因此，此一公告明令臺中州的市街庄皆要設有社會教化委員，其成員可以是公（小）學校及實業補習教育的職員、市街庄吏員、州市協議會員，或是宗教家。〔註 26〕並指出臺中州社會教化委員是屬名譽職，並不支薪，其職責除

〔註 23〕中越榮二，《臺灣の社會教育》（臺北市：臺灣の社會教育刊行所，1936 年），頁 274～275。

〔註 24〕臺中州，《臺中州社會教育要覽》昭和 14 年度（臺中州：編印者，1940 年），頁 5～7。

〔註 25〕臺中州教育課，《臺中州社會教育概況》昭和 9 年，頁 5。

〔註 26〕臺中州教育課，《臺中州教育展望》昭和 10 年，頁 116。

了振興社會教化組織，使其能圓滑運轉外，並有協調、聯絡振興會內各種團體的功用，最重要的作爲市街庄長與社會教化組織之間的溝通橋樑。〔註 27〕且爲了有效徹底發揮社會教化委員的功效，州內各郡市，以及各街庄內皆要設有教化委員，並劃分爲許多教化區。而所謂教化區除了有「庄」及「市街」之分外，又分爲有分擔區（即責任區）和無分擔區（即無責任區）兩種。有分擔區是負責指導和組織以「部落」爲單位的教化組織；無分擔區的主要活動則以青（少）年團等教化組織爲中心。〔註 28〕分擔區大致上是以兩百戶爲一單位，隨著社會教化委員制度的實施，各「部落」也紛紛以教化委員爲中心，自發性地設立部落振興會或生活改善會等教化組織，使得教化運動逐漸落實在基層組織中，並產生一定的影響力。〔註 29〕

　　大致說來，部落教化組織在各州有不同的名稱，如臺北州稱部落會或鄰保會；臺中州稱爲部落振興會；臺南州和高雄州則稱部落振興會或部落會。但總括其內容大致可分爲六大項目：〔註 30〕

　　一、關於貫徹國民精神方面：包括敬神思想的涵養；皇室尊崇；國旗尊重；國民行事的勵行；國語的普及與常用；國防觀念的養成；教育教化的徹底普及；國民作法的普及實踐；灌輸納稅義務的觀念及徹底勵行；遵法精神的涵養；公共自法精神的涵養；鄰保扶助等。

　　二、關於生活改善方面：包括衣服的改善；婚姻的改善；葬儀的改善；祝祭典的改善；迷信的打破、養成健全的宗教心；娛樂的改善等。

　　三、關於產業振興計畫：包括耕地的改良；耕地利用；優良品種的普及；施肥的合理化；單位數量的增進與品質的提升；針對稻作地方，普及特種農作物的栽培；針對農村，普及改良農具；空地、宅地、竹圍地、池沼的利用；佃農、租佃農地事務的改進；勞力的交換獎勵；農村共同的施設的擴充；有畜農業的經營獎勵；增進畜產經濟；防範家畜傳染病；林業的振興；愛林思想的涵養、植林的獎勵；增進漁業經濟；愛護稚魚及防止濫捕；致力產業組合；獎勵家

〔註 27〕中越榮二，《臺灣の社會教育》，頁 257～258。

〔註 28〕蔡慧玉，〈一九三○年代臺灣基層行政的空間結構分析：以「農事實行組合」爲例〉，《臺灣史研究》第 5 卷 2 期（2000,04），頁 7。

〔註 29〕臺中州教育課，《臺中州社會教育概況》昭和 9 年，頁 186～187。

〔註 30〕永田城大編，《民風作興の具體策》（臺北市：實業之臺灣社，1938 年），頁 201～204。

庭副業等。

四、關於道路、河川、護岸、堤防的整備事項：包括道路和橋樑的完成
　　補修；行道樹的種植與愛護；河川及護岸堤防的愛護等。

五、關於衛生事項：包括保健、衛生思想的普及向上；衣服的穿著整
　　潔；住宅的改善、美化；飲料水的設備；廚房的改善；浴室的設
　　備；個人廁所的設置；採光通風的設備；住宅內外的清潔美化；部
　　落的清潔美化；地方病的消除；迷信治療的遏止；助產婦的改善普
　　及等。

六、關於交通、保安事項：包括增進交通；地震、大水災的預防；法令
　　的周知、違法行為的制止等。

　　總括而言，臺中州的部落振興運動，主要是以市街庄部落為單位成立部
落振興會，並以全體部落民的活動為中心，建設部落集會所（部落道場）。其
目的主要在涵養國民精神、普及並常用國語、培養敬神思想、振興鄉土、
改善部落，以及改良習俗，期盼能形成「州廳──郡市──街庄」的統治組
織，最終能完成一個全島的教化網。因此其活動的內容主要包含有(1)祝祭日
對神的參拜；(2)部落的善化；(3)懸掛國旗；(4)納稅；(5)常用國語；(6)農
事改良；(7)神宮大麻的祭祀；(8)衛生施設；(9)生活改善；(10)交通整備，
並有自各部落所選出的教化委員擔任指導者。〔註31〕特別是在皇民化運動時
期，在部落振興會的集會所中，為了強調皇民精神的發揚，供奉祭祀有神棚
大麻，以及由伊勢神宮、宮城、御製等皇民信仰的寫真繪畫軸物；另備有三
方、八腳的奉齋神具、國旗及升旗臺，國民的行事曆與國歌歌譜，國語普及
狀況表與「國語之家」名冊，納稅、金報國等報國精神一覽表，以及正廳及
家居的皇民化實況表等。另於皇民訓練上，設有共同的美化作業用具及耕作
用具，生活改善向上實績表，共同事業改善進步狀況表，道路修繕與下水溝
修理實行表，部落改善美化實績表，以及其他公共訓練上的施設；在修養實
踐上，則設有部落振興會的具體目標與街庄教化指導計畫表，道場訓詞，部
落振興會綱領及部落民修養德目表，部落年中行事表，部落振興會年度計畫
實績表，部落民聯合實行事項表，部落及部落民的表彰狀、功績表和照片
等，以及精勵篤行實況表等修養實踐上的施設；在提升興趣上，則設有部落

〔註31〕井出季和太，《臺灣治績志》，頁 954～955。

圖書室（含圖書、雜誌、報紙等），時鐘，鏡子，照明燈，收音機，樂器，以及歌詞帖等。此外，在硬體建設上，則設置有講堂，修養室、辦公室、儲藏室、圖書室、運動場、洗水臺、廁所，以及共同作業區等設置，使此一部落集會所成爲部落居民生活上的重心。〔註32〕

　　據統計，臺中州在昭和14年（1939）時，共有1,091振興會與895個部落道場。（參見表 3-9）其中又以大甲郡、彰化郡、員林郡和北斗郡擁有較多的振興會與部落道場，究其原因爲大甲郡、員林郡和北斗郡三郡的可運用經費較其他地區充足，因此推測其社會教化的成效在一定程度上也必然較爲顯著，而雖然彰化郡在資金的預算上不若前述三郡充足，但由於彰化郡，特別是鹿港街有許多以經營貿易發跡的人士，許多更是位居社會領導階層，因此在推動部落振興運動的成效自然也較爲顯著。（參見表 3-10），另外，值得一提的是，北斗郡田尾庄的三十張犁部落振會與員林郡田中庄的田潭部落振興會更曾獲選爲臺中州的優良部落。〔註33〕

表3-9：昭和14年臺中州部落振興會與道場數目一覽表

市 郡 別	街 庄 別	振興會數	部落道場
臺中市		41	5
	合　計	41	5
彰化市		33	12
	合　計	33	12
大屯郡	大里庄	10	10
	霧峰庄	13	13
	大平庄	7	7
	北屯庄	16	16
	西屯庄	13	16
	南屯庄	18	18

〔註32〕臺中州，《臺中州社會教育要覽》昭和15年度（臺中州：編印者，1941年），頁180～184。

〔註33〕臺灣總督府文教局社會課，《臺灣に於ける優良部落施設概況》（臺北市：編印者，1940年），頁233～383。

	烏日庄	13	9
	合　計	90	89
豐原郡	豐原街	22	13
	內埔庄	14	13
	神岡庄	10	9
	大雅庄	13	13
	潭子庄	10	9
	合　計	69	57
東勢郡	東勢街	19	11
	石岡庄	9	8
	新社庄	14	14
	合　計	42	33
大甲郡	清水街	28	25
	梧棲街	12	7
	大甲街	28	28
	沙鹿街	21	12
	外埔庄	9	9
	大安庄	14	14
	龍井庄	17	13
	大肚庄	15	13
	合　計	144	121
彰化郡	鹿港街	20	19
	和美庄	33	38
	線西庄	25	25
	福興庄	21	25
	秀水庄	18	18
	花壇庄	21	21
	芬園庄	18	18
	合　計	156	164

員林郡	員林街	37	27
	溪湖街	23	15
	大村庄	16	9
	埔鹽庄	22	19
	坡心庄	20	NA
	永靖庄	17	NA
	社頭庄	19	15
	田中庄	22	24
	二水庄	12	12
	合　計	188	121
北斗郡	北斗街	9	4
	二林街	21	18
	田尾庄	15	15
	埤頭庄	14	14
	沙山庄	18	3
	大城庄	13	13
	竹塘庄	14	9
	溪州庄	18	12
	合　計	122	88
南投郡	南投街	21	17
	草屯街	22	20
	中寮庄	22	25
	名間庄	14	15
	合　計	79	77
新高郡	集集庄	18	17
	魚池庄	17	17
	合　計	35	34
能高郡	埔里街	28	33
	國姓庄	11	7
	合　計	39	40

竹山郡	竹山庄	39	44
鹿谷庄	14	10
合　計	53	54
總　計		1,091	895

資料來源：臺中州，《臺中州社會教育要覽》昭和 14 年度（臺中州：編印者，1940 年），頁159～163。
備　　註：NA 表示無記錄。

表 3-10：昭和 15 年度臺中州各市郡部落（町）振興團體經費預算表

市　郡　別	昭和 15 年度預算	%
臺中市	28,009	5.8
彰化市	12,500	2.7
大屯郡	34,606	7.3
豐原郡	35,341	7.4
東勢郡	6,870	1.4
大甲郡	62,370	13.0
彰化郡	8,799	1.8
員林郡	104,590	21.8
北斗郡	86,628	18.1
南投郡	46,250	9.7
新高郡	25,441	5.3
能高郡	19,988	4.2
竹山郡	7,300	1.5
合　計	478,692	100

資料來源：臺中州，《臺中州社會教育要覽》昭和 15 年度，頁 162。

　　1930 年代許多部落均致力於部落振興運動的推行，成績優良的庄或是部落，甚至可以得到地方官員或中央主管單位的獎勵，最優秀者甚至可以得到獎金。然而由於各地所推行的部落振興運動，因是針對各地區的實際情況來設立，且有時空背景的差別，所以各地部落振興運動所著重的內容與進行

的方式亦各不相同。有關部落振興運動的推行成效及其內容，例如以員林郡為例，其原因在於在員林郡的教化方針中，即曾明確指出其推行部落振興運動的目標，為確立國民尊皇敬神的信念；鼓吹協調融合的精神，並涵養訓練自治共同的公民精神；排除輕佻浮華的風氣，著重忠實勤勉淳厚的美風，以及作興民風，以振興產業精神。因此其教化內容包括了教化委員制度的運用、國語的普及、公民訓練的徹底、生活改善、產業振興五項。首先是在教化委員制度的運用上，包括了對教化委員制度的徹底理解，並圓滿運用，亦有教化委員及部落振興會役員的指導訓練，針對模範部落、模範街庄建設的指導，實行及樹立教化振興計畫，以及施設集會所；其次是在國語普及方面，其內容有國語普及施設的普及、國民自覺信念的培養、國語部落的建設、表彰國語普及優良部落和講師的指導訓練；第三是在公民訓練方面，包含有義務責任感的徹底、社會連帶的自覺喚起、國旗尊重和國語愛用、祝祭日的實行、敬神觀念的徹底、神棚奉齋的普及、集會訓練的徹底、納稅成績的向上，以及共同作業的實施；第四是在生活改善上，則有生活改善、勵行節約、遵守時間、獎勵生活的實行、打破迷信，以及改善冠婚葬祭；最後，在產業振興上，不僅注重耕地整理、改善地力，並獎勵特用作物和自給肥料、稻米改良及增產、產業組合的加入利用、農業獎勵團體的利用提攜、農事改善施設的普及、養畜的普及改良、佃耕習慣的改善、空地宅院的利用，以及剩餘勞力的經濟化和獎勵副業。此外，亦有衛生施設的改善、交通觀念的養成、道路橋樑的改善，以及部落的美化和清淨化等內容。〔註34〕其中，由表3-11陳列出的員林郡埔鹽庄下園部落振興會指導計畫一覽表內容，可看出員林郡埔鹽庄部落振興運動的內容的重點在於國語普及、公民訓練、產業振興、風俗改良，以及勤勞奉仕方面，指導督勵事項的種類很多，並建設有部落集會所，以利各項教化政策的實行，其最主要目的即在於國家意識的養成。由於員林郡在教化經費上較其他地區充足，因此郡下各街庄在推行社會教化運動時，不僅能擴大其教化內容，亦能得到較為顯著的成效。

〔註34〕員林郡教化聯盟，《員林郡社會教化概況》昭和 10 年度（臺中州：編印者，1936 年），頁 2～5。

表 3-11：員林郡埔鹽庄下園部落振興會指導計畫一覽表

事　　　由	指導督勵事項
五年計畫案	1. 前年度實行進度表作成 2. 本年中行事預定表在打合會（商討會、討論會）審議決定 3. 月別計畫實行表作成各戶配布
親睦指導督勵	1. 親睦指導督勵日誌作成記載 2. 對各戶進行訪問，並加以指導與獎勵，以遂行教化運動
國語普及	1. 以國語科建設國語普及後援會組織 2. 設立家長部、主婦部簡易國語講習所 3. 針對國語普及指導部長及指導員的指導 4. 每月 1 號、15 號公布普及狀況
教化日實施指導	1. 每月 1 號、15 號 2. 每月 1 號實施早起會（包括道路修補及掃除；家庭內外的清潔及整頓、宅地和空地的利用與美化，以及部落振興會共同花苗的養成） 3. 每月 15 號為國語日（舉辦國語演習會）
共同耕作園經營	1. 第二期米作經營 2. 青年部員的活動
役員訓練指導	1. 役員的知識提昇 2. 指導及督勵狀況的訓練 3. 舉辦座談會、親睦會
役員會指導	開會通知
月例會	舉辦各部月例會
總會	春、秋二季其他臨時總會
青年會員指導	1. 舉辦一次講習會 2. 舉辦總會 3. 舉辦長期講習會
推肥舍建設獎勵	役員對各戶建設勸誘
地方制度改正主旨宣傳自治公民訓練實施方策指導	1. 每月役員會的宣傳指導 2. 各部月例會宣傳指導 3. 宣傳親睦指導日

資料來源：員林郡教化聯盟，《員林郡社會教化概況》昭和 10 年度（臺中州：編印者，1936年），頁 25～28。

第四章　國民精神總動員運動

　　昭和 11 年（1936），臺灣總督府為振興民風，加強教化組織，進而通令各州廳在各街庄下的部落皆要設立部落振興會，以作為行政系統的最基層組織。同年，以「民風作興運動」〔註 1〕為名的國民精神運動亦在全臺各地展開。昭和 11 年（1936）7 月 25 日臺灣總督府舉辦「民風作興協議會」，參加者計有臺灣總督、總務長官、總督府各部局長、各州知事廳長，直轄官衙學校長、軍部，以及民間有聲望者，共百餘人參加。其主要目的是期盼藉由民風作興，啟發國體觀念，推廣敬神思想，振作國民精神，以及徹底同化臺灣人，並明確指出民風作興運動是以各地部落為單位，期盼藉由鄰保團結的精神，來組織市街庄內的住民，並以萬民翼贊的精神，完成地方共同的任務，因而再度加速各地部落振興會的成立。〔註 2〕因此皇民化運動廣義而言，是以

〔註 1〕 所謂「民風作興運動」，是指在 1930 年代時，以國民教化和擴充生產力為目標而發起的運動。是以農事實行組合和小團體為實行組織。而農事實行組合和小團體的指導工作，在戰前只由州廳、市、郡、區和街庄各級的農務關係職員兼任，主要負責農務的聯絡事宜；1930 年代中期，逐漸轉化為以部落振興會為其指導機關；到了 1937 年，中日戰爭爆發，街庄役場才透過民風作興運動，以部落振興會統合各種農業團體，進而與警察系統的保甲組織緊密地串聯起來。基本上，民風作興運動的內容，仍是以精神面的教化、產業經濟面的農事改良、生活面的衛生、習慣改善三大層面為主。在有關教化的事項，神社崇敬、皇室尊崇等皇國精神的涵養仍是擺在運動實施內容的第一位。蔡慧玉，〈1930 年代臺灣基層行政的空間結構分析：以「農事實行組合」為例〉，《臺灣史研究》第 5 卷 2 期（2000.04），頁 93；蔡錦堂，〈皇民化運動前臺灣社會教化運動的展開（1931～1937）〉，收於周宗賢主編，《臺灣史國際學術研討會社會、經濟與墾拓論文集》（臺灣臺北：國史館，1995 年），頁 381。

〔註 2〕 蔡錦堂，《日本帝國主義下臺灣の宗教政策》（東京：同成社，1994 年），頁 100。

昭和 11 年（1936）的「民風作興運動」為起點，在標榜「全島一致」的態勢下，進行「敬神崇祖思想的普及」、「皇室尊崇」，以及「國語的常用普及」等精神教化。直到昭和 12 年（1937）中日戰爭爆發後，為加強臺灣人民的皇國觀念，使其成為「利害與共」的日本國民，徹底施行皇民政策，才改稱為「皇民化運動」。

　　大致而言，皇民化運動主要項目有國語運動、改姓名運動、宗教改革、社會風俗改革，以及施行志願兵制度等不同面向，其目的除了要改造臺灣人成為「天皇的子民」，使其成為「真正的日本人」，並願意在戰時體制下，自願到前線當軍伕或翻譯外，亦有使殖民地臺灣的資源在此體制下能順利被運用到戰場上。因此，皇民化運動也可說是一種徹底的「日本化運動」。〔註3〕

　　昭和 12 年（1937）中日戰爭爆發，日本第一次近衛文麿內閣遂於 9 月發表了「國民精神總動員計劃實施要綱」，要求動員人民的國民精神。因此，臺灣總督府陸續在昭和 13 年（1938），以及昭和 14 年（1939）制定「經濟戰強調週」和「國民精神發揚週」，其目的即在動員臺灣人民為戰時體制提供所需的物資和人力。其後臺灣總督府更在昭和 15 年（1940）頒布「新展開國民精神總動員之基本方針」，高舉建國的崇高理想、建設東亞新秩序、提振國民精神、徹底發揮國家總力，全心全意堅守各人崗位之職務、表現奉公精神的三大綱領，明揭皇民化運動的宗旨。因此自昭和 11 年（1936）底至昭和 15 年（1940）的「國民精神總動員運動」，事實上可說是「皇民化運動」的第一個階段。因此本章主要在探討國民精神總動員運動的推行情況，以及其指導機關的成立背景、組織架構和運作情形；其次論述臺中州的行政組織如何配合國民精神總動員運動的實施，最後探討此運動是否達到臺灣總督府所預期的成效。

第一節　國民精神總動員運動的組織與內容

　　隨著昭和 12 年（1937）中日戰爭的爆發，日本國內也預備迎接一個總體戰時代的到來，因而將全國的人力、物資、經濟、產業，以及交通等全部交由政府來統籌運用，以建立總動員體制。但此處所謂的「戰爭」，並不只是侷

〔註3〕 周婉窈，〈從比較的觀點看臺灣與韓國的皇民化運動〉，收入氏著，《海行兮的年代：日本殖民統治末期臺灣史論集》（臺北市：允晨文化出版，2002 年），頁 35。

限於前線軍隊，而是將國民的生活、教育、文化全都涵蓋在內的總體戰時代。然而，由於戰爭的消耗力極為龐大，為因應戰時的需求，許多純棉、純毛、皮革、橡膠等製品都從國民生活中消失，因而造成後方物資的短缺。昭和 12 年（1937）9 月，日本政府在日比谷公會堂召開了國民精神總動員演說會，開始了所謂的國民精神總動員運動，明揭「國民精神總動員計劃實施要綱」的指導方針是以「舉國一致」、「盡忠報國」，以及「堅忍持久」為三大目標，其重點包含透過地方政府單位來加強戰爭的宣傳，並同時推動各種運動競技、廣播體操，以及戶外運動等活動來提高士氣，並致力於國民教化運動的推動。〔註4〕臺灣總督府為因應此一問題，亦擬藉由倡導「國民精神總動員運動」，來提倡節約消費和加強儲蓄。

另外，在皇民化政策的推行之下，臺灣總督府為配合戰時體制，為了要讓臺灣人成為「天皇陛下之赤子」的皇民化運動能夠迅速進展，又於昭和 12 年（1937）廢止了報紙的漢文欄，推行國語常用運動，以及在各地設立無年齡、性別限制的國語講習所；其後，並針對臺灣的民間信仰，採取撤廢偶像、寺廟，強制參拜日本神社，以及廢止臺灣的舊曆等運動，實行破壞臺灣文化的精神改造政策，開始了一連串的改造臺灣人的皇民化運動。〔註5〕因此，所謂「皇民化」，就是指將文官總督時代的同化政策再加以強化，灌輸臺灣人民皇國精神，振興普通教育，匡勵言語風俗，並以培養忠良帝國臣民素質為目的，也就是要臺灣人以「八紘一宇」〔註6〕和「舉國一致」的團體精神，從物質和精神層面，徹底地除去從前的舊觀念、舊思想、舊信仰，以及舊的生活習慣等等，進而體會皇國精神，以成為真正的皇國臣民。

就總督府而言，國語的使用是一種教養臺灣人成為日本人的精神教育，因為使用國語不但能有利於政策的施行，亦可使日本人和臺灣人之間能進一

〔註 4〕 臺灣總督府，《國民精神總動員實施概要》（臺北市：臺灣總督府，1938 年），頁 1。

〔註 5〕 黃昭堂著，黃英哲譯，《臺灣總督府》（臺北市：前衛出版社，1993 年），頁 171。

〔註 6〕 所謂的「八紘一宇」一詞，是出於日本最早的編年體古書《日本書記》中「兼六合以開都，掩八紘而為宇」的句子。傳說是古代的神武天皇發佈的詔令，意思是合天下為一家，其家長為萬世一系的天皇。明治 36 年（1903），日蓮派宗教家田中智學將「八紘一宇」闡釋為「日本的世界統一之原理」。而「大東亞共榮圈」的思想支柱就是「八紘一宇」，以天皇為中心的超國家思想。摘自大紀元網站：余傑，〈大東亞之夢〉，http://www.epochtimes.com/b5/4/9/6/n652343.htm（2006/12/25）。

步地溝通思想和交流情感，所以徹底普及國語就是使臺灣人具有日本人處事的理念，進而在精神和實際生活上，過著日本的生活方式；其次，國語的學習不僅只是作爲表達情意的溝通工具，也是希望藉由國語的學習，使臺灣人學習到隱藏在語言背後的日本文化。〔註7〕因此，此一時期的國語教育，實是屬於全面性的教育，臺灣總督府爲了推行國語，有採以高教育知識家庭爲目標，由上而下的表揚方式；也有以未受教育或教育水準較低的社會大眾爲對象，從基層做起的國語推廣運動，例如強令各級學校停開漢語課程，取消報紙的漢文版，並公布種種禁令和懲罰措施，其目的不外乎是強迫臺灣人民要在日常生活中使用國語。

昭和13年（1938）9月在臺灣總督府的指導之下，臺灣成立了由退伍軍人等74個團體組成的國民精神總動員中央聯盟，同時在各地設立地方實行委員會，動員國民支持戰爭。〔註8〕其後更以「舉國一致，盡忠報國，堅忍持久」爲宗旨，舉行了精神總動員強調週、國民精神振興週、肇國精神強調週等教化運動，並推動神社參拜、敕語奉讀、祭拜陣亡者、慰問家屬，以及國防捐款等一系列活動，即致力於在精神上動員國民參加戰爭。而此時，臺灣總督府亦在臺北市公會堂召開國民精神總動員講演會，之後並通過制訂國民精神總動員實施要綱，要求確立對時局的認識，強化國民意識，並以舉辦各種活動的方式，來進行親日思想宣傳和精神動員，企圖灌輸臺灣人民大日本帝國中的皇民意識。同年日本政府亦制定了「國家總動員法」。此法可說是集戰時統制法規的大成，涵蓋範圍包括了經濟方面的勞務、物資、資金、物價，以及各種施設，注重臺灣人民在國民生活方面對於臺灣總督府統制下的法律體認，使政府受到絕大權限的保障，以作爲戰爭體制的根幹。〔註9〕而國民精神總動員運動的推行，則主要是在實踐臺灣島民的國家報恩；設立完成部落會、町會等實行機關；刊行教化宣傳資料；舉辦講習會、講演會和協議會，以及巡迴電影的製作與放映。〔註10〕

太平洋戰爭爆發後，臺灣總督府爲了振作國民精神，以及補充戰時所需

〔註7〕 楊雅慧，〈戰時體制下的臺灣婦女（1937～1945）：日本殖民政府的教化與動員〉（臺灣新竹：國立清華大學歷史研究所碩士論文，1994年），頁20。

〔註8〕 林明德，《日本近代史》（臺北市：三民書局，1996年），頁209。

〔註9〕 遠山茂樹、今井清一、藤原彰，《昭和史》（東京：岩波書店，1959年），頁160。

〔註10〕 臺灣總督府，《國民精神總動員實施概要》，頁15。

的人力與物資，一方面致力於國民精神總動員運動的推行，另一方面亦實行
了極爲嚴厲的經濟管制，對日常用品實行配給制。由於國民精神總動員運動
的重點在於「確立對時局的認識」，著重「強化國民意識」，因此此時期的施
政重點，除了實施全面性的國語教育，嚴格禁止臺灣話的使用外，並展開表
揚「國語家庭」，實施「家庭正廳改善」，以及提倡「改姓名」運動和倡行「志
願兵制度」等各種文化與精神上的改造。而爲推行國民精神總動員運動，臺
灣總督府特別設置了國民精神總動員本部，用來掌管關於國民精神振作事
項，並以總務長官爲本部部長，文教局長爲副部長。〔註11〕其中，在本部中
是以官房調查課、情報部、內務局地方課、文教局社會課爲施行機關；在地
方的州廳設置支部，並以知事、廳長爲負責人。至於在郡、市設置支會，以
郡守、市尹爲負責人；街、庄方面設置分會，以街、庄長爲負責人，而在分
會之下則有部落振興會、町會、工場，以及諸如銀行、會社等團體。（參見圖
4-1）探究其實施項目包含有實踐臺灣島民的國家報恩、刊行教化宣傳資料、
製作和演出巡迴電影，以及開辦講習會、講演會、協議會。

圖4-1：國民精神總動員組織系統

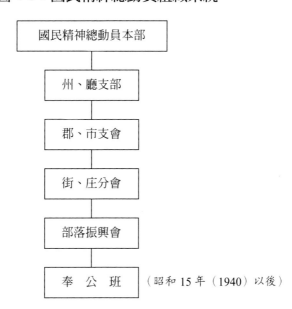

資料來源：江智浩，〈日治末期（1937～1945）臺灣的戰時動員組織：從國民精神總動員組織
　　　　　到皇民奉公會〉（臺灣桃園：國立中央大學歷史研究所碩士論文，1997年），頁43。

〔註11〕臺灣總督府，《國民精神總動員實施概要》，頁13。

綜觀國民精神總動員運動的內容，在國家報恩的實踐事項中，又約略可分成教化事項、非常時期經濟政策的協力事項、保安事項，以及衛生事項等方面。其中教化事項包括了為宣揚國威而舉行的祈禱皇軍武運長久的祈願祭、致力於改善社會風潮，實施堅忍持久精神的涵養，體現犧牲小我、完成大我的精神，以及在町內和部落會中提倡組織勤勞奉仕班，共且提倡「勤勞奉仕」〔註12〕，以補充勞動力的不足；再自宗教信仰上，致力於「大麻奉齋」〔註13〕的徹底實踐，以去除臺灣人舊有的宗教信仰；在非常時期經濟政策的協力事項方面，則是倡導使用國產品、抑制輸入品的使用，並宣導特殊資源的節約消費和回收，以及鼓勵購買國債，獎勵增加種植棉花、黃麻、苧麻、蓖麻等國家的重要軍用農產品、並倡導「金報國運動」，強迫臺灣人民出售金、銀、銅、鐵、錫等金屬；在保安事項方面，則是舉行制止流言蜚語、防止外諜和防空演習等一系列國民防衛訓練；在衛生事項方面，則是致力於傳染病和地方病的防治，並且普及公眾衛生的思想。〔註14〕另外並舉辦以時間為主軸的各種名目的「週間」，以及設定特定日奉祝或祭典，總計自國民精神總動員運動開展後至昭和14年（1939）間，臺灣總督府共相繼推行了國民精神總動員強調週間（1937.10.13～19）、國民精神總動員第二次精神總動員強調週間（1938.02.11～17）、國民精神作興週間（1937.11.10～17、1938.11.10～16）、國民精神發揚週間（1939.02.05～11）；以特定日為主的明治節奉祝、天長節奉祝、神武天皇祭；以人力資源的維護為主的國民精神總動員健康週

〔註12〕所謂的「勤勞奉仕」，就是一種配合著簡易技術訓練的集體勞動，勞動的項目，以建築各地神社和鋪設道路為主。林繼文，《日本據臺末期（1930～1945）戰爭動員體系之研究》（臺灣臺北：稻鄉出版社，1996年），頁223。

〔註13〕昭和16年（1931）之後，日本進入準戰爭時期，政府開始整合日本國內的人力和資源，為戰爭動員作準備，因此對推展國家神道轉趨積極。為強化國民的皇國意識，推廣以敬神崇祖為目的的各項教化運動，因而提出「國有神社，家有神棚」的口號，以推廣在家設置神棚奉祀神宮大麻，並在地方推行以神社為地方國民教化中心的街庄神社營造政策。而所謂的「大麻奉齋」即是要求各家庭安置「神棚」（神龕），供奉社神（包括以皇祖神天照大神為祭神的伊勢皇大神宮，以及地方神社）的大麻（神社神符），早晚祭拜，以作為家庭內信仰的中心，藉此將日本神道教敬神崇祖、效忠天皇的觀念浸透至臺灣人各家庭中。蔡欣雁，〈日治後期臺中州國家神道之傳播及影響（1931～1945）〉（臺灣臺中：東海大學歷史研究所碩士論文，2004年），頁63。蔡錦堂，〈日本治臺時期的神道教與神社建造〉，《宜蘭文獻》第50期（2001.03），頁12。

〔註14〕臺灣總督府，《國民精神總動員實施概要》，頁16～18。

間（1938.05.17～23）、國民心身鍛鍊運動週間（1938.02.01～20）；以及為配合戰時經濟政策的儲蓄報國強調週間（1936.06.21～27）、經濟戰強調週間（1938.02.22～28、1938.12.15～21）等一連串的活動。〔註15〕

　　昭和10年（1935）年，臺灣總督府為了改善臺灣人民的信仰，徹底在精神上改造臺灣人，因而開始強制各個家庭之中均要改善正廳，禁止中國傳統宗教與祖先的崇拜，改而奉祀日本的神宮大麻，進行宗教上的教化。截至昭和13年，各州廳奉祀神宮大麻的比率不但逐年增加，且已有一定成效，其中又以臺中州增加的速度較快，由昭和10年的9,150戶增加到昭和13年的197,925戶。（參見表4-1）

表4-1：昭和13年各州廳神宮大麻祭祀狀況

州廳別	現在戶數	祭祀神宮大麻			與現在戶數的百分比（%）		
		昭和10年	昭和11年	昭和12年	昭和10年	昭和11年	昭和12年
臺北州	206,722	40,115	63,118	113,585	19.4	30.5	54.9
新竹州	218,012	14,583	73,659	99,375	6.7	33.8	45.6
臺中州	197,925	9,150	86,004	119,370	4.6	43.4	60.3
臺南州	236,144	21,212	62,519	119,217	8.9	26.4	50.4
高雄州	138,432	17,381	37,716	92,042	12.5	27.2	66.4
臺東廳	12,777	1,180	2,130	2,858	9.2	16.6	22.3
花蓮港廳	23,714	6,075	14,578	17,405	25.6	61.4	73.4
澎湖廳	11,389	546	1,423	5,713	4.7	12.4	50.1
合　計	1,045,115	110,242	341,147	569,565	10.5	32.6	54.5

資料來源：臺灣總督府，《國民精神總動員實施概要》，頁84～85。

　　昭和14年（1939）臺灣總督府公佈「新展開國民精神總動員之基本方針」，再度重申此國民精神總動員運動是以盡忠報國、舉國一致、堅忍持久為目標，期待彰顯建國的理想和建設東亞新秩序，並昂揚國民精神和充實發揮國家總體力，以及致力於各個領域的奉獻勞動。由於國民精神總動員運動是

〔註15〕江智浩，〈日治末期（1937～1945）臺灣的戰時動員組織：從國民精神總動員
　　　組織到皇民奉公會〉（臺灣桃園：國立中央大學歷史研究所碩士論文，1997
　　　年），頁52～53。

以建設東亞新秩序爲目標的一種強力日本建設運動，因而其內容多爲注重徹底認識時局、涵養卓越的國民道德、積極協力經濟國策，特別是戰時物資的活用、避免消費、實行儲蓄、增進勤勞、提升體力等方面，以強化戰事後方的援助。〔註16〕此外，臺灣總督府更在昭和15年（1940）2月11日「皇紀二千六百年紀念日」時，於臺灣進行使用日本名字的「改姓名運動」，要求臺灣人民將祖先留傳下來的姓氏，以及父母所取的名字捨棄，一律改爲日本姓名，並且提出只要臺灣人願意改用日本姓名，就可以在就學和生活用品的配給上享有和日本人相同的待遇，其目的即在致力於國民精神的強化。此外，臺灣總督府此時還鼓勵「國語家庭」的成立，公布只要被認定爲全家都是講國語的所謂「國語家庭」，就可由該州知事發給認可證書、證章及門標，並給予國語家庭各種優先權。對於臺灣總督府而言，臺灣人民能得到「國語家庭」的認證，在當時不僅只是代表著榮耀，也享有一些實質的優惠；而對臺灣人民而言，由於當時實行經濟管制，生活物資爲配給制，除了少部份既得利益者早已改換日本姓名外，當時有許多臺灣人迫於現實生活的無奈，亦不得不改換日本姓名，提出「國語家庭」的認證申請。

　　臺灣總督府爲有效實施國民精神總動員運動，特別使國民精神總動員本部分別在各州廳舉辦多次的講演會，其次以臺中州舉辦的次數最多，計有4,451次，佔全部舉辦次數的38.6%，且臺中州參加人次亦最多，計有1,406,089人次參加，佔全部參加人次的33.5%。（參見表4-2）；此外，在昭和13年（1938），臺灣總督府亦舉辦有國民精神總動員會議，其目的主要在闡明國民精神總動員運動中所謂「舉國一致」、「盡忠報國」，以及「堅忍持久」三大目標及其內涵，其中亦以臺中州舉辦的次數最多，計有1,482次，佔全部舉辦次數的28.4%，參加人次亦最多，計有223,477人次參加，佔全部參加人次的28.8%。（參見表4-3）

表4-2：昭和13年各州廳國民精神總動員講演會舉辦狀況

主　辦	次　數	%	參加人次	%	備　註
本　部	28	0.21	21,550	0.5	
臺北州支部	1,774	15.4	630,659	15.0	含部落單位的講演會
新竹州支部	1,976	17.2	1,133,311	26.9	

〔註16〕臺灣總督府，《臺灣の社會教育》（臺北：臺灣總督府，1940年），頁22～23。

主　　辦	次　　數	％	參加人次	％	備　　註
臺中州支部	4,451	38.6	1,406,089	33.5	
臺南州支部	1,869	16.2	526,719	12.5	
高雄州支部	864	7.5	309,424	7.4	
臺東廳支部	112	0.9	52,307	1.2	
花蓮港廳支部	93	0.8	40,607	1.0	
澎湖廳支部	363	3.1	82,493	2.0	
合　　計	11,530	100	4,203,159	100	

資料來源：臺灣總督府，《國民精神總動員實施概要》（臺北市：編印者，1939 年），頁 24～25。

表 4-3：昭和 13 年各州廳國民精神總動員會議舉辦狀況

主　　辦	次　　數	％	參加人次	％	備　　註
本　　部	5	0	132	0	含本部參與會、部附事務打合會
臺北州支部	940	18.0	150,755	19.4	含支部內的支會、分會
新竹州支部	1,413	27.1	233,381	30.1	
臺中州支部	1,482	28.4	223,477	28.8	
臺南州支部	814	15.6	91,202	11.8	
高雄州支部	421	8.1	62,639	8.1	
臺東廳支部	56	1.1	2,810	0.4	
花蓮港廳支部	73	1.4	9,062	1.2	
澎湖廳支部	17	0.3	1,815	0.2	
合　　計	5,221	100	775,273	100	

資料來源：臺灣總督府，《國民精神總動員實施概要》，頁 23。

　　臺灣總督府在推行國民精神總動員運動期間，除了在臺灣大力推行神社崇拜，推出「國有神社，家有神棚」以及「神社中心，大麻奉齋」的口號外，亦積極展開宗教上的精神涵養。其為使臺灣民眾生活日本化，因而嚴禁臺灣民眾信仰民間的各種傳統宗教，以及神靈，甚至燒燬臺灣民間的諸家神靈，專設日本的天照大神，強行要求臺灣人民到日式的神社參拜日本神祇，並且強令在 10 月 27 日各行各業都要祭祀，因此在日本警察、官員的監督

下，臺灣人民紛紛到設在各地的神社參拜；此外，中、小學則規定每月的 1
日、8 日和 15 日都要按時參拜神社，以清除流行於臺灣民間的宗教活動。除
了使用日本式的方法來供奉與膜拜日本的天照大神和日本天皇外，臺灣總督
府並舉行了明治節、天長節、神武天皇祭等各種的祈願祭與奉告祭，其中又
以臺中州舉辦的次數最多，總計舉辦了 2,102 次，佔全臺總次數的 33.9%，參
加的人次亦最為踴躍，計有 1,155,684 人次參加，佔全部參加人次的 27.7%。
（參見表 4-4）

表 4-4：昭和 13 年各州廳祈願祭、奉告祭執行狀況

州 廳 別	次　　數	%	參加人次	%
臺北州	933	15.0	606,147	14.5
新竹州	508	8.2	875,201	20.9
臺中州	2,102	33.9	1,155,684	27.7
臺南州	1,572	25.3	830,760	19.9
高雄州	549	8.9	449,459	10.8
臺東廳	346	5.6	157,754	3.8
花蓮港廳	151	2.4	65,030	1.6
澎湖廳	41	0.7	34,695	0.8
合　計	6,202	100	4,174,730	100

資料來源：臺灣總督府，《國民精神總動員實施概要》，頁 60～61。

　　此外，臺灣總督府為了推展國家神道，以達成天皇制國家的目標，除了
在臺灣各地廣建神社作為地方社會教化的中心外，亦大力鼓吹「勤勞奉仕」
的精神，使臺灣人民心甘情願地從事沒報酬的繁重工作，以加強各團體成
員與神社、祭神間在精神信仰方面的維繫。其中在出征軍人、軍夫的家人和
遺族的奉仕部份，是以臺中州舉行的次數最多，計有 7,248 次，佔全部次數
的 61.8%，參加人次計有 122,655 人次，佔全部參加人次的 49.0%；在神社奉
仕方面，則是以臺南州的次數最多，計有 3,507 次，佔全部次數的 31.3%，臺
中州次之，計有 3,067 次，佔全部次數的 38.8%，在人次方面，亦以臺南州
參加的人次最多，計有 493,366 人次參加，佔全部參加人次的 45.1%，臺中州

亦居次，計有 424,404 人次參加，佔全部參加人次的 38.8%；在道路奉仕方面，則是以臺中州舉辦的次數最多，計有 5,356 次，佔全部次數的 24.9%，臺南州則居次，計有 4,991 次，佔全部次數的 23.2%，但在參加的人次上，則是以臺南州參加的人次最多，計有 3,833,401 人次參加，佔總參加人次的 64.3%，臺中州則次之，計有 1,012,649 人次參加，佔總參加人次的 17.0%；至於在土地開墾等方面，則是以臺南州舉辦的次數的最多，計有 2,314 次，佔全部次數的 32.4%，臺北州則居第二，計舉辦了 2,083 次，佔全部舉辦次數的 29.2%，但在參加人次上，則是以臺北州參加的人次最多，計有 591,350 人次參加，佔全部參加人次的 54.7%，臺南州則居次，計有 331,465 人次參加，佔全部參加人次的 30.7%。至於臺中州在土地開墾方面的奉仕的成效則較爲不足，只舉辦了 1,015 次，佔全部次數的 14.2%，參加人次亦較少，總計只有 91,164 人次參加，佔全部參加人次的 8.4%，但總體而言，臺中州在參與整個勤勞奉仕的實施狀況，仍是屬於舉行次數和參加人次較爲踴躍的一州。（參見表 4-5）

　　綜上所述，不論是在舉辦講演會、協議會、祈願祭、奉告祭，或是各種勤勞奉仕，甚至是家庭正廳改善方面，臺中州都可說是臺灣總督府在推行國民精神總動員運動中，配合度較高的一州，因此所收的成效亦較爲顯著。

表 4-5：昭和 13 年各州廳勤勞奉仕實施狀況

州廳別	出征軍人、軍夫的家人和遺族的奉仕				神社奉仕			
	次數	%	人次	%	次數	%	人次	%
臺北州	815	6.9	34,077	13.6	2,144	19.1	127,914	11.7
新竹州	86	0.8	1,438	0.6	511	4.5	9,475	0.9
臺中州	7,248	61.8	122,655	49.0	3,067	27.3	424,404	38.8
臺南州	1,775	15.2	70,129	27.9	3,507	31.3	493,366	45.1
高雄州	770	6.5	7,850	3.1	1,001	8.9	20,020	1.8
臺東廳	63	0.5	630	0.3	121	1.1	2,420	0.2
花蓮港廳	980	8.3	13,702	5.5	845	7.5	16,200	1.5
澎湖廳	3	0	35	0	32	0.3	780	0
合　計	11,740	100	250,516	100	11,228	100	1,094,579	100

州廳別	道路奉仕				土地開墾及其他			
	次數	%	人次	%	次數	%	人次	%
臺北州	7,556	35.1	929,219	15.6	2,083	29.2	591,350	54.7
新竹州	964	4.5	96,395	1.6	NA	NA	NA	NA
臺中州	5,356	24.9	1,012,649	17.0	1,015	14.2	91,164	8.4
臺南州	4,991	23.2	3,833,401	64.3	2,314	32.4	331,465	30.7
高雄州	1,303	6.1	52,120	0.9	1,050	14.7	52,400	4.8
臺東廳	159	0.7	6,360	0.1	77	1.1	3,850	0.4
花蓮港廳	1,105	5.1	31,933	0.5	480	6.7	4,242	0.4
澎湖廳	81	0.4	3,240	0	124	1.7	6,200	0.6
合　計	21,515	100	5,965,317	100	7,143	100	1,080,771	100

資料來源：臺灣總督府，《國民精神總動員實施概要》，頁 61～62。
備　　註：NA 表示無記錄。

第二節　臺中州的國民精神總動員運動

　　國民精神總動員本部為有效推行國民精神總動員運動，因而陸續在各州廳設置支部。而依據昭和 12 年（1937）10 月公布的「國民精神總動員臺中州支部規程」指出，臺中州支部內計設置有支部長、支部副長、參與、幹事，以及書記等職。支部長由臺中州知事擔任，副支部長則分別由總務部長及警察部長擔任；另有幹事，以及書記二職，但無部附的設置。此外，在支部下設有宣傳部，負責宣傳相關事項；社會教化部，負責教化相關事項；生活改善部，負責生活改善相關事項；青年部，負責青年指導相關事項；婦人部，負責婦人指導相關事項；經濟部，負責非常時期的經濟相關事項；保健部，負責保健相關事項；防衛部，負責國土防衛相關事項；保安部，負責保安相關事項。〔註17〕以上 9 個部，多是由參與和幹事擔任委員，並分別負責所屬部門的調查研究。而為為配合此國民精神總動員運動的推行，臺中州下各街庄，亦在街庄內各地配置了「教化指導員」作為官方代表，以視察境內社會

〔註17〕〈國民精神總動員臺中州支部規程〉，收入國民精神總動員臺中州支部，《國民精神總動員新體制》（臺中州：編印者，1935 年）教化資料第 9 輯，頁 47～48。

教化運動推行的成效。〔註18〕

　　另一方面，國民精神總動員臺中州支部的指導方針，其實施事項除了舉辦提振國民精神的講演會外，亦可分成四方面：〔註19〕

（一）國家報恩的實踐事項：

　　1. 關於教化事項方面：包括國家意識的提升、國體意識的強化、社會風潮改善、戰爭後方的強化，以及勤勞奉仕生活的徹底實踐等。

　　2. 關於非常時期經濟政策的協力事項方面：包括國際收支的改善、重要物資的補充、特殊資源的回收、獎勵購買國債、繳納稅金、倡行節約、勵行儲蓄、壟斷利益並抑制暴利的情形、獎勵其他特殊農業資源的增產，並有效調度乾草、乾藁等軍用草糧，以及畜產資源的保育等。

　　3. 關於保安事項方面：包括謠言的制止、保密防諜的訓練，以及公佈諭告和警告等國民防衛事項等。

　　4. 關於衛生事項方面：包括傳染病、地方病的防治，以及致力公眾衛生思想的普及，並有效實踐之。

（二）振作士氣相關事項：使民眾相信皇軍的威力，對政府有絕對的信賴。且為避免民心的萎靡不振，因而有獎勵武道、野外練習、運動競技，以及戶外運動、軍歌、詩吟等活動的舉行。

（三）教化宣傳資料的刊行和實行機關的強化：目的在發揚日本精神、強化國民防衛和經濟的協力。

（四）巡迴電影：宣導皇軍的戰鬥情形，以及其盡忠報國的精神，使臺灣人民產生對皇軍的感念，因而致力於後方對於戰事的援助和鞏固。

　　由上述可知，臺中州下的國民精神總動員運動的實踐目標，主要是在貫徹皇國精神、強化戰時意識，以及推動現代生活三方面。而由以上的事項來看，國民精神總動員本部是以培養臺灣人民的戰爭意識和協力戰時動員為著

〔註18〕臺中州，《臺中州社會教育要覽》昭和12年度（臺中州：編印者，1938年），頁30。
〔註19〕臺中州，《臺中州社會教育要覽》昭和14年度（臺中州：編印者，1940年），頁327～331。

眼點，因而臺中州地方支部在組織上的屬性亦完全從屬於本部，不但致力於戰時的動員，亦延續了臺灣社會中的生活改善運動。因此臺中州支部除了推動國語常用、加強國家意識培養、發揚皇民精神，以及鼓勵神社參拜外，亦努力進行現代式廁所的改善，窗戶的增置，以及勤勞奉仕和生活習俗改良等相關事項。

其次，臺中州支部爲配合國民精神總動員運動的推行，更舉辦了一連串的時局講演會，向臺灣人民說明戰爭的情況，並鼓勵臺灣人民盡力爲國付出，以期早日贏得勝利。據臺中州教育會的統計，在昭和 14 年（1939）年時，臺中州支部共舉辦了 2,106 次的時局講演會，參加人次計有 661,665 人，其中又以大甲郡與員林郡二郡舉辦的次數最多，參加的人次也最多。（參見表 4-6）另外臺中州支部在同年亦舉辦有加強國家意識和培養國家精神的時局大會，以及協議會，總計在昭和 14 年（1939）時共舉辦了 555 次的時局大會與協議會，參與人次計有 195,137 人，其中又以大甲郡舉辦的次數最多，參加的人次也最多，豐原郡和彰化郡則次之。（參見表 4-7）究其原因，實由於臺中州此時在推行部落振興運動方面已有相當的成果，導致其在推行國民精神總動員運動時，在態度上不僅較其他州積極，且有相當的成效，因此不論是在舉辦時局講演會或是協議會等集會時，或是在舉辦次數或是聽取人次方面，臺中州下的各市郡皆有相當的參與人次，其中大甲郡、彰化郡、豐原郡，以及員林郡等地，因位居人口較爲稠密的地區，有其政治、經濟位置上的優勢，故在推行國民精神總動員運動時，所受到政治的關注亦較其他各郡多，使經費亦較其他地區充足，導致此四郡在實行的態度上亦較其他各郡積極，參與的人次因而也較其他各郡多。

表 4-6：昭和 14 年臺中州時局講演會次數一覽表

市 郡 別	街 庄 別	舉辦次數	％	聽取人次	％
臺中市		34	1.6	21,000	3.2
	小 計	34	1.6	21,000	3.2
彰化市		42	2.0	18,000	2.7
	小 計	42	2.0	18,000	2.7
大屯郡	大里庄	14	0.7	16,800	2.5
	霧峰庄	4	0.2	3,250	0.5

	大平庄	132	6.3	19,800	3.0
	北屯庄	64	3.0	19,200	2.9
	西屯庄	15	0.7	15,500	2.3
	南屯庄	3	0.1	1,215	0.2
	烏日庄	21	1.0	7,624	1.2
	小　計	253	12.0	83,389	12.6
豐原郡	豐原街	22	1.0	12,610	1.9
	內埔庄	12	0.6	1,620	0.2
	神岡庄	25	1.2	7,650	1.2
	大雅庄	5	0.2	4,000	0.6
	潭子庄	90	4.3	8,500	1.3
	小　計	154	7.3	34,380	5.2
東勢郡	東勢街	4	0.2	3,500	0.6
	石岡庄	72	3.4	8,672	1.3
	新社庄	27	1.3	9,500	1.4
	小計	103	4.9	21,672	3.3
大甲郡	清水街	363	17.3	71,200	10.8
	梧棲街	17	0.9	1,972	0.3
	大甲街	4	0.2	2,500	0.4
	沙鹿街	84	4.0	4,232	0.6
	外埔庄	6	0.3	3,600	0.5
	大安庄	2	0	5,000	0.8
	龍井庄	4	0.2	2,456	0.4
	大肚庄	2	0	2,260	0.3
	小　計	482	22.9	93,220	14.1
彰化郡	鹿港街	20	0.9	40,000	6.0
	和美庄	6	0.3	3,630	0.5
	線西庄	25	1.2	3,200	0.5
	福興庄	17	0.8	5,821	0.9

	秀水庄	30	1.4	32,500	4.9
	花壇庄	23	1.1	4,800	0.8
	芬園庄	36	1.8	9,000	1.4
	小　計	157	7.5	98,951	15.0
員林郡	員林街	4	0.2	650	0
	溪湖街	7	0.4	6,150	0.9
	大村庄	260	12.4	18,200	2.8
	埔鹽庄	8	0.4	1,500	0.2
	坡心庄	6	0.3	6,000	0.9
	永靖庄	24	1.1	40,800	6.3
	社頭庄	3	0.1	2,621	0.4
	田中庄	3	0.1	5,367	0.8
	二水庄	9	0.4	5,426	0.8
	小　計	324	15.4	86,714	13.1
北斗郡	北斗街	16	0.9	6,150	0.9
	二林街	24	1.1	1,250	0.2
	田尾庄	32	1.5	4,800	0.7
	埤頭庄	25	1.1	7,860	1.2
	沙山庄	5	0.2	2,000	0.3
	大城庄	NA	NA	NA	NA
	竹塘庄	3	0.1	3,865	0.6
	溪洲庄	91	4.3	37,800	5.7
	小　計	196	9.2	63,725	9.6
南投郡	南投街	45	2.1	14,800	2.2
	草屯街	132	6.3	37,500	5.7
	中寮庄	30	1.4	1,500	0.2
	名間庄	48	2.3	3,840	0.6
	小　計	255	12.1	57,640	8.7
新高郡	集集庄	10	0.5	14,560	2.2

	魚池庄	8	0.4	5,865	0.9
	小　計	18	0.9	20,425	3.1
能高郡	埔里街	36	1.7	34,500	5.2
	國姓庄	12	0.5	19,800	3.0
	小　計	48	2.3	54,300	8.2
竹山郡	竹山庄	37	1.8	2,758	0.4
	鹿谷庄	3	0.1	5,491	0.8
	小　計	40	1.9	8,249	1.2
總　計		2,106	100	661,665	100

資料來源：臺中州教育會，《臺中州社會教育要覽》昭和 14 年度（臺中州：編印者，1940 年），
　　　　　頁 385～389。
備　　註：NA 表示無記錄。

表 4-7：昭和 14 年臺中州時局大會並協議會次數一覽表

市　郡　別	街　庄　別	舉辦次數	%	參加人次	%
臺中市		18	3.2	63,980	33.0
	小　計	18	3.2	63,980	33.0
彰化市		8	1.4	1,100	0.6
	小　計	8	1.4	1,100	0.6
大屯郡	大里庄	1	0.2	1,564	0.8
	霧峰庄	2	0.4	102	0.1
	大平庄	2	0.4	4,250	2.2
	北屯庄	6	1.1	365	0.2
	西屯庄	3	0.4	650	0.3
	南屯庄	NA	NA	NA	NA
	烏日庄	2	0.4	50	0
	小　計	16	2.9	6,981	3.6
豐原郡	豐原街	8	1.4	2,300	1.2
	內埔庄	12	2.2	1,620	0.7
	神岡庄	1	0.2	520	0.3

	大雅庄	3	0.5	300	0.2
	潭子庄	2	0.4	320	0.2
	小　計	26	4.7	5,060	2.6
東勢郡	東勢街	2	0.4	2,500	1.3
	石岡庄	10	1.8	510	0.3
	新社庄	NA	NA	NA	NA
	小　計	12	2.2	3,010	1.6
大甲郡	清水街	380	68.4	64,250	33.3
	梧棲街	12	2.2	588	0.3
	大甲街	3	0.5	160	0
	沙鹿街	1	0.2	750	0.4
	外埔庄	2	0.4	420	0.2
	大安庄	NA	NA	NA	NA
	龍井庄	2	0.4	1,218	0.6
	大肚庄	1	0.2	860	0.4
	小　計	401	72.3	68,246	35.2
彰化郡	鹿港街	6	1.2	3,500	1.8
	和美庄	NA	NA	NA	NA
	線西庄	NA	NA	NA	NA
	福興庄	3	0.5	287	0.1
	秀水庄	13	2.4	550	0.3
	花壇庄	1	0.2	200	0.1
	芬園庄	NA	NA	NA	NA
	小　計	23	4.3	4,537	2.3
員林郡	員林街	1	0.2	370	0.2
	溪湖街	2	0.4	2,847	1.5
	大村庄	NA	NA	NA	NA
	埔鹽庄	NA	NA	NA	NA
	坡心庄	3	0.5	500	0.3
	永靖庄	NA	NA	NA	NA

	社頭庄	2	0.4	1,230	0.6
	田中庄	1	0.2	725	0.4
	二水庄	2	0.4	2,456	1.2
	小　計	11	2.1	8,128	4.2
北斗郡	北斗街	1	0.2	1,200	0.6
	二林街	6	1.1	2,370	1.2
	田尾庄	2	0.4	830	0.4
	埤頭庄	3	0.5	1,320	0.7
	沙山庄	3	0.5	960	0.5
	大城庄	NA	NA	NA	NA
	竹塘庄	NA	NA	NA	NA
	溪洲庄	6	1.1	7,200	3.8
	小　計	21	3.8	13,880	7.2
南投郡	南投街	NA	NA	NA	NA
	草屯街	3	0.55	180	0.1
	中寮庄	3	0.55	320	0.2
	名間庄	NA	NA	NA	NA
	小　計	6	1.1	500	0.3
新高郡	集集庄	3	0.5	11,616	6.0
	魚池庄	3	0.5	5,090	2.6
	小　計	6	1.1	16,706	8.6
能高郡	埔里街	5	0.9	1,200	0.7
	國姓庄	1	0.2	59	0
	小　計	6	1.1	1,259	0.7
竹山郡	竹山庄	NA	NA	NA	NA
	鹿谷庄	1	0.2	250	0.1
	小　計	1	0.2	250	0.1
總　計		555	100	193,637	100

資料來源：臺中州教育會，《臺中州社會教育要覽》昭和 14 年度，頁 389～393。
備　　註：NA 表示無記錄。

　　臺中州支部爲徹底推行國民精神總動員運動，除了有針對民眾舉辦的時局講演會、時局大會，以及協議會之外，另外也多次舉辦針對國民精神總動員運動推行者，以及教化委員的日本精神發揚講演會。例如在昭和 14 年（1939）2 月 6 日至 10 日間，即分別在臺中州下各市郡舉辦一系列的講演會，由赤坂繁太、廣松良臣、善方正夫等著名教育家擔任講演者，講演內容除了著重對推行者和教化委員的教導，給予正確的資訊，並灌輸皇民的理念，以利教化運動的順利推行。（參見表 4-8）

表 4-8：昭和 14 年日本精神發揚週間講演會會場與日程

日　　　　期	市郡名	會　　場	講師名	備　　註
2 月 6 日（下午 1 點）	大屯郡	臺中州教化會館	赤坂繁太	
2 月 6 日（下午 1 點）	豐原郡	豐原社會館	廣松良臣	
2 月 6 日（下午 1 點）	東勢郡	東勢社會館	善方正夫	
2 月 6 日（下午 7 點）	臺中市	臺中州教化會館	赤坂繁太	
2 月 7 日（上午 9 點半）	大甲郡	清水社會館	赤坂繁太	
2 月 7 日（下午 1 點）	大甲郡	大甲公學校講堂	赤坂繁太	
2 月 7 日（上午 9 點半）	員林郡	員林公學校講堂或集會所	廣松良臣	
2 月 7 日（下午 1 點）	員林郡	田中公學校講堂	廣松良臣	
2 月 7 日（下午 1 點）	能高郡	埔里公學校講堂	善方正夫	
2 月 8 日（上午 9 點半）	北斗郡	北斗公學校講堂或集會所	廣松良臣	2 月 7 日住宿北斗街
2 月 8 日（下午 1 點）	北斗郡	二林公學校講堂	廣松良臣	
2 月 8 日（下午 1 點）	彰化市	旭公學校講堂	善方正夫	
2 月 8 日（下午 1 點）	南投郡	南投公學校講堂	赤坂繁太	
2 月 9 日（上午 9 點半）	彰化郡	花壇公學校講堂或集會所	善方正夫	
2 月 9 日（下午 1 點）	彰化郡	和美公學校講堂	善方正夫	
2 月 9 日（上午 9 點）	竹山郡	竹山庄公會堂	赤坂繁太	2 月 8 日住宿竹山
2 月 9 日（下午 1 點）	竹山郡	鹿谷公學校講堂	赤坂繁太	
2 月 10 日（上午 9 點半）	新高郡	集集公學校講堂或集會所	赤坂繁太	2 月 9 日住宿集集街
2 月 10 日（下午 3 點）	新高郡	魚池公學校講堂	赤坂繁太	

資料來源：臺中州教育會，《臺中州社會教育要覽》昭和 14 年度，頁 374～375。

在信仰方面，臺中州支部爲了有效推動國民精神總動員運動，因而加強國體意識的培養，其目的在提高國家意識，因而舉辦有各種的祈願祭。總計在昭和 14 年（1939）時，臺中州各市郡共舉行了 636 次的祈願祭，計有492,828 人次參加，其中又以大屯郡、彰化郡，以及員林郡舉辦的次數較多，參與人次亦較踴躍。（參見表 4-9）

表 4-9：昭和 14 年臺中州祈願祭執行一覽表

市　郡　別	街　庄　別	執行次數	％	參加人次	％
臺中市		36	5.7	29,800	6.0
	小　計	36	5.7	29,800	6.0
彰化市		22	3.5	1,300	0.3
	小　計	22	3.5	1,300	0.3
大屯郡	大里庄	12	1.9	22,752	4.6
	霧峰庄	16	2.5	69,200	14.1
	大平庄	36	5.7	25,200	5.1
	北屯庄	12	1.9	45,321	9.2
	西屯庄	18	2.7	2,500	0.5
	南屯庄	12	1.9	26,524	5.4
	烏日庄	12	1.9	670	0.1
	小　計	118	18.5	192,167	39.0
豐原郡	豐原街	46	7.2	7,128	1.4
	內埔庄	1	0.2	754	0.2
	神岡庄	4	0.6	2,870	0.6
	大雅庄	12	1.9	19,260	3.9
	潭子庄	2	0.3	3,000	0.6
	小　計	65	10.2	33,012	6.7
東勢郡	東勢街	6	0.9	1,800	0.4
	石岡庄	26	4.2	14,297	2.9
	新社庄	12	1.9	600	0.1
	小　計	44	7.0	16,697	3.4

大甲郡	清水街	7	1.0	610	0.1
	梧棲街	1	0.2	680	0.1
	大甲街	1	0.2	1,950	0.4
	沙鹿街	5	0.8	5,350	1.1
	外埔庄	2	0.3	4,200	0.9
	大安庄	4	0.6	6,000	1.2
	龍井庄	2	0.3	2,119	0.4
	大肚庄	4	0.6	1,485	0.3
	小　計	26	4.0	22,394	4.5
彰化郡	鹿港街	10	1.6	3,500	0.7
	和美庄	47	7.4	19,577	4.0
	線西庄	3	0.5	350	0.1
	福興庄	6	0.9	519	0.1
	秀水庄	15	2.3	7,500	1.5
	花壇庄	4	0.6	200	0
	芬園庄	1	0.2	1,750	0.4
	小　計	86	13.5	33,396	6.8
員林郡	員林街	8	1.3	12,500	2.5
	溪湖街	4	0.6	6,550	1.3
	大村庄	40	6.2	18,565	3.8
	埔鹽庄	4	0.6	350	0.1
	坡心庄	5	0.8	2,000	0.4
	永靖庄	24	3.8	3,672	0.7
	社頭庄	1	0.2	425	0.1
	田中庄	2	0.3	3,233	0.7
	二水庄	3	0.5	1,673	0.3
	小　計	91	14.3	48,968	9.9
北斗郡	北斗街	7	1.1	1,425	0.3
	二林街	5	0.8	5,500	1.1

	田尾庄	8	1.3	5,480	1.1
	埤頭庄	10	1.6	12,892	2.7
	沙山庄	2	0.3	1,400	0.3
	大城庄	2	0.3	1,200	0.2
	竹塘庄	2	0.3	1,164	0.2
	溪洲庄	2	0.3	2,400	0.5
	小　計	38	6.0	31,461	6.4
南投郡	南投街	22	3.5	21,790	4.4
	草屯街	10	1.6	1,100	0.2
	中寮庄	7	1.1	3,500	0.7
	名間庄	5	0.8	5,000	1.1
	小　計	44	7.0	31,390	6.4
新高郡	集集庄	23	3.6	25,750	5.2
	魚池庄	9	1.3	13,240	2.7
	小　計	32	4.9	38,990	7.9
能高郡	埔里街	8	1.3	4,800	1.0
	國姓庄	16	2.5	1,750	0.3
	小　計	24	3.8	6,550	1.3
竹山郡	竹山庄	7	1.1	3,850	0.8
	鹿谷庄	3	0.5	2,853	0.6
	小　計	10	1.6	6,703	1.4
總　　計		636	100	492,828	100

資料來源：臺中州教育會，《臺中州社會教育要覽》昭和 14 年度，頁 398～402。

　　此外，臺中州支部在家庭正廳改善上的努力與成效亦不容忽視。例如，臺中州支部在昭和 14 年（1939）施行神宮大麻的奉齋，以及家庭正廳改善的成功率，甚至超過 90%。因此以臺中州教育會公佈的數字來看，其在家庭正廳改善方面的成效可說是極為顯著。（參見表 4-10）

表 4-10：昭和 14 年臺中州正廳改正一覽表

市郡別	街庄別	總戶數	大麻奉齋數	正廳數	正廳改善數	改善比率
臺中市		12,343	9,209	5,571	5,328	95.6
	小　計	12,343	9,209	5,571	5,328	95.6
彰化市		9,558	10,426	7,168	7,168	100.0
	小　計	9,558	10,426	7,168	7,168	100.0
大屯郡	大里庄	1,937	1,722	645	645	100.0
	霧峰庄	3,204	2,434	2,434	2,434	100.0
	大平庄	1,692	1,414	1,414	1,414	100.0
	北屯庄	3,154	2,911	2,581	2,305	89.3
	西屯庄	1,934	1,553	1,553	1,500	96.6
	南屯庄	1,902	1,570	1,612	1,612	100.0
	烏日庄	2,082	2,082	1,457	583	40.0
	小　計	15,905	13,686	11,696	10,493	89.7
豐原郡	豐原街	4,711	4,222	1,966	1,966	100.0
	內埔庄	2,974	2,641	2,345	2,345	100.0
	神岡庄	2,523	2,035	2,010	1,706	84.9
	大雅庄	1,758	1,758	1,758	1,758	100.0
	潭子庄	1,719	1,500	1,450	1,450	100.0
	小　計	13,685	12,156	9,529	9,225	96.8
東勢郡	東勢街	3,057	3,057	1,405	1,405	100.0
	石岡庄	1,084	1,084	1,084	1,014	93.5
	新社庄	1,195	1,129	1,152	1,152	100.0
	小　計	5,336	5,270	3,641	3,571	98.1
大甲郡	清水街	5,146	2,850	3,081	3,081	100.0
	梧棲街	2,005	1,249	1,196	1,196	100.0
	大甲街	4,469	2,865	2,756	2,756	100.0
	沙鹿街	3,303	1,334	2,189	2,189	100.0
	外埔庄	1,545	1,098	1,098	1,098	100.0
	大安庄	1,564	1,230	1,230	1,230	100.0

	龍井庄	2,514	2,012	1,470	1,470	100.0
	大肚庄	1,807	1,553	1,087	1,065	98.0
	小　計	22,353	14,191	14,107	14,085	99.8
彰化郡	鹿港街	6,968	3,846	5,744	4,880	85.0
	和美庄	4,532	2,400	2,367	1,893	80.0
	線西庄	2,787	2,150	1,855	1,553	84.0
	福興庄	3,062	1,135	1,,028	1,028	100.0
	秀水庄	2,319	1,930	820	820	100.0
	花壇庄	2,777	1,200	1,200	1,200	100.0
	芬園庄	2,454	2,454	2,136	1,070	50.1
	小　計	24,899	15,115	15,150	12,444	82.1
員林郡	員林街	5,959	3,800	2,237	2,000	89.4
	溪湖街	2,924	2,500	1,525	1,525	100.0
	大村庄	2,270	1,300	452	452	100.0
	埔鹽庄	2,493	1,627	2,132	1,609	75.5
	坡心庄	2,454	2,454	2,000	1,800	90.0
	永靖庄	3,096	2,225	1,634	1,611	98.6
	社頭庄	2,555	992	1,646	1,605	97.5
	田中庄	2,955	2,150	1,575	1,136	72.1
	二水庄	1,872	1,250	1,310	1,250	95.4
	小　計	26,578	18,298	14,511	12,988	89.5
北斗郡	北斗街	2,372	1,448	1,386	1,386	100.0
	二林街	3,751	3,653	2,920	2,920	100.0
	田尾庄	2,592	2,592	932	932	100.0
	埤頭庄	1,687	1,602	1,525	1,525	100.0
	沙山庄	3,109	2,587	1,865	1,865	100.0
	大城庄	1,918	1,512	1,512	1,512	100.0
	竹塘庄	1,624	1,130	1,190	1,130	95.0
	溪州庄	2,948	1,992	2,500	2,500	100.0
	小　計	20,001	16,516	13,830	13,770	99.6

南投郡	南投街	4,205	4,205	1,983	1,983	100.0
	草屯街	5,367	4,300	1,927	1,927	100.0
	中寮庄	2,251	2,000	2,000	2,000	100.0
	名間庄	3,431	2,875	1,500	1,500	100.0
	小　計	15,254	13,380	7,410	7,410	100.0
新高郡	集集庄	2,833	2,236	2,236	1,635	73.1
	魚池庄	1,558	1,286	1,286	883	68.7
	小　計	4,391	3,522	3,522	2,518	71.5
能高郡	埔里街	4,980	3,980	3,980	3,980	100.0
	國姓庄	2,116	1,400	2,116	1,409	66.6
	小　計	7,096	5,380	6,096	5,389	88.4
竹山郡	竹山庄	4,876	3,800	1,750	1,750	100.0
	鹿谷庄	2,468	1,848	17,276	17,188	99.5
	小　計	7,344	5,648	19,026	18,938	99.5
合　計		184,743	142,797	131,257	123,327	94.0

資料來源：臺中州教育會，《臺中州社會教育要覽》昭和 14 年度，頁 185～189。

　　至於在勤勞奉仕方面，臺中州勤勞奉仕的主導者，實際上是以州為主的「報國總動員本部」，由其下再區分成男子青年隊（15～25 歲）、女子青年隊（15～25 歲）、壯丁團、壯年隊（26～35 歲），以及婦人隊（26～35 歲）等團體。其主要功能在提倡並且執行神社和神苑的清掃、整備公用地、修築道路堤防和排水溝、整理河川、植樹植林、調配軍需品，以及美化部落等勤勞奉仕訓練。〔註 20〕由於報國總動員的組織仍由臺中州支部所掌控，因此在相關的人事安排上亦有相當的重疊性，尤其是臺中州不但完全將國民精神總動員臺中州支部與街庄分會等役職員的人事層級架構放在報國總動員本部組織中，相關人事職責權限也比照國民精神總動員臺中州支部的規定辦理。〔註21〕據臺中州教育會統計，總計至昭和 14 年（1939）時，臺中州已有 1,106個奉仕團體，並舉辦了 7,377 次奉仕活動，總計有 2,337,885 人次參加，其中

〔註20〕臺中州教育會，《臺中州社會教育要覽》昭和 14 年度，頁 403～406。
〔註21〕江智浩，〈日治末期（1937～1945）臺灣的戰時動員組織：從國民精神總動員組織到皇民奉公會〉，頁 64。

又以大屯郡、大甲郡與北斗郡擁有較多的奉仕團體，因而舉行的奉仕次數與參加人次亦較其他各郡多。（參見表 4-11）

表 4-11：昭和 14 年臺中州勤勞奉仕一覽表

市郡別	街庄別	奉仕團體數	%	奉仕次數	%	參加人次	%
臺中市		43	3.8	1,270	17.2	213,130	9.1
	小　計	43	3.8	1,270	17.2	213,130	9.1
彰化市		38	3.4	238	3.2	32,500	1.4
	小　計	38	3.4	238	3.2	32,500	1.4
大屯郡	大里庄	9	0.8	142	1.9	258,582	11.0
	霧峰庄	1	0.1	6	0.1	28,970	1.2
	大平庄	18	1.6	66	0.9	11,032	0.5
	北屯庄	34	3.1	16	0.2	48,843	2.1
	西屯庄	11	1.0	13	0.2	12,500	0.5
	南屯庄	20	1.8	236	3.2	15,250	0.7
	烏日庄	57	5.2	771	10.4	47,950	2.1
	小　計	150	13.6	1,250	16.9	423,127	18.1
豐原郡	豐原街	7	0.6	68	0.9	26,587	1.1
	內埔庄	7	0.6	56	0.8	24,124	1.0
	神岡庄	5	0.6	16	0.2	11,940	0.5
	大雅庄	17	1.5	188	2.6	301,740	13.0
	潭子庄	17	1.5	55	0.7	5,500	0.2
	小　計	53	4.8	383	5.2	369,891	15.8
東勢郡	東勢街	20	1.8	202	2.7	12,180	0.5
	石岡庄	10	0.9	113	1.5	13,073	0.6
	新社庄	14	1.3	168	2.3	14,140	0.6
	小　計	44	4.0	483	6.5	39,393	1.7
大甲郡	清水街	6	0.5	54	0.7	23,200	1.0
	梧棲街	7	0.6	37	0.5	2,779	0.1
	大甲街	31	2.9	27	0.4	111,375	4.8

	沙鹿街	18	1.6	116	1.6	4,580	0.2
	外埔庄	15	1.4	120	1.6	49,875	2.1
	大安庄	19	1.7	12	0.2	34,200	1.5
	龍井庄	17	1.5	34	0.5	34,757	1.5
	大肚庄	12	1.1	17	0.2	9,465	0.4
	小　計	125	11.3	417	5.7	270,231	11.6
彰化郡	鹿港街	16	1.4	22	0.3	7,000	0.3
	和美庄	26	2.4	270	3.6	209,403	9.0
	線西庄	9	0.8	15	0.2	2,159	0.1
	福興庄	13	1.2	218	3.0	31,291	1.3
	秀水庄	6	0.5	14	0.2	15,300	0.7
	花壇庄	3	0.3	24	0.3	5,600	0.2
	芬園庄	23	2.1	93	1.3	115,640	4.9
	小　計	96	8.7	656	8.9	386,393	16.5
員林郡	員林街	10	0.9	12	0.2	1,250	0.1
	溪湖街	3	0.3	6	0.1	15,002	0.6
	大村庄	26	2.4	312	4.1	46,800	1.9
	埔鹽庄	6	0.5	17	0.2	1,340	0.1
	坡心庄	1	0.1	1	0	175	0
	永靖庄	21	1.8	6	0.1	9,569	0.4
	社頭庄	3	0.3	14	0.2	8,322	0.4
	田中庄	6	0.5	7	0.1	9,824	0.4
	二水庄	13	1.2	12	0.2	9,361	0.4
	小　計	89	8.0	387	5.2	101,643	4.3
北斗郡	北斗街	20	1.8	22	0.3	17,500	0.7
	二林街	32	2.9	131	1.8	16,550	0.7
	田尾庄	51	4.6	156	2.1	20,980	0.9
	埤頭庄	14	1.3	66	0.9	31,862	1.5
	沙山庄	13	1.2	52	0.7	24,210	1.0
	大城庄	41	3.7	89	1.2	23,892	1.0

	竹塘庄	8	0.7	48	0.7	11,630	0.5
	溪洲庄	60	5.4	579	7.8	39,300	1.7
	小　計	239	21.6	1,143	15.5	185,924	8.0
南投郡	南投街	22	2.0	210	2.8	12,300	0.5
	草屯街	27	2.5	94	1.3	39,600	1.7
	中寮庄	8	0.7	39	0.6	42,431	1.8
	名間庄	28	2.5	15	0.2	1,560	0.1
	小　計	85	7.7	358	4.9	95,891	4.1
新高郡	集集庄	19	1.8	265	3.6	137,321	5.9
	魚池庄	7	0.6	64	0.9	48,030	2.0
	小　計	26	2.4	329	4.5	185,351	7.9
能高郡	埔里街	38	3.4	6	0.1	31,00	0.1
	國姓庄	16	1.5	15	0.2	3,240	0.2
	小　計	54	4.9	21	0.3	6,340	0.3
竹山郡	竹山庄	40	3.6	126	1.7	26,214	1.1
	鹿谷庄	24	2.2	316	4.3	1,857	0.1
	小　計	64	5.8	442	6.0	28,071	1.2
總　　計		1,106	100	7,377	100	2,337,885	100

資料來源：臺中州教育會，《臺中州社會教育要覽》昭和14年度，頁394～398。

　　另外，在生活習慣與社會習俗的改善方面，爲加強國民精神總動員中皇民精神的灌輸，此時期臺灣總督府不僅鼓勵臺灣人民必須吃日本料理、穿日本和服，並倡導臺灣人民住有日本式榻榻米的房間、增設窗戶以利照明，以及使用日式的浴室和廁所等生活改善，即企圖把日本的生活方式融入臺灣人的日常生活之中。國民精神總動員臺中州支部爲因應此一政策，因而亦致力於推動生活習慣和社會習俗的改善，其中包括窗戶的增設、日本房的建置、浴室和廁所的使用與改善，以及教導和服的穿著及其意義等。在此一運動推行期間，臺中州下各市郡在主事者的推動下亦多能配合，並且皆能有效執行之，且針對各地的情況，各有其不同推動重點，例如在增設窗戶方面，是以彰化郡和員林郡的成效較爲顯著；在建置日本房方面，則是以豐原郡和北斗郡的成效較爲顯著；在浴室改善方面，則是以大屯郡和豐原郡的改善成效

較爲顯著；至於在廁所改善數方面，則又是以大甲郡和彰化郡的改善成效較顯著。而總計在昭和 14 年（1939）年時，在臺中州 186,562 個家庭中，計有 166,313 個家庭已增設窗戶，加強照明和通風，佔全部家庭的 89.1%；23,904 個家庭有日本房的建置，佔全部家庭的 12.8%；18,510 個家庭改用日式浴室，佔全部家庭的 9.9%；109,707 個家庭改用現代化的廁所，佔全部家庭的 58.8%。此外，臺中州支部共舉辦了 193 次的和服講習會，可知在總體的生活樣式改善方面，臺中州推行的效果較爲顯著。（參見表 4-12）

表 4-12：昭和 14 年臺中州生活樣式狀況一覽表

市郡別	街庄別	總 戶 數	%	增設窗戶戶數	%	日本房戶數	%
臺中市		12,343	6.6	11,469	6.9	2,469	10.3
	小　計	12,343	6.6	11,469	6.9	2,469	10.3
彰化市		9,558	5.1	6,689	4.0	2,878	12.0
	小　計	9,558	5.1	6,689	4.0	2,878	12.0
大屯郡	大里庄	1,937	1.0	1,825	1.1	41	0.2
	霧峰庄	3,204	1.8	3,204	2.0	1,280	5.3
	大平庄	1,692	0.9	1,500	0.9	10	0.1
	北屯庄	3,154	1.7	3,154	1.9	10	0.1
	西屯庄	1,934	1.0	1,865	1.1	131	0.5
	南屯庄	1,902	1.0	1,902	1.1	7	0
	烏日庄	3,082	1.7	1,666	1.0	4	0
	小　計	16,905	9.1	15,116	9.1	1,483	6.2
豐原郡	豐原街	4,711	2.5	4,711	2.8	970	4.1
	內埔庄	2,974	1.6	2,974	1.8	1,564	6.5
	神岡庄	2,523	1.4	2,523	1.5	513	2.1
	大雅庄	1,758	0.9	1,703	1.0	325	1.4
	潭子庄	1,719	0.9	1,600	1.0	63	0.3
	小　計	13,685	7.3	13,511	8.1	3,435	14.4
東勢郡	東勢街	3,057	1.7	3,057	1.8	175	0.7
	石岡庄	1,084	0.6	1,084	0.7	42	0.2

	新社庄	1,195	0.6	1,195	0.7	63	0.3
	小　計	5,336	2.9	5,336	3.2	280	1.2
大甲郡	清水街	5,146	2.8	4,950	2.9	1,400	5.7
	梧棲街	2,005	1.1	1,709	1.0	231	1.0
	大甲街	4,469	2.4	3,348	2.0	158	0.7
	沙鹿街	3,303	1.8	3,303	2.0	328	1.4
	外埔庄	1,545	0.8	1,545	0.9	15	0.1
	大安庄	1,564	0.8	1,564	1.0	38	0.2
	龍井庄	2,514	1.3	2,478	1.5	73	0.3
	大肚庄	1,807	1.0	1,786	1.1	47	0.2
	小　計	22,353	12.0	20,683	12.4	2,290	9.6
彰化郡	鹿港街	6,968	3.8	5,925	3.6	696	3.0
	和美庄	4,532	2.4	4,532	2.7	115	0.5
	線西庄	2,787	1.5	2,560	1.5	250	1.0
	福興庄	3,062	1.6	2,718	1.6	98	0.4
	秀水庄	2,319	1.2	2,000	1.2	50	0.2
	花壇庄	2,777	1.5	2,777	1.7	3	0
	芬園庄	2,454	1.3	2,454	1.5	122	0.5
	小　計	24,899	13.3	22,966	13.8	1,334	5.6
員林郡	員林街	5,959	3.2	4,387	2.6	370	1.5
	溪湖街	2,924	1.6	2,924	1.8	76	0.3
	大村庄	2,255	1.2	2,255	1.4	25	0.1
	埔鹽庄	2,493	1.3	2,350	1.4	2	0
	坡心庄	2,454	1.3	2,454	1.5	200	0.9
	永靖庄	3,126	1.7	2,989	1.8	197	0.9
	社頭庄	2,555	1.4	1,520	0.9	102	0.4
	田中庄	2,955	1.6	2,892	1.7	136	0.6
	二水庄	1,872	1.0	1,779	1.1	57	0.2
	小　計	26,593	14.3	23,550	14.2	1,165	4.9

北斗郡	北斗街	2,372	1.3	2,252	1.3	485	2.0
	二林街	3,751	1.9	3,690	2.1	560	2.3
	田尾庄	2,592	1.4	2,592	1.6	231	1.0
	埤頭庄	1,687	0.9	1,602	1.0	132	0.6
	沙山庄	3,109	1.7	2,482	1.5	106	0.4
	大城庄	1,918	1.0	1,918	1.2	126	0.5
	竹塘庄	1,624	0.9	1,598	1.0	33	0.1
	溪州庄	2,948	1.6	2,500	1.5	1,250	5.2
	小　計	20,001	10.7	18,634	11.2	2,923	12.1
南投郡	南投街	4,865	2.6	4,865	2.9	526	2.3
	草屯街	5,474	3.0	3,990	2.4	320	1.3
	中寮庄	2,287	1.2	2,287	1.4	50	0.2
	名間庄	3,431	1.8	3,431	2.1	50	0.2
	小　計	16,057	8.6	14,573	8.8	946	4.0
新高郡	集集庄	2,833	1.6	2,226	1.3	825	3.5
	魚池庄	1,558	0.8	1,481	0.9	383	1.6
	小　計	4,391	2.4	3,707	2.2	1,208	5.1
能高郡	埔里街	4,981	2.7	3,850	2.3	1,850	7.7
	國姓庄	2,116	1.1	1,120	0.7	171	0.7
	小　計	7,097	3.8	4,970	3.0	2,021	8.4
竹山郡	竹山庄	4,876	2.6	4,876	3.0	485	2.0
	鹿谷庄	2,468	1.3	233	0.1	987	4.2
	小　計	7,344	3.9	5,109	3.1	1,472	6.2
總　計		186,562	100	166,313	100	23,904	100

市郡別	街庄別	浴　室　數	%	廁所改善數	%	和服講習會數	%
臺中市		1,320	7.1	3,936	3.6	NA	NA
	小　計	1,320	7.1	3,936	3.6	NA	NA
彰化市		1,987	10.7	2,897	2.6	6	3.1
	小　計	1,987	10.7	2,897	2.6	6	3.1

大屯郡	大里庄	457	2.5	358	0.3	2	1.0
	霧峰庄	2,290	12.3	2,434	2.2	3	1.6
	大平庄	150	0.8	650	0.6	2	1.0
	北屯庄	160	0.9	1,850	1.7	17	8.8
	西屯庄	86	0.5	560	0.5	2	1.0
	南屯庄	360	1.9	1,850	1.7	1	0.5
	烏日庄	14	0.1	625	0.6	NA	NA
	小　計	3,517	19.0	8,327	7.6	27	13.9
豐原郡	豐原街	1,900	10.3	2,780	2.6	1	0.5
	內埔庄	669	3.6	1,982	1.8	12	6.2
	神岡庄	385	2.1	1,639	1.5	NA	NA
	大雅庄	157	0.8	1,230	1.1	2	1.0
	潭子庄	56	0.3	144	0.1	1	0.5
	小　計	3,167	17.1	7,775	7.1	16	8.2
東勢郡	東勢街	240	1.3	3,018	2.8	27	13.9
	石岡庄	37	0.2	513	0.5	9	4.7
	新社庄	15	0.1	711	0.6	14	7.3
	小　計	292	1.6	4,242	3.9	50	25.9
大甲郡	清水街	58	0.3	1,450	1.3	NA	NA
	梧棲街	84	0.5	1,679	1.5	1	0.5
	大甲街	272	1.3	2,831	2.6	3	106
	沙鹿街	51	0.3	2,289	2.1	NA	NA
	外埔庄	20	0.1	1,545	1.4	3	1.6
	大安庄	56	0.3	1,433	1.3	NA	NA
	龍井庄	65	0.4	1,962	1.8	2	1.0
	大肚庄	69	0.4	1,236	1.1	2	1.0
	小　計	675	3.6	14,425	13.1	11	5.7
彰化郡	鹿港街	696	3.6	5,925	5.4	2	1.05
	和美庄	90	0.5	4,000	3.6	NA	NA
	線西庄	52	0.3	2,110	1.9	NA	NA

	福興庄	72	0.4	1,924	1.8	2	1.05
	秀水庄	35	0.2	1,600	1.5	NA	NA
	花壇庄	12	0.1	2,777	2.5	NA	NA
	芬園庄	158	0.9	736	0.7	NA	NA
	小　計	1,115	6.0	19,072	17.4	4	2.1
員林郡	員林街	190	1.0	300	0.3	5	2.6
	溪湖街	116	0.6	1,541	1.4	NA	NA
	大村庄	28	0.2	686	0.6	NA	NA
	埔鹽庄	35	0.2	970	0.9	NA	NA
	坡心庄	200	1.1	2,400	2.3	NA	NA
	永靖庄	336	1.9	2,168	2.0	2	1.0
	社頭庄	62	0.3	1,469	1.3	1	0.5
	田中庄	192	1.0	1,258	1.1	3	1.6
	二水庄	113	0.6	1,498	1.4	NA	NA
	小　計	1,272	6.9	12,290	11.3	11	5.7
北斗郡	北斗街	198	1.1	1,327	1.2	12	6.3
	二林街	375	2.0	750	0.7	6	3.1
	田尾庄	205	1.1	2,200	2.0	NA	NA
	埤頭庄	176	1.0	1,242	1.1	NA	NA
	沙山庄	132	0.7	2,372	2.3	NA	NA
	大城庄	46	0.2	696	0.6	NA	NA
	竹塘庄	89	0.5	685	0.6	2	1.0
	溪州庄	270	1.5	1,769	1.6	6	3.1
	小　計	1,491	8.1	11,041	10.1	26	13.5
南投郡	南投街	894	4.8	4,865	4.4	8	4.1
	草屯街	720	3.9	1,650	1.5	23	12.0
	中寮庄	95	0.5	2,050	1.9	NA	NA
	名間庄	50	0.3	3,431	3.1	NA	NA
	小　計	1,759	9.5	11,996	10.9	31	16.1

新高郡	集集庄	166	0.9	2,133	1.9	NA	NA
	魚池庄	121	0.7	1,494	1.4	3	1.6
	小　計	287	1.6	3,627	3.3	3	1.6
能高郡	埔里街	1,260	6.8	3,240	2.9	5	2.6
	國姓庄	75	0.4	1,418	1.3	NA	NA
	小　計	1,335	7.2	4,658	4.2	5	2.6
竹山郡	竹山庄	243	1.3	3,415	3.1	3	1.6
	鹿谷庄	50	0.3	2,006	1.8	NA	NA
	小　計	293	1.6	5,421	4.9	3	1.6
總　計		18,510	100	109,707	100	193	100

資料來源：臺中州教育會，《臺中州社會教育要覽》昭和 14 年度，頁 189～193。
備　　註：NA 表示無記錄。

第五章　皇民奉公運動

　　太平洋戰爭爆發之後，歐洲情勢急速變化，加上日本國內政治上的動盪不安。昭和 15 年（1940）7 月，爲了因應戰爭的需求，日本第二次近衛文麿內閣再次擬定基本國策，進一步指出其根本目標爲在「八紘一宇」的建國精神之下，奠定世界和平，並致力於國防的充實和外交的進展，以作爲建設大東亞新秩序的基礎。〔註1〕其後不久，外相松岡洋右亦發表外交宣言，指出要根據偉大的皇道精神，建立以日、滿、華三國爲一環的「大東亞共榮圈」，並運用強而有力的皇道，來致力世界新秩序的建設。〔註2〕同年 10 月，近衛文麿內閣又發起設立「大政翼贊會」的國民組織，究其主旨，乃是在互助互信的意念下，自覺本身乃是皇國的臣民，凡事率先作國民的推進力，與政府建立表裡一致的協力關係，而展開的一種新體制運動，稱爲「大政翼贊運動」。〔註3〕按此大政翼贊運動是一種屬於全國國民的運動，其目的是在確保下情上通，上意下達，致力於高度國防體制國家的建立，以期順利完成萬民翼贊和「實踐臣道」的體制，可說是一種以「大東亞共榮圈」爲方向，傾全力整備國家的國防體制。〔註4〕

〔註 1〕　〈基本國策要綱〉，《臺灣日日新報（夕刊）》，昭和 15 年（1940）8 月 2 日，第一萬四千五百八號，第二版。

〔註 2〕　〈獨伊兩國を提攜し世界新秩序建設：松岡外相謹話を放送〉，《臺灣日日新報》，昭和 15 年（1940）9 月 29 日，第一萬四千五百六十六號，第二版。

〔註 3〕　黃昭堂著，黃英哲譯，《臺灣總督府》（臺北市：前衛出版社，1993 年），頁 176。

〔註 4〕　川崎克，《欽定憲法の眞髓と大政翼贊會》（東京市：固本盛國社，1941 年），頁 33～36。

　　爲因應日本國內的「大政翼贊運動」，時在日本統治下的朝鮮因而有「國民總力聯盟」的組成，關東州則成立「興亞奉公聯盟」，南樺太也有「國民奉公會」的成立。〔註5〕而臺灣總督府則是在昭和 16 年（1941）時，特別制定「皇民奉公運動規約」，以及頒行「皇民奉公會實踐要綱」，成立「皇民奉公會」來呼應此一新體制運動，並以皇民奉公會作爲皇民化政策的推行中心，正式展開以內地人、本島人，以及高砂族爲對象的官民一體國民精神加強運動，稱爲「皇民奉公運動」，此運動可說是皇民化運動的第二階段。〔註6〕因此，自昭和 16 年（1941）至昭和 20 年（1945）的皇民奉公運動，其主旨就是在強調挺身實踐，使臺灣人爲日本帝國盡忠，以徹底落實臺灣人民成爲日本皇民的思想。由於「奉公」即具有爲皇國犧牲奉獻的意味，故所謂的「皇民奉公運動」，事實上就是指藉由皇民奉公會來達成強化大政翼贊的戰時體制，除了動員在臺日人，提倡奉公運動外，亦以推進臺灣人同化和皇民化的雙重目標爲目的，以確立高度國防國家體制。因此本章主要是在探討臺灣總督府在推行皇民奉公運動時期下的皇民奉公會組織系統，及其運作情形，藉以探討臺中州的皇民奉公會支部如何因應皇民奉公本部所提倡的皇民奉公運動，以及皇民奉公運動在臺中州的實踐情形是否達到臺灣總督府預期的成效。

第一節　皇民奉公運動的組織與內容

　　皇民奉公運動是由皇民奉公會所指導而推行的一種運動，其實踐要綱爲結成皇民奉公運動的推進者，徹底訓練青年男女，以及智識階級爲指導者；爲期徹底擴充生產力，須展開產業奉公運動以響應國策；爲鞏固後方生活，認識時局，因而互相敬愛之主旨，並運用常會以聯繫之。〔註7〕因此，此一運動的推行，首先即是以絕對無上的國體信仰，來期待臺灣人民皇民精神的透

〔註5〕黃昭堂著，黃英哲譯，《臺灣總督府》，頁 176。

〔註6〕臺灣的皇民奉公運動，基本上是以大正翼贊運動爲「精神母體」，不過在組織的屬性上，皇民奉公會並非大政翼贊會的支部。雖然兩者同爲臣道實踐的國民組織，但並無上下從屬的連結關係，即各有其運作的獨立性。江智浩，〈日治末期（1937～1945）臺灣的戰時動員組織：從國民精神總動員組織到皇民奉公會〉（臺灣桃園：國立中央大學歷史研究所碩士論文，1997 年），頁 69。

〔註7〕陳世慶，〈日據臺時之「皇民奉公」運動〉，《臺北文物季刊》第 8 卷 2 期（1957.06），頁 78。

徹；其次是致力於在各個職位上的鑽研磨練，以達到奉公的精神；第三是以
建設新時代的理想和氣魄來致力於文化的昂揚、生活的更新、體能的向上，
以健全並樹立戰後的生活體制；最後是協力推進非常時期的經濟，高度發揮
生產力，以利經濟國策的推行。〔註8〕故其計劃推行要綱即包括對臺灣人民實
施軍事訓練，使其為皇民奉公運動效力，並加強培養臺灣人民的皇國精神，
達到以奉公為號召，進行各種運動，補充各種物資與勞力，以鞏固戰時經濟。
也就是透過要求臺灣人民參加各種奉公團體，從而將這場運動推向臺灣社會
的各個層面，以徹底落實臺灣人民為日本帝國盡忠的皇國思想。

　　皇民奉公運動的推行主要是以皇民奉公會為中心，而皇民奉公會的組織
係由臺灣總督親任總裁，總務長官為中央本部部長，直接承總裁之命，以綜
理奉公會的會務；其次，奉公會中亦設有顧問、參與，以及奉公委員若干
名，其任期均一年，主要是作為總裁的諮詢對象。此外，並成立奉公委員
會，此委員會的議長由中央本部長任命。另一方面，在皇民奉公會中央本部
下，亦設有事務局，其下再分設總務、宣傳、訓練、文化、生活，以及經濟
六大部門；除中央本部外，在地方上亦分別成立地方支部，並以部落會和奉
公班為最下層的組織。〔註9〕因此總計除了全臺的州廳各自設有支部外，共
計有 11 市 51 郡設支會，56 街 209 庄設分會；市支會下設 257 區會；街庄分
會下設 5,404 個部落會，最下層則設有 68,324 個奉公會，構成全面運動的教
化網。〔註10〕

　　探究皇民奉公會的任務分配，在總務部方面，主要是職掌人事、會計、
庶務，以及運動企畫，並負責各部間事務的聯絡、整備地域性的運動組織、
聯絡調整地方行政機關和各種團體、參與奉公委員會、考察民情和上意浸透
情況，以及普及興亞思想和協力南方戰局的相關事項。其次，皇民奉公會為
了迎合戰爭的需要，因而在總務部中明確指出皇民奉公運動的基本要項為昂
揚戰場精神；注重戰力的強化；確立戰爭生活。而由上述三要項，再引申出
其六大實踐項目為指導者的前線指揮；皇民鍊成的徹底；生產增強運動；配

〔註8〕〈皇民奉公會實踐要綱〉，收入皇民奉公會中央本部，《第二年に於ける皇民
　　　奉公運動の實績》（臺北市：編印者，1943 年），頁 99。

〔註9〕〈皇民奉公運動要綱案〉，《臺灣日日新報》，昭和 16 年（1941）4 月 17 日，
　　　第一萬四千七百六十三號，第三版。

〔註10〕何義麟，〈皇民化政策之研究：日據時代末期日本對臺灣的教育政策與教化運
　　　動〉（臺北市：中國文化大學日本研究所碩士論文，1986 年），頁 177。

給公平化運動；戰時生活樸素化運動，以及必勝儲蓄運動。〔註11〕即是以「皇民奉公會」為組織單位，欲在「臺灣一家」的理念下，推展敬神崇祖的觀念，灌輸臺灣人效忠日本天皇，為天皇而戰的理念；其後再推行戰時體制下的實踐活動，包括昂揚戰意，實踐決戰生活、加強勤勞態度，強化防衛體系，以及推行健民運動。〔註12〕

在訓練部方面，為因應進一步的皇民奉公運動，訓練部在昭和 17 年（1942）首先將其職責擴大為強化青年的鍊成，並在全臺 487 個地方，針對 33,022 名的青年，實施青年鍊成的課程；其次，為了培養在戰時補充東南亞戰地的人力，因而舉辦有向南方建設的拓南訓練，即開設海洋訓練所、拓南工業戰士訓練所，以及拓南農業戰士訓練所，總計養成 649 名的拓南戰士；最後中央本部和地方支部再針對 21,565 名的成年人，辦舉 263 回的鍊成會，以補充戰爭前線的戰力。〔註13〕但是，不論是拓南農業戰士、拓南工業戰士，或是海洋訓練隊，均是以具有國民學校畢業程度、二十歲左右的男性青年為對象，分別集中在各訓練所進行訓練。其中拓南農業戰士訓練所主要是以培養熱帶農業技術者為目的，特別是米、棉、麻等國策作物栽培技術的教導；拓南工業戰士訓練所則以關於南方建設必要的土木、建築，以及機械等技術的訓練與相關南方知識的修習為主；海洋訓練隊則主要是在培育從事海軍、海運，以及水產等工作者相關的知識和技能。〔註14〕

在生活部方面，是以快速整備並強化國民生活為目標，以確立戰爭下的生活體制。其主要負責生活指導、保健衛生、體育，以及常會指導等相關事項。因此在生活部中設有「厚生委員會」和「婦人委員會」，以作為長期備戰考量的國民生活指導。除此之外，生活部另有婦人標準服研究、國民食研究、冠婚葬祭改善、共同炊事研究，以及育兒研究等各式各樣座談會和研究會的舉辦，並刊行《厚生叢書》、《婚禮竝葬儀の基準》、《戰時下に於ける》、《生活相談栞》、《婦人標準服》等生活指導印刷物。再者，為了確立決戰時期的生活體制，因此生活部亦要求奉公班、大日本婦人會、奉公壯年團，以及推

〔註11〕皇民奉公會中央本部，《第二年に於ける皇民奉公運動の實績》，頁 5。
〔註12〕臺灣總督府編，《臺灣統治概要》（臺灣臺北：南天書局，1997 年臺北二刷；原刊於 1945 年），頁 79～80。
〔註13〕皇民奉公會中央本部，《第二年に於ける皇民奉公運動の實績》，頁 23。
〔註14〕江智浩，〈日治末期（1937～1945）臺灣的戰時動員組織：從國民精神總動員組織到皇民奉公會〉，頁 102～103。

進員等組織，協助推行「婦人標準服普及運動」、「結婚及葬儀的新基準實踐運動」等各種新生活運動，以及舉辦婦人鍊成會、生活指導委員和設置「生活相談所」等教化事項。〔註 15〕在文化部方面，文化部主要是負責民眾娛樂的普及和文化提升，以及整備文化機關。所以該部有臺灣文化獎的設立與頒發，目的在闡揚文化翼贊的精神，其內容可分爲臺灣文學獎、臺灣詩歌獎、臺灣文藝功勞獎、臺灣音樂獎，以及臺灣演劇獎五種。另外在教育方面，主要是倡導國民讀書運動；在文藝方面，則舉行有大東亞文藝講演會、國民詩朗讀運動和文藝座談會；在音樂、舞蹈方面，則有藝能大會和豐年舞講習會的舉行；在演戲、電影方面，則有青年演劇指導和移動映畫班的成立；此外，並組成臺灣吹奏奉公團和臺灣音樂文化協會等文化團體，期待藉由文化的提倡，在精神上改造臺灣人民，以促進臺灣皇民文化的建設。〔註 16〕

在宣傳部方面，則主要是職掌各種宣傳的相關事項，加強組織內的聯繫，例如自昭和 16 年（1941）起，宣傳部即開始發行每月一次的小型報紙「回覽板」（瀏覽版、傳閱版），除了作爲地方上各個奉公支會、分會和奉公班之間與中央本部間的溝通工具外，也是皇民奉公會傳達訊息給各部落的文書宣傳刊物。此外，宣傳部在靜態刊物上亦有各種海報與小冊子的製作與發行，甚至自昭和 17 年（1942）10 月開始，有機關誌《新建設》的發行；在動態活動中，則設有各種演劇、講演團體，以舉辦不同的活動來宣傳皇民精神，作爲皇民奉公運動時期的宣傳工具。〔註 17〕在經濟部方面，主要是負責經濟機關的整備、生產配合及消費、勞務、儲蓄和物資回收等事項。因此推行有產業奉公運動、商業奉公運動、必勝儲蓄運動、金屬回收運動、硬幣回收運動，以及實施第二期作螟蟲捕殺競技會。其目的即是在配合戰時體制下能源和戰力的補充，以達成增強生產的目標。〔註 18〕

爲了配合皇民奉公運動的推行，臺灣各州廳亦相繼皆成立皇民奉公會的地方支部，由各州廳的地方首長兼任，並在州廳支部則設置總務、生活，以及經濟三部。其後，各州廳亦在其下的市郡設置皇民奉公會支會，再於各街（町）、庄（村）設置分會，區設區會、部落設置部落會，並在市民之中組織有奉公班，因此可說皇民奉公會最後的末端組織爲部落會和奉公班。（參見

〔註 15〕 皇民奉公會中央本部，《第二年に於ける皇民奉公運動の實績》，頁 47～54。
〔註 16〕 皇民奉公會中央本部，《第二年に於ける皇民奉公運動の實績》，頁 59～63。
〔註 17〕 皇民奉公會中央本部，《第二年に於ける皇民奉公運動の實績》，頁 63～78。
〔註 18〕 皇民奉公會中央本部，《第二年に於ける皇民奉公運動の實績》，頁 79～82。

圖 5-1）然而，奉公班雖然為皇民奉公會最基層組織，由一甲內的住戶不分臺灣人或日本人，原則上以十戶組成一個奉公班，但每一個奉公班底下則設有「世話役」（幹事），由部落會長或區會長指名擔任，負責班內的一切活動，例如促進鄰保間的親睦融和、革新生活、執行物資生產，以及配給消費等統制經濟。至於區會、部落會和奉公班則每個月皆會定期召開一次常會，主要目的是在傳達上部機構的訊息給班內的人民，以及轉達民情給上部的機構。值得一提的是，部落會和奉公會的組成，是以保甲制度為基礎，依據保甲的設立目標，以鄰保共同體的原則，加以轉換而來的，目的在達成居民的相互扶助，使臺灣總督府的政策能徹底施行。〔註 19〕

圖 5-1：皇民奉公會組織系統

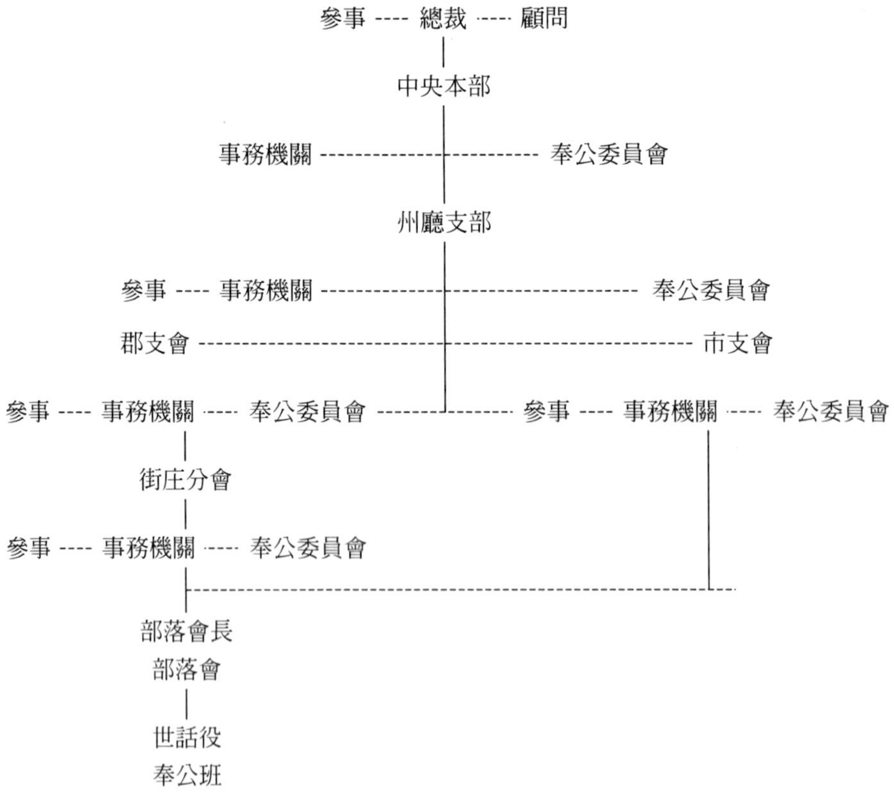

```
                    參事 ---- 總裁 ---- 顧問
                            │
                          中央本部
                            │
    事務機關 ----------------------------- 奉公委員會
                            │
                          州廳支部
                            │
    參事 ---- 事務機關 --------------------------- 奉公委員會
    郡支會 ------------------------------------------ 市支會
                            │
參事 ---- 事務機關 ---- 奉公委員會 ----------- 參事 ---- 事務機關 ---- 奉公委員會
             │
          街庄分會
             │
參事 ---- 事務機關 ---- 奉公委員會
                            └──────────────────────────────
          部落會長
          部落會
             │
          世話役
          奉公班
```

資源來源：〈臺灣の特殊性を加味　皇民奉公運動の大綱〉，《臺灣日日新報》，昭和 16 年（1941）4 月 17 日，第一萬四千七百六十三號，第三版。

〔註 19〕臺灣總督府編，《臺灣統治概要》，頁 80。

　　昭和 17 年（1942），臺灣總督府為呼應日本內地大政翼贊會的改組，特地將皇民奉公會在組織上做了調整。即為了考量經費預算和避免人力、物力的重疊浪費，以及使命令系統能夠一元化，臺灣總督府的首要考量即在整合當時的各種國民組織與運動團體，期待將其重新整編之後，全部歸納在皇民奉公會的系統之下。因而臺灣總督府除了明定將原屬獨立事業的附屬團體全部解散，統合整理入官廳或地方自治體之中外，甚至將原屬社會教育、教化、文化事業或皇民鍊成團體者，也都解散，轉而納入皇民奉公會體系中；其後，臺灣總督府再改正農會畜產會規則，廢止屬於農會畜產會系統的團體或聯合會；並將所屬官廳互異但同系的團體合而為一。因此，自昭和 17 年起，所有的教育會、教化聯合會、聯合青年團或國民精神總動員支會等皆被廢止，轉而統合入皇民奉公會之中，成為皇民奉公會傘下的團體，不再隸屬於街庄組織。〔註 20〕此時，臺灣各廳州下的各級地方首長除了兼任各層級「皇民奉公會」組織首長，還組織有「奉公壯年團」、「商業奉公團」、「產業奉公團」、「挺身奉公隊」、「文學奉公隊」、「臺灣演劇協會」、「紙芝居協會」〔註 21〕，以及由未婚女性所組成的「桔梗俱樂部」等組織來作為皇民奉公會的外圍團體，自經濟、文化、教育各方面來推展皇民奉公運動。因此「皇民奉公會」可說是結合各地方官民指導者而成的全島性教化組織。〔註 22〕

　　以皇民奉公會為中心展開的皇民奉公運動，為有效推行戰時體制下的各項政策，以及灌輸臺灣人忠誠的皇國精神，因此在全臺各支部舉辦有許多的鍊成會。據皇民奉公會中央本部的統計，昭和 17 年（1942）時，以新竹州支部舉辦的次數最多，計有 40 次，佔全部次數的 41.6%，參加的人次計有 3,702人次，是各支部中參與人次最多的一州，佔總參加人次的 51.3%；而臺中州支部則在次數和人數上居次，共舉辦過 18 次，佔全部舉辦次數的 18.7%，計有1,107 人次參加，佔總參加人次的 15.4%。（參見表 5-1）但在各支部管內的支會和分會下，則是以臺北州支部舉辦鍊成會的次數最多，共有 126 次，佔全

〔註 20〕 鄭麗玲，〈戰時體制下的臺灣社會（1937～1945）：治安、社會教化、軍事動員〉（臺灣新竹：國立清華大學歷史研究所碩士論文，1993 年），頁 54～55。
〔註 21〕「紙芝居」為日本的一種紙戲，或稱連環話劇，是一種按圖畫講故事的表演。雅虎日本辭典網站：http://dic.yahoo.co.jp/dsearch?enc=UTF-8&p=%E7%B4%99%E8%8A%9D%E5%B1%85&stype=0&dtype=0（2007/03/14）。
〔註 22〕 何義麟，〈皇民化政策之研究：日據時代末期日本對臺灣的教育政策與教化運動〉，頁 179。

部舉辦次數的 49.8%，總計有 8,110 人次參加，佔總參加人次的 41.1%；而臺中州支部和花蓮港廳支部則次之，臺中州支部共舉辦 48 次，佔總次數的 19.0%，總計有 4,472 人次參加，佔總參加人次的 22.7%，花蓮港廳支部亦舉辦有 48 次，亦佔總次數的 19.0%，總計有 5,025 人次參加，佔總參加人次的 25.5%。（參見表 5-2）

表 5-1：昭和 17 年皇民奉公會各地方支部鍊成會一覽表

支　部	次　數	％	人　次	％
臺北州支部	12	12.6	945	13.2
新竹州支部	40	41.6	3,702	51.3
臺中州支部	18	18.7	1,107	15.4
臺南州支部	4	4.2	425	5.8
高雄州支部	10	10.4	441	6.3
花蓮港廳支部	3	3.1	132	1.8
臺東廳支部	2	2.1	119	1.6
澎湖廳支部	7	7.3	335	4.6
合　計	96	100	7,206	100

資料來源：皇民奉公會中央本部，《第二年に於ける皇民奉公運動の實績》（臺北市：編印者，1943 年），頁 35～39。

表 5-2：昭和 17 年皇民奉公會各支部管內支會分會鍊成會一覽表

支　部	次　數	％	人　次	％
臺北州支部	126	49.8	8,110	41.1
新竹州支部	19	7.5	1,085	5.5
臺中州支部	48	19.0	4,472	22.7
臺南州支部	8	3.2	577	2.9
高雄州支部	2	0.6	80	0.5
花蓮港廳支部	48	19.0	5,025	25.5
臺東廳支部	2	0.7	356	1.8
澎湖廳支部	0	0	0	0
合　計	253	100	19,705	100

資料來源：皇民奉公會中央本部，《第二年に於ける皇民奉公運動の實績》，頁 39～44。

　　然而，自昭和 18 年（1943）至昭和 19 年（1944），可說爲日本大東亞戰爭全面擴大的時期，皇民奉公會中央本部爲呼應臺灣總督府制定的「決戰態勢強化方策」，開始進行中央與地方機構的改編。其中，皇民奉公會中央本部決定增加起用臺灣人來專任部長，地方機構中也以廣泛起用臺灣人爲重點，例如曾經以林貞六（即林呈祿）擔任生活部長，〔註 23〕以林獻堂擔任皇民奉公會中央本部參與，〔註 24〕即是欲塑造出日臺一體與官民一體的形象和氣氛，以利臺灣在戰時體制下的動員。

　　此外，此時期皇民奉公會中央本部的組織，也由原先的六部，縮編爲總務、訓練、國民動員，以及戰時生活四部。〔註 25〕其中由總務部職掌庶務、人事、會計以及各項調查，並負責國民組織的育成、上意的滲透狀況、考察民情，以及聯絡調整局內各部及外部；訓練部則是實施徵兵制下的青年鍊成，以及指導臺灣青少年團和從事軍紀念會等訓練；國民動員部則負責下部組織的動員指導、實行增強生產的國民運動、動員各階層的勤勞奉公、獎勵國民儲蓄和回收必需資源，以及推行國語的常用熟練強化運動和奉公防空群等相關事項，並加強其下各團體的統制指導；戰時生活部則是致力於戰爭必勝信念的確立和決戰意識的昂揚，以及指導決戰生活的實踐、加強戰時思想文化、灌輸並普及興亞思想和舉辦各種啓發宣傳活動。而皇民奉公會的各地支部，此時也由原本的四部制，縮編爲總務、訓練，以及國民動員三部制。〔註 26〕再者，此時期的實踐項目也由原本的戰場精神的昂揚、確立戰時生活，以及戰力的強化，擴大爲國體觀念中「必勝」信念的昂揚，並致力於實踐決戰生活、增強必勝生產、強化戰時總勤勞的態勢，以及完備國民防衛體系和強力推行健兵健民運動。〔註 27〕

　　爲了加強皇民精神的灌輸，以及決戰生活的實踐和戰時生產的增加，皇

〔註 23〕李國生，〈戰爭與臺灣人：殖民政府對臺灣的軍事人力動員（1937～1945）〉（臺北市：國立臺灣大學歷史研究所碩士論文，1997 年），頁 55。

〔註 24〕許雪姬，〈皇民奉公會的研究：以林獻堂的參與爲例〉，《中央研究院近代史研究所集刊》第 31 期，頁 183。

〔註 25〕鄭麗玲，〈戰時體制下的臺灣社會（1937～1945）：治安、社會教化、軍事動員〉，頁 55。

〔註 26〕〈皇民奉公運動強化刷新方策要綱〉（昭和 18 年 12 月），收入皇民奉公會中央本部，《第三年目ニケス皇民奉公運動の實績》（臺北市：編印者，1944 年），頁 121～123。

〔註 27〕皇民奉公會中央本部，《第三年目ニケス皇民奉公運動の實績》，頁 4。

民奉公會中央本部進一步加強致力於各地方支部鍊成會的舉行。總計在昭和
18 年（1943）時，臺灣各地方支部共舉辦了 89 次的鍊成會，共有 4,347 人次
參加，其中又以臺中州支部舉行的 29 次爲最多，佔總舉行次數的 32.6%，參
加人次亦爲最多，總計有 1,581 人次，佔總參加人次的 36.4%；臺北州支部則
以舉辦 26 次居次，佔總次數的 29.2%，且亦有 1,118 人次的參加，佔總參加
人次的 25.7%。（參見表 5-3）

表 5-3：昭和 18 年皇民奉公會各地方支部鍊成會一覽表

支　部	次　數	%	人　次	%
臺北州支部	26	29.2	1,118	25.7
新竹州支部	2	2.2	120	2.8
臺中州支部	29	32.6	1,581	36.4
臺南州支部	5	5.6	273	6.2
高雄州支部	9	10.1	344	7.9
花蓮港廳支部	0	0	0	0
臺東廳支部	1	1.1	86	2.0
澎湖廳支部	17	19.2	825	19.0
合　計	89	100	4,347	100

資料來源：皇民奉公會中央本部，《第三年目ニケス皇民奉公運動の實績》（臺北市：編印者，
　　　　　1944 年），頁 37～41。

　　至於在各支部管內各支會與分會所舉辦的鍊成會次數方面，總計在昭和
18 年（1943）時，是以臺中州管內舉辦的次數最多，計有 212 次，佔全部舉
辦次數的 22.6%，但在參與人次方面，則是以新竹州管內參與的人次最多，
計有 36,391 人次參加，佔總參加人次的 35.8%；而在性別的參與比例方面，
男性共舉辦過 791 次，計有 87,887 人次參加，女性則舉辦過 150 次，計有
13,740 人次參加，明顯得知男性的參與比例要比女性高出許多。其中男性的
舉行次數亦是以臺中州管內較多，計有 204 次，佔總次數的 21.7%，但參加人
次仍是以新竹州管內爲最多，計有 34,034 人次參加，佔總參加人次的 33.5%；
而女性的舉行次數則是以高雄州管內爲最多，共舉辦有 47 次，佔全部次數的
4.9%，參加人次則是以臺北州管內爲最多，計有 3,070 人次參加，佔總參加人
次的 3.0%。（參見表 5-4）

表 5-4：昭和 18 年皇民奉公會各支部管內支會分會錬成會一覽表

支　部		次　數	%	人　次	%
臺北州支部	男	128	13.6	14,794	14.6
	女	26	2.9	3,070	3.0
	小計	154	16.5	17,864	17.6
新竹州支部	男	148	15.7	34,034	33.5
	女	19	2.1	2,357	2.3
	小計	167	17.8	36,391	35.8
臺中州支部	男	204	21.7	12,349	12.2
	女	8	0.9	2,325	2.2
	小計	212	22.6	14,674	14.4
臺南州支部	男	132	14.0	17,257	17.0
	女	5	0.7	1,020	1.0
	小計	137	14.7	18,277	18.0
高雄州支部	男	140	14.9	6,148	6.0
	女	47	4.9	2,802	2.8
	小計	187	19.8	8,950	8.8
花蓮港廳支部	男	21	2.2	1,823	1.8
	女	35	3.4	1,130	1.1
	小計	56	5.6	2,953	2.9
臺東廳支部	男	4	0.4	115	0.1
	女	0	0	0	0
	小計	4	0.4	115	0.1
澎湖廳支部	男	14	1.6	1,367	1.3
	女	10	1.0	1,036	1.1
	小計	24	2.6	2,403	2.4
合　計	男	791	84.1	87,887	86.5
	女	150	15.9	13,740	13.5
總　計		941	100	101,627	100

資料來源：皇民奉公會中央本部，《第三年目ニケス皇民奉公運動の實績》，頁 41～55。

　　此外，值得注意的是，昭和 18 年（1943）時，爲因應戰時的需求，皇民奉公會各支部管內的支會與分會亦分別舉辦有特殊的鍊成會，例如國防訓練鍊成會、救護訓練鍊成會，或是防空訓練鍊成會等。總計在昭和 18 年共舉辦過 1,842 次的特殊鍊成會，計有 232,661 人次參加，其中臺南州管內舉辦的次數最多，計有 417 次，佔全部次數的 22.7%，參加人次亦爲最多，計有 112,157 人次參加，佔全部參加人次的 48.2%。在性別的舉辦次數與參與人次方面，男性共舉行有 769 次的特殊鍊成會，佔全部次數的 41.7%，參加人次計有 57,755 人次，佔全部人次的 24.8%，而女性則共舉辦有 1,073 次，佔全部次數的 58.3%，參加人次亦有 174,906 人次，佔全部參加人次的 75.2%。其中男性的舉行次數又以臺東廳管內舉行的次數最多，共舉行過 397 次，佔全部次數的 21.6%，參加人次亦是以臺東廳管內最多，計有 24,372 人次參加，佔全部參加人次的 10.5%；而在女性方面，則是以臺南州管內舉行的次數最多，共舉行過 375 次，佔全部次數的 20.4%，參加人次亦是以臺南州管內最多，計有 112,157 人次參加，佔全部參加人次的 46.8%。（參見表 5-5）而由上述特殊鍊成會舉辦的男女比例與參與人次可得知，在戰時體制下，由於大部份的男性均已被徵調去各地的戰場補充戰力，因此後方的支援主要是以女性爲主軸。故當臺灣總督府爲針對戰時需求而舉行特殊的鍊成會時，後方能動員的男性實屬有限，多需仰仗對女性的動員，以補充戰時所需的物資，或是救護人員的培養，所以女性在特殊鍊成會中舉行的次數，以及所參與的人次，在比例上已較從前增加許多，亦受到較多的重視。

表 5-5：昭和 18 年皇民奉公會各支部管內支會分會特殊鍊成會一覽表

支　部		次　數	%	人　次	%
臺北州支部	男	152	8.3	6,062	2.6
	女	176	9.5	7,268	3.1
	小計	328	17.8	13,330	5.7
新竹州支部	男	17	0.9	7,968	3.4
	女	102	5.6	5,220	2.3
	小計	119	6.5	13,188	5.7
臺中州支部	男	43	2.3	4,983	2.0

	女	178	9.7	31,427	13.6
	小計	221	12.0	36,410	15.6
臺南州支部	男	42	2.3	3,104	1.4
	女	375	20.4	109,053	46.8
	小計	417	22.7	112,157	48.2
高雄州支部	男	78	4.2	9,252	4.0
	女	183	10.0	18,404	7.9
	小計	261	14.2	27,656	11.9
花蓮港廳支部	男	10	0.5	319	0.2
	女	9	0.5	298	0.1
	小計	19	1.0	617	0.3
臺東廳支部	男	397	21.6	24,372	10.5
	女	11	0.5	665	0.3
	小計	408	22.1	25,037	10.8
澎湖廳支部	男	30	1.6	1,695	0.7
	女	39	2.1	2,571	1.1
	小計	69	3.7	4,266	1.8
合　計	男	769	41.7	57,755	24.8
	女	1,073	58.3	174,906	75.2
總　計		1,842	100	232,661	100

資料來源：皇民奉公會中央本部，《第三年目ニケス皇民奉公運動の實績》，頁55～64。

　　皇民奉公運動在皇民奉公會的指導之下，企圖結合臺灣的人力與物資，以全面供應戰時體制下人力和物力的大量需求。此運動自昭和16年（1941）開始，至昭和19年（1944）止，總共推行了三年。皇民奉公會實踐要綱有四：一為發揮皇民精神；二為致力於職分奉公之赤誠；三為確立後方生活體制；四為協力推進非常時期之經濟，其目的在竭誠奉公展開「臣道實踐」之國民運動。計此四要綱可化約成皇民奉公運動中，徹底訓練男女青年及知識階級為指導者，以培養皇民奉公運動之推進者；展開產業奉公運動，以期徹底擴充生產力；以常會營運來認識時局、相互敬愛為主，並鞏固後方生活體制三項實踐要目；而其活動要項則為訓練、增產，以及確立後方生活體

制。〔註28〕

　　首先是在訓練方面，包括有青年鍊成、指導者鍊成，以及拓南訓練。即是欲在日本從自由主義轉向全體主義之際，仿效德、義國家體制，以「訓練」為國家奉仕的第一要件。其中在青年的鍊成方面，針對不同的訓練目標，又可分為三種訓練：第一種訓練是針對17～25歲的青年，施以軍事訓練、第二種訓練是以產業青年的鍊成為著眼點、第三種訓練則是以女子青年的婦德涵養和婦人勞務就業的鍊成為主，目的即在藉由訓練，來提升臺灣人的日本人氣質與素質，並使臺灣人成為皇民奉公運動之推進力；〔註29〕其次是增產方面，即利用地域及職域組織來達成補充國防物資，以及主要糧食之目的，其所涉及範圍擴及於農、工、商、礦等方面。按農業增產是以米糧、甘藷為主，而工、礦增產者則多屬國防物資。此外，因男性的中堅份子多已被大力動員到戰地，在勞動力告急的情況下，而將16～25歲之未婚女性，全部列入動員體系之中，涵養所謂的「日本婦道」，以補充勞動力不足的現象；第三則是確立後方生活體制，以利大東亞戰爭的進行。

　　由於區會、部落會、奉公班等，是皇民奉公會系統的最基層組織，是直接和民眾接觸的單位，其中「常會」更是屬於團體活動的軸心，是最直接與基層民眾接觸的單位，因此，除了在皇民體操（或稱厚生體操）、大掃除等方面外，臺灣民眾亦經常透過常會來認識時局，湧現報恩感謝之念，致力職分奉公，並影響皇民奉公之成效。〔註30〕而「常會」依地區和層級的不同，又可分為「市街庄常會」、「部落常會、町內常會」、「奉公班常會」、「家庭常會」，以及其他各種團體的「常會」，但探究各個常會的指示事項，皆不外乎是順應國策、提升教育、國語普及、國民儲蓄、生活簡易化，改善陋習、以及金屬回收等關乎後方生活及教育的實踐要目。〔註31〕所以皇民奉公

〔註28〕林蘭芳，〈日據末期臺灣「皇民奉公運動」（1941～1954）〉，收入中華民國史專題第三屆討論會秘書處編，《中華民國史專題論文集：第三屆討論會》（臺灣臺北：國史館，1996年），頁1213。

〔註29〕江智浩，〈日治末期（1937～1945）臺灣的戰時動員組織：從國民精神總動員組織到皇民奉公會〉，頁95。

〔註30〕林蘭芳，〈日據末期臺灣「皇民奉公運動」（1941～1954）〉，收入中華民國史專題第三屆討論會秘書處編，《中華民國史專題論文集：第三屆討論會》，頁1213～1218。

〔註31〕臺灣總督府國民精神總動員本部，《部落會／町內會の整備と常會の指導》教化印刷物29（臺北：編印者，1940年），頁19～25。

運動的宣傳方針，即是以知識分子爲對象，舉行各種講演會、座談會、懇談會，使其認清時局的發展瞭解皇民奉公運動的眞實意涵；對一般民眾則實施文書宣傳、圖畫、電影、幻燈劇等，以引發民眾的興趣，進而宣導奉公理念。

　　然而，在臺灣人的政治參與過程之中，雖然臺灣總督府欲藉由戰爭的需求，在皇民奉公運動中，將臺灣人特別是菁英人士納入政府體系之中，使其得以順利地推行各項奉公運動。但在一項昭和 20 年（1945）關於臺灣人與日本人在官方體系中職位的比較表中（參見表 5-6），可知臺灣人在日本政府系統下，雖然在負責國庫、州費、廳費、市費，以及街庄費等職務者，計有 78,528 人，佔全部總人數 123,124 人的 63.4%，所佔的比例甚至比日本人還要高，但實際究其職等與服務內容，則可發現臺灣人所佔的職缺，大部份仍是屬於較爲基層體係，上層的職位仍爲日本人所把持，而且在薪資上與日本人官吏，亦有相當程度的落差。

表 5-6：昭和 20 年日、臺職員統計表

項目			總數	敕官	奏任官	奏任官待遇	判任官	判任官待遇	吏員	囑託	雇員	事務傭	其他傭
總數			123,124	167	2,120	176	22,066	10,872	6,291	11,475	42,097	5,856	22,004
日人總數			44,596	166	2,091	152	18,370	6,009	958	1,548	12,113	560	2,629
臺人總數			78,528	1	29	24	3,696	4,863	5,333	9,927	29,984	5,296	19,375
國庫	總督府	日人	3,245	11	238	6	1,179	47	—	210	1,460	33	61
		臺人	2,247	—	2	—	51	5	2	134	744	241	1,068
	所屬官署	日人	17,053	97	820	29	4,877	834	—	537	7,294	454	2,111
		臺人	27,799	1	19	2	358	470	19	2,861	10,044	3,178	10,847
	州	日人	9,075	7	552	1	3,694	3,815	2	325	620	28	31
		臺人	6,363	—	4	—	410	2,485	—	882	1,659	336	551
	廳	日人	1,595	51	—	—	455	798	1	59	206	6	19
		臺人	1,012	—	—	—	20	43	—	61	660	63	168
州費	州	日人	10,234	—	421	3	7,487	415	95	246	1,438	20	109
		臺人	13,584	—	4	—	2,709	1,763	95	453	6,947	372	1,241
廳費	廳	日人	933	—	37	—	626	15	9	36	184	5	21
		臺人	798	—	—	—	126	59	15	13	421	19	145

市　費	市役所	日人	1,837	—	23	—	52	—	638	73	788	8	255
		臺人	4,412	—	—	—	22	—	408	120	1,530	75	2,257
街庄費	街庄役場	日人	624	—	—	113	—	85	213	62	123	6	22
		臺人	22,310	—	—	22	—	38	4,794	5,403	7,943	1,012	3,038
比例（%）		日人	36.22	99.4	98.63	86.36	83.25	55.27	12.23	13.49	28.77	9.56	11.95
		臺人	63.78	0.6	1.37	13.64	16.75	44.73	84.77	86.51	71.23	90.44	88.05

資料來源：江智浩，〈日治末期（1937～1945）臺灣的戰時動員組織：從國民精神總動員組織到皇民奉公會〉（臺灣桃園：國立中央大學歷史研究所碩士論文，1997年），頁127。

第二節　臺中州的皇民奉公運動

　　昭和 12 年（1939），為配合政府政策，徹底施行皇民化運動，臺中州下的各街庄亦紛紛在州內各地配置了「教化指導員」作為官方代表，來視察境內社會教化的成效。〔註32〕昭和16 年（1941）6 月 24 日，臺中州成立皇民奉公會支部，同年 7 月 1 日，州下各郡市亦成立了支會，各街庄也在同月 7 日成立了分會。按照「皇民奉公會州廳支部事務規程準則」中的規定，皇民奉公會地方支部設置有總務、生活，以及經濟三部門。各部的部長由總裁任命，而當支部長未能執行任務時，其職務則由總務部長代理。〔註33〕

　　昭和 17 年（1942），也就是推行皇民奉公運動的第二年，臺灣各支部內進行皇民奉公運動的內容已有其特色，即是針對各州廳內的獨特情況，各有所著重。例如臺北州支部，在此時是致力於展開商業奉公運動，以及南方要員的選出及鍛鍊，並促成各種挺身隊的組織和活動；新竹州支部則是著重在向皇大神宮及橿原神宮捐獻神饌費及建艦獻金的募集，並舉行奉公班的聯誼；臺南州支部則為實施米穀增產運動，刊行並解說時局要圖，以及實施螟蟲捕殺競技會；高雄州支部則是在奉公班內設置皇民塾，舉辦模型航空機製作講習會，以及設置生活刷新委員會；臺東廳支部則為舉辦國防訓練大會；花蓮港廳支部主要是著重在推行婦人委員的決戰態勢確保運動，以及金屬回收補助和供出運動；澎湖廳支部則是致力於國語常用和挺身隊的活躍；而臺中州支部進行的皇民奉公運動在此時則主要是致力於開設「生活相談所」，募

〔註32〕臺中州，《臺中州社會教育要覽》昭和 12 年度（臺中州：編印者，1938 年），頁 30。

〔註33〕皇民奉公會中央本部，《第二年に於ける皇民奉公運動の實績》，頁 112～114。

集及頒佈宣傳歌謠標語，並且推行國語普及常用運動。〔註34〕

　　爲了配合皇民奉公運動的實踐綱要，臺中州支部在昭和17年（1942）亦舉辦有各種性質不同的鍊成會，如常會指導者鍊成會、部落會長鍊成會，或是各種奉公鍊成會，其目的皆爲加強臺灣在戰時體制下的總體戰力，以因應戰爭的需求。總計在昭和17年時，臺中州共舉辦了18次的鍊成會，計有1,107人次參加。（參見表5-7）；而臺中州支部管內的支會與分會亦舉辦有各種的鍊成會，除了由支會與分會自發性舉辦的鍊成會外，亦有由中央本部委託而舉行的鍊成會，例如有關經濟方面的「經濟法令遵法鍊成會」、「州經濟警察職員鍊成會」，或是「彰化銀行奉公團鍊成會」等，總計臺中州管內的各支會與分會共舉辦過48次的鍊成會，計有4,472人次參加。（參見表5-8）

表5-7：昭和17年皇民奉公會臺中州支部鍊成會一覽表

鍊　成　會　名　稱	人　次	期　間	次　數
常會指導者鍊成會	139	3日間	2
部落會長鍊成會	144	3日間	3
推進員鍊成會	236	5日間	3
分會長鍊成會	54	4日間	1
地方支部役員鍊成會	59	3日間	1
支會分會專任職員鍊成會	70	4日間	1
產業奉公團鍊成會	135	4日間	2
商業奉公會鍊成會	58	4日間	1
奉公壯年團幹部鍊成會	212	3日間	4
合　計	1,107		18

資料來源：皇民奉公會中央本部，《第二年に於ける皇民奉公運動の實績》，頁36。

表5-8：昭和17年皇民奉公會臺中州支部管內支會分會鍊成會一覽表

鍊　成　會　名　稱	人　次	期　間	次　數	備　註
世話役鍊成會	544	3日間 5日間 10日間	8	臺中市、大屯郡、東勢郡、員林郡、新高郡、竹山郡

〔註34〕皇民奉公會中央本部，《第二年に於ける皇民奉公運動の實績》，頁83～84。

赤誠婦女團錬成會	414	3 日間	2	臺中市
市郡役所職員錬成會	290	3 日間	5	臺中市、大屯郡
區會町內會役員世話役錬成會	886	5 日間	2	彰化市
區會書記職員錬成會	117	7 日間	2	彰化市
婦人錬成會	50	3 日間	1	彰化市
推進員錬成會	193	5 日間	3	大屯郡、竹山郡
役場職員錬成會	126	3 日間	3	大屯郡
指導者錬成會	100	7 日間	2	大甲郡
部落會長錬成會	65	3 日間	1	NA
道士錬成會	80	3 日間	1	員林郡
街庄吏員錬成會	461	3 日間	2	北斗郡
勞務奉公隊錬成會	23	4 日間	1	北斗郡
庶務課職員錬成會	28	4 日間	1	新高郡
經濟法令遵法錬成會	250	8 日間	1	委託錬成會
全島遞信部職員錬成會	250	6 日間	1	委託錬成會
州經濟警察職員錬成會	45	5 日間	1	委託錬成會
州高等警察職員錬成會	40	5 日間	1	委託錬成會
州土木課職員錬成會	50	3 日間	1	委託錬成會
商業奉公團錬成會	60	3 日間	1	委託錬成會
佛教奉公團錬成會	35	2 日間	1	委託錬成會
奉公壯年團錬成會	40	3 日間	1	委託錬成會
臺中州自動車運輸會社錬成會	45	4 日間	1	委託錬成會
基督奉公團臺中州支部錬成會	30	2 日間	1	委託錬成會
體力向上修養會	100	7 日間	1	委託錬成會
彰化銀行奉公團錬成會	110	3 日間	2	委託錬成會
理髮業主錬成會	40	2 日間	1	委託錬成會
合　計	4,472		48	

資料來源：皇民奉公會中央本部，《第二年に於ける皇民奉公運動の實績》，頁 40～42。

　　昭和 18 年（1943）時，為更加強化戰時體制，皇民奉公會除了將中央本部的單位及機構進行改編外，亦改正了「皇民奉公會州廳支部事務規程準則」。首先是在支部設置事務局，並設有事務局長，其下設有總務、訓練、國民動員，以及戰時生活四部。〔註 35〕同一時間，皇民奉公會臺中州支部在昭和 18 年的活動，計有舉辦時局認識的講演會，舉行對海軍特別志願兵制度實施的感謝和祝賀，並舉辦對實施徵兵制度的感謝活動，辦理學徒壯行會和推行國語常用運動，此外，亦有針對女性的強化勞作，以及舉行有商業奉公團的簡易飛行場獻納和地理師、擇日師、道士的懇談會。〔註 36〕再者，臺中州的皇民奉公會支部亦注重青年訓練，以及指導者的鍊成訓練。首先在青年訓練方面，組織有奉公青年團、體力向上修養會，並致力於加強國語訓練；其次，展開勤勞奉仕的產業奉公，組織訓練並召開產業奉公團鍊成會和商業奉公會鍊成會等。例如，在臺中州東勢郡新社庄臺中州立實踐農業學校內，設有第二拓南農業戰事訓練所，以及在臺中州員林郡永靖庄永靖員林實踐農業學校內，設有第三拓南農業戰士訓練所，培養戰時體制下的南進人員，以補充戰力；〔註37〕其次在女子訓練方面，則有婦人鍊成會、赤誠婦女團鍊成會，以及女子世話役鍊成會等鍊成會的召開，主要是在因應戰時人力、物資的缺乏，必須動員女性來支援救護體系。

　　臺中州支部在昭和 18 年時，由於戰時人力與物資的消耗過大，為期待能有效動員物資和人力，因而再度加強州內鍊成會的舉辦。按此時主要是針對職員及幹部如部落會長或是街庄會長的訓練，主要是藉由對職員或會長的鍊成，來加強物資和人力的補充，總計臺中州在昭和 18 年時共舉辦過 28 次的鍊成會，參加人次計有 1,545 人次。（參見表 5-9）而在臺中州管內的支會與分會舉辦的鍊成會之中，亦多屬針對職員或是幹部的鍊成，其中針對男性舉行的次數計有 204 次，參加人次計有 12,349 人次；針對女性舉行的次數計有 8 次，參加人次計有 2,325 人次，男女合計共舉辦了 212 次，參加人次總計有 14,674 人次，較昭和 17 年時的推行情況，不僅在舉辦次數或參加人次上增大幅增加許多。（參見表 5-10）

〔註35〕皇民奉公會中央本部，《第三年目ニケス皇民奉公運動の實績》，頁 131～134。

〔註36〕皇民奉公會中央本部，《第三年目ニケス皇民奉公運動の實績》，頁 97～99。

〔註37〕皇民奉公會中央本部，《第二年に於ける皇民奉公運動の實績》，頁 46。

表 5-9：昭和 18 年皇民奉公會臺中州支部鍊成會一覽表

鍊 成 會 名 稱	人 次	期 間	次 數
部落會長鍊成會	650	2 日間	13
優良部落幹部鍊成會	50	3 日間	1
畫劇挺身隊指導者鍊成會	102	9 日間	2
商業奉公團指導者鍊成會	70	3 日間	1
州內高等官竝課長及支會長竝中等學校長鍊成會	62	2 日間	1
商業奉公團職長鍊成會	57	3 日間	1
支會及分會職員鍊成會	70	2 日間	1
推進員鍊成會	116	7 日間	2
產業組合長鍊成會	60	3 日間	1
增產助役鍊成會	55	2 日間	1
支會主事、街庄分會長鍊成會	68	2 日間	1
中堅指導者鍊成會	24	3 日間	1
街庄分會總務部長鍊成會	57	2 日間	1
街庄分會常會指導者鍊成會	104	2 日間	1
合　計	1,545		28

資料來源：皇民奉公會中央本部，《第三年目ニケス皇民奉公運動の實績》，頁 37～38。

表 5-10：昭和 18 年皇民奉公會臺中州支部管內支會分會鍊成會一覽表

	鍊 成 會 名 稱	人 次	期 間	次 數
男	奉公壯年團員鍊成會	176	11 日間	9
	部落會長／町會長及世話役鍊成會	5,555	182 日間	153
	推進員鍊成會	98	6 日間	3
	分會職員鍊成會	220	13 日間	5
	商業奉公團幹部鍊成會	102	7 日間	2
	郡街庄職員鍊成會	261	12 日間	6
	部落會役職員鍊成會	319	8 日間	5
	學校職員鍊成會	110	2 日間	2

	部落指導者鍊成會	413	7 日間	5
	郡及街庄農務職員鍊成會	48	2 日間	1
	商業奉公團員鍊成會	90	2 日間	2
	老年層鍊成會	24	2 日間	2
	商店從業者鍊成會	245	10 日間	5
	奉仕訓練	3,000	2 日間	1
	家長鍊成會	500	20 日間	1
	未教育男子指導者鍊成會	464	1 日間	1
	未教育男子鍊成會	724	40 日間	1
	小　計	12,349		204
女	女子世話役鍊成會	97	3 日間	1
	婦女子鍊成會	180	2 日間	2
	婦人奉仕訓練	1,000	2 日間	2
	國語講習所講師鍊成會	8	7 日間	1
	婦人指導者鍊成會	520	1 日間	1
	主婦及未教育婦人鍊成會	520	20 日間	1
	小　計	2,325		8
	合　計	14,674		212

資料來源：皇民奉公會中央本部，《第三年目ニケス皇民奉公運動の實績》，頁 45～47。

　　昭和 18 年（1943）以後，爲因應戰事的需要，臺中州支部再度大幅召開各種不同的特殊鍊成會，如畫劇挺身隊指導者鍊成會、中堅指導者鍊成會、未教育男子鍊成會、擔架訓練鍊成會、救護訓練鍊成會、防空訓練鍊成會等，多是屬於爲因應戰時體制，而特別成立的鍊成會。而在針對指導者的鍊成訓練上，臺中州支部則設有常會指導者鍊成會、推進員鍊成會、地方支部役員鍊成會、街庄吏員鍊成會，以及中堅指導者鍊成會等，目的在強化戰時狀態下的軍事和經濟體制。據統計，在臺中州支部的主導下召開的各種鍊成會中，針對男性舉行的次數計有 43 次，參加人次計有 4,983 人次；針對女性舉行的次數計有 178 次，參加人次計有 31,481 人次，男女合計共舉辦了221 次，參加人次總計有 36,464 人次，且針對女性召開的特殊鍊成會次數與參加人次，均較男性高出許多，此種情況實是與戰時體制下男性多被動員至

戰場有關，因此可知在特殊鍊成方面，主要是以女性為施行對象。（參見表
5-11）

　　總計至昭和 19 年（1944）3 月 20 日為止，臺中州一共有 21 個區會，114
個奉公班聯合會，1,265 個部落會，14,050 個奉公班，全臺中州加入「皇民奉
公會」的不下 10 萬人。﹝註38﹞顯示皇民奉公運動在臺灣總督府的指導下，似
乎已經深入地方上的每個地區，自基層灌輸臺灣人「皇民」的精神，使臺灣
人在戰時體制下皆能為日本天皇而戰，成為光榮的「日本人」。

表 5-11：昭和 18 年皇民奉公會臺中州支部管內特殊鍊成會一覽表

	鍊 成 會 名 稱	人　次	期　間	次　數
男	國防訓練練成會	2,774	31 日間	31
	相撲鍊成會	114	31 日間	2
	強步大會	300	1 日間	1
	救護訓練鍊成會	176	2 日間	2
	國防訓練／指導者鍊成會	88	2 日間	2
	防空訓練鍊成會	1,400	5 日間	4
	防空群長鍊成會	131	1 日間	1
	小　計	4,983		43
女	救急炊出訓練	8,826	37 日間	92
	特設女子／救護隊員鍊成會	60	2 日間	1
	婦人國防訓練鍊成會	14,693	84 日間	27
	救護訓練鍊成會	5,532	23 日間	51
	銃劍術訓練鍊成會	150	2 日間	1
	擔架訓練鍊成會	120	2 日間	2
	防空訓練鍊成會	2,100	5 日間	4
	小　計	31,481		178
	合　計	36,464		221

資料來源：皇民奉公會中央本部，《第三年目ニケス皇民奉公運動の實績》，頁 57～58。

﹝註38﹞臺灣總督府編，《臺灣統治概要》，頁 80。

第六章　結　論

　　日治時期，臺灣總督府具有絕對的專制地位，行政機關的權力廣泛。但日本人若要徹底統治臺灣，就必須要使臺灣人民接受日本式的教育、思想，並改變其生活習慣與宗教信仰等，使其真正融入日本式的社會生活之中。大正 9 年（1920）在臺灣總督田健治郎「內地延長主義」政策的施行下，臺灣總督府開始對臺灣人民施行同化政策，並將社會教化作為政策施行之重點，其後更在皇民化運動的積極推動下，益加蓬勃發展，直到 1945 年日本戰敗。

　　社會教化運動起源於 1910 年代中期，臺灣總督府利用臺灣社會風行的放足斷髮運動，鼓勵地方紳商名流、區街庄長等社會領導階層，組織國語普及會、風俗改良會等社會教化團體，以推動普及日語、革新風教和矯正陋習等任務。其後自 1930 年代開始，臺灣總督府為了加強對臺灣人民的精神改造，因而先後推行一系列的社會教化運動，此即「部落振興運動」、「國民精神總動員運動」，以及「皇民奉公運動」，欲自精神面來改造和加強臺灣人民對日本母國的認同。

　　回顧臺中州的社會教化運動，可知臺中州在大正 9 年（1920）實施地方行政區劃改制以前，已成立許多教化團體，例如在明治 44 年（1911）神武天皇祭典時，有由林獻堂等人發起成立「臺中剪髮會」；大正初期時，又有社會領導階層倡導「解纏足」，以改善不良風俗。而自昭和 8 年（1933）3 月 25 日臺中州頒布「臺中州教化聯盟規約」之後，啟動了一連串聯絡提攜社會教化事業、舉行社會教化事業的獎勵、注重生活改善，以及國語普及等教化施設。其後為便於聯絡臺中州內各地區的社會教化組織，於昭和 12 年（1937）

成立臺中州教化聯合會，其目標並特別定位在灌輸臺中州民皇國精神、強化國民自覺、促進良好風氣，以及致力於產業、交通、衛生的改善等精神改造與生活品質提升等方面。隨著同年社會教化委員制度的實施，處於社會最基層的行政組織－－部落，亦自發性地設立部落振興會或生活改善會等教化組織，使教化運動逐漸落實在基層組織中。其中，臺中州的部落振興運動，主要是以市街庄部落為單位成立部落振興會，並以全體部落成員的活動為中心，建設有部落集會所（部落道場）。根據統計，臺中州在昭和 14 年（1939）時，共有 1,091 個部落振興會與 895 個部落道場。值得一提的是，北斗郡田尾庄的三十張犁部落振會與員林郡田中庄的田潭部落振興會更曾獲選為臺中州的優良部落。

昭和 12 年（1937）中日戰爭爆發，為因應戰事的需求，日本第一次近衛文麿內閣遂於是年 9 月發表了「國民精神總動員計劃實施要綱」，要求動員人民的國民精神，投入戰場。臺灣總督府為配合此政策的實施，於是在昭和 15 年（1940）成立國民精神總動員本部；並陸續在各州廳設置支部，其中臺中州支部即在昭和 12 年（1937）10 月成立。臺中州國民精神總動員運動的實踐目標，主要是在貫徹皇國精神、強化戰時意識，以及推動現代生活三方面。由於國民精神總動員本部是以培養臺灣人民的戰爭意識和協力戰時動員為著眼點，因而臺中州地方支部在組織上的屬性亦完全從屬於本部，不但致力於戰時的動員，亦延續了臺灣社會中的生活改善運動。臺中州支部除了推動國語常用、加強國家意識培養、發揚皇民精神，以及鼓勵神社參拜外，亦努力進行現代式廁所的改善和生活習俗改良等相關事項，甚至舉辦了一連串的時局講演會，向臺灣人民說明戰爭的情況，鼓勵臺灣人民盡力為國付出，並獲得相當的成效。總計在昭和 14 年（1939）時，臺中州各市郡共舉行了 636 次的祈願祭，計有 492,828 人次參加；其施行神宮大麻的奉齋，以及家庭正廳改善的成功率，甚至超過 90%。另外，在總體生活樣式的改善方面，昭和 14 年時，在臺中州 186,562 個家庭中，計有 166,313 個家庭已增設窗戶，加強照明和通風，佔全部家庭的 89.1%；23,904 個家庭有日本房的建置，佔全部家庭的 12.8%；18,510 個家庭改用日式浴室，佔全部家庭的 9.9%；109,707 個家庭改用現代化的廁所，佔全部家庭的 58.8%，凡此均顯示此運動推行的成果極為豐碩。

太平洋戰爭爆發之後，日本國內政治動盪不安，昭和 15 年（1940）7

月，爲了因應戰爭的需求，第二次近衛文麿內閣調整基本國策，進一步指出其根本目標爲在「八紘一宇」的建國精神之下，致力於國防的充實和外交的進展，以作爲建設大東亞新秩序的基礎。同年 10 月，近衛文麿內閣又發起設立「大政翼贊會」的國民組織，推動在互助互信的意念下，自覺本身乃是皇國的臣民，凡事率先作國民的推進力，與政府建立表裡一致的協力關係的「大政翼贊運動」。爲呼應日本國內的「大政翼贊運動」，臺灣總督府亦在昭和 16 年（1941）時，頒行「皇民奉公會實踐要綱」，成立「皇民奉公會」，並以皇民奉公會作爲皇民化政策的推行中心，正式展開以日本人、臺灣人，以及高砂族爲對象的官民一體國民精神加強運動，稱爲「皇民奉公運動」。其主旨即在強調挺身實踐，使臺灣人爲日本帝國盡忠，以徹底落實臺灣人民成爲日本皇民的思想。昭和 16 年（1941）6 月 24 日，臺中州成立皇民奉公會支部；同年 7 月 1 日，臺中州下各郡市亦成立了支會，各街庄也在同月 7 日成立了分會。爲了配合皇民奉公運動的推動，臺中州支部在昭和 17 年（1942）舉辦有各種性質不同的鍊成會，如常會指導者鍊成會、部落會長鍊成會，或是各種奉公鍊成會，其目的即在加強臺灣在戰時體制下的總體戰力，以因應戰爭的需求。昭和 18 年（1943）以後，爲因應戰事的需要，臺中州支部再度大幅召開各種不同的特殊鍊成會，如畫劇挺身隊指導者鍊成會、中堅指導者鍊成會等，屬於爲因應戰時體制而特別成立的鍊成會，目的在強化戰時狀態下的軍事和經濟體制。根據統計，在臺中州支部的主導下召開的各種鍊成會中，針對女性召開的特殊鍊成會次數與參加人次，似乎均較男性高出許多，此種情況當與戰時體制下男性多被動員至戰場有關。總計至昭和 19 年（1944）3 月 20 日爲止，臺中州一共有 21 個區會，114 個奉公班聯合會，1,265 個部落會，14,050 個奉公班，可知此一皇民奉公運動的推行已達到臺灣總督府預期的目標。

　　綜合以上對臺中州一系列社會教化運動的探討，筆者認爲在經過臺灣總督府有系統地推行社會教化運動之下，其所主張的貫徹皇國精神、強化戰時意識，以及推動現代生活等目標，似乎已經深入到臺灣各個地區，並徹底自基層灌輸臺灣人「皇民」的精神，因而當時臺灣在戰時體制下，有許多臺灣人願意爲戰事提供大量的人力和物資，甚至以成爲「日本人」爲榮，顯示社會教化運動的推行實有相當的成效。

附錄：臺中州歷任首長及其任期

官　職　名	姓　　名	任　　　　期
臺灣縣知事	兒玉利國	明治 28.05～28.08（1895.05～1895.08）
臺灣民政支部長	兒玉利國	明治 28.08～29.03（1895.08～1896.04）
臺中縣知事	牧　朴眞	明治 29.04～29.08（1896.04～1896.08）
臺中縣知事	村上義雄	明治 29.08～31.06（1896.08～1898.06）
臺中縣知事	木下周一	明治 31.06～34.04（1898.06～1901.05）
臺中廳廳長	小林三郎	明治 34.05～35.06（1901.05～1902.06）
臺中廳廳長	岡本武輝	明治 35.06～39.09（1902.06～1906.09）
臺中廳廳長	佐藤謙太郎	明治 39.09～42.10（1906.09～1909.10）
臺中廳廳長	枝　德二	明治 42.10～大正 4.12（1909.10～1915.12）
臺中廳廳長	三村三平	大正 7.12～8.04（1918.12～1919.04）
臺中廳廳長	加福豊次	大正 8.04～9.09（1919.04～1920.09）
臺中州知事	加福豊次	大正 8.04～9.09（1919.04～1920.09）
臺中州知事	立川　連	大正 10.02～11.05（1921.02～1922.05）
臺中州知事	常吉德壽	大正 11.05～13.12（1922.05～1923.12）
臺中州知事	本山文平	大正 13.12～15.10（1923.12～1926.10）
臺中州知事	三浦碌郎	大正 15.10～昭和 2.07（1926.10～1927.07）
臺中州知事	佐藤　續	昭和 2.07～3.07（1927.07～1928.07）
臺中州知事	生駒高常	昭和 3.07～4.07（1928.07～1929.07）

臺中州知事	水越幸一	昭和 4.07～6.01（1929.07～1931.01）
臺中州知事	太田吾一	昭和 6.01～7.03（1931.01～1932.03）
臺中州知事	竹下豊次	昭和 7.03～10.01（1932.03～1935.01）
臺中州知事	日下辰太	昭和 10.01～11.10（1935.01～1936.01）
臺中州知事	松岡一衛	昭和 11.10～15.01（1936.01～1940.01）
臺中州知事	奧田達郎	昭和 15.01～16.01（1940.01～1941.01）
臺中州知事	森田俊介	昭和 16.01～20.01（1941.01～1945.01）
臺中州知事	清水七郎	昭和 20.01～20.10（1945.01～1945.10）

資料來源：篠原正巳，《臺中‧日本統治時代の記錄》（臺北市：臺灣區域發展研究院臺灣文化研究所，1996 年），頁 211～213。

參考書目

一、基本史料

1. 《臺灣日日新報》,臺北:臺灣總督府,1896～1944 年。

2. 《臺灣時報》,臺北:臺灣總督府,1909～1945 年。

3. 中村孝志編,《日本の南方関与と臺灣》,日本奈良:天理教道友社,1988年。

4. 丸田武治編輯,《大甲郡社會教育要覽》,臺中州:大甲郡教化聯合會,1941 年。

5. 大甲郡教化聯合會,《大甲郡社會教育概況》昭和 12 年度,臺中州:編印者,1938 年。

6. 川崎克,《欽定憲法の眞髓と大政翼贊會》,日本東京市:固本盛國社,1941 年。

7. 中越榮二,《臺灣の社會教育》,臺北市:臺灣の社會教育刊行所,1936年。

8. 井出季和太,《臺灣治績志》,臺北市:南天書局,1997 年臺北二刷(原刊於 1937 年)。

9. 臺中市政府編印,《臺中要覽》,臺灣臺中:編印者,1947 年。

10. 臺中州,《臺中州要覽》,臺北:臺灣日日新報,1926 年。

11. 臺中州,《臺中州社會教育要覽》,臺中州:編印者,1937～40 年。

12. 臺中州教育課,《臺中州青少年團概況》,臺中州:編印者,1940 年。

13. 臺中州教育課,《臺中州教育年鑑》,臺中州:編印者,1931～1933 年。

14. 臺中州教育課,《臺中州社會教育概況》,臺中州:編印者,1932～1935年。

15. 臺中州教育課，《教育概況》，臺中州：編印者，1937～1938 年。

16. 臺灣教育會，《臺灣教育沿革誌》，臺北市：編印者，1939 年。

17. 臺灣新聞社，《臺中市史》，臺中州：編印者，1934 年。

18. 臺灣總督府，《國民精神總動員實施概要》，臺北市：編印者，1939 年。

19. 臺灣總督府內務局，《全島青年會其他社會教化的團體》，臺北市：編印者，1925 年。

20. 臺灣總督府文教局，《全島青年團、處女會、家長會、主婦會調》，臺北市：編印者，1926 年。

21. 臺灣總督府文教局社會課，《臺灣に於ける優良部落施設概況》，臺北市：編印者，1940 年。

22. 臺灣總督府官府統計課編，《臺灣總督府行政區域便覽》，臺北市：編印者，1944 年。

23. 臺灣總督府國民精神總動員本部，《部落會／町內會の整備と常會の指導》，臺北市：編印者，1940 年。

24. 臺灣總督府警務局，《臺灣總督府警察沿革誌（一）》，臺北市：南天書局，1995 年臺北二刷（原刊於 1933 年）。

25. 臺灣總督府編，《臺灣統治概要》，臺北市：南天書局，1997 年臺北二刷（原刊於 1945 年）。

26. 永田城大編，《民風作興の具體策》，臺北市：實業之臺灣社，1938 年。

27. 西屯庄教化聯合會，《西屯庄社會教化施設概況》，臺中州：編印者，1939 年。

28. 呂順安主編，《臺中市鄉土史料》，臺灣省南投縣：臺灣省文獻委員會，1994 年。

29. 佐田熹家，《日本通史》，臺北市：揚智文化事業公司，1995 年。

30. 佐藤源治，《臺灣教育の進展》，臺北市：臺灣出版文化株式會社，1943 年。

31. 何健民纂修，《臺灣省通志稿》卷 3 政事志社會篇，臺北市：臺灣省文獻委員會編輯組，1960 年。

32. 沈征郎、賴淑姬、胡業沅、朱界陽著，《細說臺中》，臺北市：聯合報社，1979 年。

33. 東鄉實、佐藤四郎著，《臺灣植民發達史》，日本東京：晃文館，1916 年。

34. 花松村編纂，《臺灣鄉土全誌》第 5 冊，臺北市：中一出版社，1996 年。

35. 林傳旺編輯，《北屯庄社會教育概況》，臺中州：北屯庄役場，1937 年。

36. 杵淵義房，《臺灣社會事業史》，臺北市：南天書局，1991 年。

37. 邱淼鏘，《部落教化の實際》，臺中州：三十張犁部落振興會，1940 年。

38. 洪敏麟主編，《日本據臺初期重要檔案》，臺灣省臺中市：臺灣省文獻委員會，1978 年。

39. 南投郡役所，《南投郡社會教化委員會大會開催》，臺中州：編印者，1939 年。

40. 張勝彥編著，《臺中市史》，臺灣省臺中市：臺中市立文化市心，1999 年。

41. 皇民奉公會中央本部，《第二年に於ける皇民奉公運動の實績》，臺北市：編印者，1943 年。

42. 皇民奉公會中央本部，《第三年目ニケス皇民奉公運動の實績》，臺北市：編印者，1944 年。

43. 員林郡教化聯盟，《員林郡社會教化概況》昭和 10 年度，臺中州：編印者，1936 年。

44. 柴田廉，《臺灣同化策論》。臺北市：晃文館，1923 年。

45. 國民精神總動員臺中州支部，《國民精神總動員新體制》，臺中州：編印者，1935 年。

46. 集集庄教化聯合會，《集集庄社會教化施設概況》，臺中州：編印者，1939 年。

47. 遠山茂樹、今井清一、藤原彰著，《昭和史》，日本東京：岩波書店，1959 年。

48. 劉枝萬，《南投縣教育志稿》，臺灣南投：南投縣文獻委員會，1960 年。

49. 橋本白水，《臺灣統治と其功勞者》，臺北市：南國出版協會，1930 年。

50. 篠原正巳，《臺中・日本統治時代の記錄》，臺北市：臺灣區域發展研究院臺灣文化研究所，1996 年。

二、專書

1. 王詩琅，《日本殖民地體制下的臺灣》，臺北市：眾文出版社，1980 年。

2. 王詩琅，《臺灣社會運動史／文化運動》，臺灣省臺北縣：稻香出版社，1988 年。

3. 王錦雀，《日治時期臺灣公民教育與公民特性》，臺北市：臺灣古籍出版社，2005 年。

4. 臺灣史研究部會，《日本統治下臺灣の支配と展開》，日本名古屋：中京大學社會科學研究所，2004 年。

5. 矢內原忠雄著，周憲文譯，《日本帝國主義下之臺灣》，臺北市：海峽學術出版社，2002 年。

6. 吳文星，《日治時期臺灣的社會領導階層》，臺北市：五南圖書出版公司，2008 年。

7. 吳濁流，《臺灣連翹》，臺灣省臺北縣：草根出版公司，1995 年。

8. 呂紹理，《水螺響起：日治時期臺灣社會的生活作息》，臺北市：遠流出版社，1998 年。

9. 李永熾，《日本近代史研究》，臺灣臺北：稻禾出版社，1992 年。

10. 李國祁總纂、呂實強副總纂，《臺灣近代史》政治篇，臺灣南投：臺灣省文獻委員會，1995 年。

11. 李筱峰、張炎憲、戴寶村主編，《臺灣史論文精選（下）》，臺北市：玉山社出版社，1996 年。

12. 周宗賢主編，《臺灣史國際學術研討會：社會、經濟與墾拓論文集》，臺灣臺北：國史館，1995 年。

13. 周婉窈，《海行兮的年代：日本殖民統治末期臺灣史論集》，臺北市：允晨文化公司，2002 年。

14. 林呈蓉，《前近代日本對外方針之研究》，臺灣臺北：稻禾出版社，1998 年。

15. 林呈蓉，《近代國家的摸索與覺醒：日本與臺灣文明開化的進程》，臺北市：吳三連臺灣史料基金會，2005 年。

16. 林明德，《日本近代史》，臺北市：三民書局，1996 年。

17. 林繼文，《日本據臺末期（1930～1945）戰爭動員體系之研究》，臺灣臺北：稻鄉出版社，1996 年。

18. 邱坤良，《日治時期臺灣戲劇之研究（一八九五～一九四五）》，臺北市：自立晚報社，1992 年。

19. 洪敏麟等著，《臺中市發展史》，臺灣省臺中市：臺中市政府，1989 年。

20. 楊碧川，《後藤新平傳：臺灣現代化的奠基者》，臺北市：一橋出版社，1995 年。

21. 荊子馨著，鄭力軒譯，《成爲「日本人」：殖民地臺灣與認同政治》，臺北市：麥田出版／家庭傳媒城邦分公司發行，2006 年。

22. 袁穎生，《光復前後的臺灣經濟》，臺北市：聯經出版社，1998 年。

23. 國立臺灣大學歷史學系主編，《日據時期臺灣史國際學術研討會論文集》，臺北市：國立臺灣大學，1993 年。

24. 張炎憲主編，《歷史、文化與臺灣》，臺北市：臺灣風物出版社，1988 年。

25. 張勝彥、吳文星、溫振華、戴寶村編著，《臺灣開發史》，臺灣臺北：國立空中大學，1996 年。

26. 陳玲蓉，《日據時期神道統治下的臺灣宗教政策》，臺北市：自立晚報社，1992 年。

27. 陳培豐，《「同化」の同床異夢：日治時期臺灣的語言政策、近代化與認同》，臺北市：麥田出版／家庭傳媒城邦分公司發行，2006 年。

28. 黃秀政，《『臺灣民報』與近代臺灣民族運動》，臺灣彰化：現代潮出版社，1977 年。

29. 黃秀政，《臺灣割讓與乙未抗日運動》，臺北市：臺灣商務印書館，1992 年。

30. 黃秀政、張勝彥、吳文星，《臺灣史》，臺北市：五南圖書出版公司，2001 年。

31. 黃昭堂著，黃英哲譯，《臺灣總督府》，臺北市：前衛出版社，1994 年。

32. 黃靜嘉，《春帆樓下晚濤急：日本對臺灣的殖民統治及其影響》，中國北京：北京商務印書館，2003 年。

33. 楊渡，《日據時期臺灣新劇運動（一九二三～一九三六）》，臺北市：時報文化公司，1994 年。

34. 楊建成，《臺灣士紳皇民化個案研究》，臺北市：龍文出版社，1995 年。

35. 葉晉玉編，《老大墩‧新故鄉》，臺灣臺中：臺中市文化局，1999 年。

36. 葉龍彥，《日治時期臺灣電影史》，臺北市：玉山社出版公司，1998 年。

37. 蔡錦堂，《日本帝國主義下臺灣の宗教政策》，日本東京：同成社，1994 年。

38. 瞿海源、章英華主編，《臺灣社會與文化變遷》上冊，臺北市：中央研究院民族學研究所，1998 年。（中央研究院民族學研究所專刊乙種第 16 號）

39. 戴國煇著、魏廷朝譯，《臺灣總體相：住民、歷史、心性》，臺北市：遠流出版社，1989 年。

40. 鶴見祐輔，《後藤新平》（第二卷）。東京：勁草書房，1965 年。

41. Chou, Wan-yao（周婉窈）, "*The Kominka Movement: Taiwan under Wartime Japan, 1937~1945*", Yale University, Ph. D. Dissertation, 1991.

42. E. Patricia Tsurumi（派翠西亞‧鶴見）, "*Japanese Colonial Education in Taiwan: 1895~1945*", Havard University Press, 1977.

三、期刊論文

1. ねずまさし原作、程大學譯，〈「皇民化」政策與「民俗臺灣」〉，《臺灣文獻》第 32 卷 2 期，1981 年 6 月，頁 72～81。

2. 小林道彥著、李文良譯，〈後藤新平與殖民地經營：日本殖民政策的形成與國內政治〉，《臺灣文獻》第 48 卷 3 期，1985 年 9 月，頁 101～121。

3. 井上聰，〈臺灣第七代總督明石元二郎與同化政策〉，《臺灣風物》第 37 卷 1 期，1987 年 3 月，頁 33～52。

4. 王世慶，〈皇民化運動前的臺灣社會生活改善運動：以海山地區爲例（1914～1937）〉，《思與言》第 29 卷 4 期，1991 年 4 月，頁 5～63。

5. 王怡芳，〈日治時期虎尾市街的出現與成長（1908～1945）〉，《臺灣文獻》第 52 卷 2 期，2001 年 6 月，頁 385～441。

6. 王順隆，〈日治時期臺灣人「漢文教育」的時代意義〉，《臺灣風物》第 49 卷 4 期，1999 年 12 月，頁 107～127。

7. 王詩琅，〈日據初期的籠絡政策〉，《臺灣文獻》第 26 卷 4 期、第 27 卷 1 期合刊，1976 年 3 月，頁 31～41。

8. 白純，〈簡析日據晚期的臺灣「皇民奉公會」〉，《臺灣研究》第 57 期，2002 年 3 月，頁 75～80。

9. 江燦騰，〈日治初期在臺殖民統治的同化措施與內臺佛教的辯證發展（上）〉，《宜蘭文獻》第 48 期，2000 年 11 月，頁 3～107。

10. 江燦騰，〈日治初期在臺殖民統治的同化措施與內臺佛教的辯證發展（下）〉，《宜蘭文獻》第 49 期，2001 年 1 月，頁 82～127。

11. 何義麟，〈皇民化期間之學校教育〉，《臺灣風物》第 36 卷 4 期，1986 年 12 月，頁 47～88。

12. 何鳳嬌，〈日本治臺的同化政策〉，《歷史月刊》第 88 期，1995 年 5 月，頁 47～52。

13. 吳文星，〈日據時期臺灣總督府推廣日語運動初探〉（上），《臺灣風物》第 37 卷 1 期，1987 年 3 月，頁 1～31。

14. 吳文星，〈日據時期臺灣社會領導階層與「國語普及運動」之研究〉（上），《近代中國》第 55 期，1987 年 10 月，頁 265～279。

15. 吳文星，〈日據時期臺灣總督府推廣日語運動初探〉（下），《臺灣風物》第 37 卷 4 期，1987 年 12 月，頁 53～86。

16. 吳文星，〈日據時期臺灣社會領導階層與「國語普及運動」之研究〉（下），《近代中國》第 56 期，1987 年 12 月，頁 237～255。

17. 吳學明，〈日本殖民統治下臺灣鄉村社會的變遷：以新竹北埔爲例〉，《臺北文獻》第 107 期，1994 年 3 月，頁 23～62。

18. 杜武志，〈皇民化運動與臺灣文化〉，《臺北文獻》第 139 期，2002 年 3 月，頁 163～214。

19. 周明德，〈臺灣總督府國民精神研修所〉，《臺灣風物》第 50 卷 1 期，2000 年 3 月，頁 9～12。

20. 周婉窈，〈臺灣人第一次的「國語」經驗：析論日治末期的日語運動及其問題〉，《新史學》第 6 卷 2 期，1995 年 6 月，頁 113～161。

21. 周婉窈，〈歷史的統合與建構：日本帝國圈內臺灣、朝鮮和滿洲的「國史」教育〉，《臺灣史研究》第 10 卷 1 期，2003 年 6 月，頁 33～84。

22. 孟祥瀚，〈社會教化與地方控制：以日治時期東臺灣新港郡社會教化組織為例〉，《興大歷史學報》第 16 期，2005 年 6 月，頁 277～304。

23. 邱敏捷，〈論日治時期臺灣語言政策〉，《臺灣風物》第 48 卷 3 期，1998 年 9 月，頁 39～59。

24. 施添福，〈日治時代臺灣地域社會的空間結構及其發展機制：以民雄地方為例〉，《臺灣史研究》第 8 卷 1 期，2001 年 10 月，頁 1～39。

25. 洪秋芬，〈臺灣保甲和「生活改善」運動（1937～1945）〉，《思與言》第 29 卷 4 期，1991 年 12 月，頁 115～153。

26. 洪惟仁，〈日據時代的臺語教育〉，《臺灣風物》第 42 卷 3 期，1992 年 9 月，頁 49～84。

27. 洪敏麟，〈從東大墩街到臺中市的都市發展過程〉，《臺灣文獻》第 26 卷 2 期，1975 年 6 月，頁 116～139。

28. 洪敏麟，〈纏腳與臺灣的天然足運動〉，《臺灣文獻》第 27 卷 3 期，1976 年 9 月，頁 143～157。

29. 范燕秋，〈大正民主時代臺灣新世代知識分子與蔣渭水醫師〉，《宜蘭文獻》第 63 期，2003 年 5 月，頁 36～55。

30. 徐國章，〈由「六三法」看日本治臺的基本理念〉，《臺灣風物》第 48 卷 2 期，1998 年 6 月，頁 19～41。

31. 許淑娟，〈日治時代部落振興運動的社區精神〉，《環境與世界》第 8 期，2003 年 12 月，頁 25～54。

32. 許雪姬，〈皇民奉公會的研究：以林獻堂的參與為例〉，《中央研究院近代史研究所集刊》第 31 期，1999 年 6 月，頁 167～211。

33. 許維勤，〈日本同化政策對臺灣社會的戕傷〉，《臺灣研究集刊》第 78 期，2002 年 12 月，頁 70～75。

34. 郭水潭，〈臺灣同化運動史話〉，《臺北文物》第 3 卷 2 期，1954 年 8 月，頁 105～109。

35. 陳小沖，〈1937～1945 年臺灣皇民化運動述論〉，《臺灣研究集刊》第 18 期，1987 年 12 月，頁 72～81。

36. 陳小沖，〈日本在臺同化政策及其失敗〉，《臺灣研究集刊》第 37 期，1992 年 1 月，頁 64～71。

37. 陳壬癸，〈日據末期臺胞抵制「皇民化」運動之探討〉，《臺灣文獻》第 35 卷 1 期，1984 年 3 月，頁 45～52。

38. 陳世慶，〈日據臺時之「皇民奉公」運動〉，《臺北文物》第 8 卷 2 期，1959 年 6 月，頁 75～79。

39. 陳培豐，〈重新解析殖民地臺灣的國語「同化」教育政策：以日本的近代思想史為座標〉，《臺灣史研究》第 7 卷 2 期，2001 年 12 月，頁 1～49。

40. 章英華、齊力，〈臺灣家戶型態的變遷：從日據到光復後〉，《思與言》第 29 卷 4 期，1991 年 12 月，頁 85～111。

41. 黃文瑞，〈日據以迄光復初期臺灣行政組織之探究〉，《臺灣文獻》第 45 卷 1 期，1994 年 3 月，頁 69～99。

42. 黃跃榮，〈日本殖民統治臺灣時期的民族歧視政策〉，《臺灣研究》第 58 期，2002 年 6 月，頁 76～81。

43. 楊雅惠，〈日據末期的臺灣女性與皇民化運動〉，《臺灣風物》第 43 卷 2 期，1993 年 6 月，頁 69～84。

44. 溫振華，〈清代臺灣中部的開發與社會變遷〉，《臺灣師大歷史學報》第 13 期，1983 年 6 月，頁 43～95。

45. 溫振華，〈日據時期臺中市之都市化〉，《思與言》第 26 卷 1 期，1988 年 5 月，頁 81～100。

46. 劉振魯，〈對日據時期減種政策的剖析〉，《臺灣文獻》第 33 卷 1 期，1982 年 3 月，頁 121～129。

47. 蔡慧玉，〈日據時期臺灣的保甲制度：以動員為例〉，《臺灣史田野研究通訊》第 26 期，1993 年 3 月，頁 67～69。

48. 蔡慧玉，〈日治時代臺灣的保甲戶籍行政〉，《臺灣風物》第 44 卷 3 期，1994 年 9 月，頁 107～136。

49. 蔡慧玉，〈日治時代臺灣保甲書記初探〉，《臺灣史研究》第 1 卷 2 期，1994 年 12 月，頁 5～24。

50. 蔡慧玉，〈保正、保甲書記、街庄役場〉，《臺灣風物》第 45 卷 4 期，1995 年 12 月，頁 83～106。

51. 蔡慧玉，〈一九三○年代臺灣基層行政的空間結構分析：以「農事實行組合」為例〉，《臺灣史研究》第 5 卷 2 期，2000 年 4 月，頁 55～100。

52. 蔡錦堂，〈日據末期臺灣人宗教變遷：以「家庭正廳改善運動」為中心〉，《思與言》第 29 卷 4 期，1991 年 12 月，頁 65～83。

53. 蔡錦堂，〈日本據臺末期神社的建造──以「一街一庄一社」政策為中心〉，《淡江史學》第 4 期，1992 年 6 月，頁 211～224。

54. 蔡錦堂，〈日據時期臺灣之宗教政策〉，《臺灣風物》第 42 卷 4 期，1992 年 12 月，頁 105～136。

55. 蔡錦堂，〈日本治臺時期所謂「同化主義」的再檢討：以「內地延長主義」為中心〉，《臺灣史蹟》第 36 期，2000 年 6 月，頁 242～250。

56. 蔡錦堂，〈日本治臺時期的神道教與神社建造〉，《宜蘭文獻》第 50 期，2001 年 3 月，頁 3～50。

57. 蔡錦堂，〈日本治臺時期所謂「同化政策」的實像與虛像初探〉，《淡江史學》第 13 期，2002 年 10 月，頁 181～192。

58. 謝瑞隆，〈日治時期臺中州模範部落：三十張犁〉，《彰化文獻》第 7 期，2006 年 8 月，頁 21～40。

59. 關口隆正著、陳金田譯，〈臺中地區移民史〉，《臺灣風物》第 30 卷 1 期，1980 年 3 月，頁 9～33。

60. 菊仙（黃旺成），〈後藤新平的治臺三策〉，《臺灣民報》第 145 號，1927 年 2 月 20 日。

四、學位論文

1. 中西美貴，〈挪用現代：大正時期臺灣人民的不同殖民統治經驗〉，臺北市：國立臺灣大學歷史學研究所碩士論文，2003 年。

2. 朱珮琪，〈臺灣日治時期菁英教育的搖籃：以臺中一中為例〉，臺灣新竹：國立清華大學歷史研究所碩士論文，1999 年。

3. 江智浩，〈日治末期（1937～1945）臺灣的戰時動員組織：從國民精神總動員組織到皇民奉公會〉，臺灣桃園：國立中央大學歷史研究所碩士論文，1997 年。

4. 何義麟，〈皇民化政策之研究：日據時代末期日本臺灣的教育政策與教化運動〉，臺北市：中國文化大學日文研究所碩士論文，1986 年。

5. 吳秀環，〈日治時期臺灣皇民化政策之改姓名研究〉，臺北市：中國文化大學日本語文學研究所碩士論文，2005 年。

6. 吳玥瑜，〈日據時期臺灣同化政策之研究〉，臺灣臺北：淡江大學日本研究所碩士論文，1991 年。

7. 李國生，〈戰爭與臺灣人：殖民政府對臺灣的軍事人力動員（1937～1945）〉，臺北市：國立臺灣大學歷史研究所碩士論文，1997 年。

8. 林佩欣，〈日治前期臺灣總督府對舊慣宗教之調查與理解（1895～1919）〉，臺北市：國立政治大學史學研究所碩士論文，2002 年。

9. 林波智，〈日本の臺灣植民地教育政策に對す考察〉，臺北市：中國文化大學日本語文學研究所碩士論文，2003 年。

10. 林柏維，〈臺灣文化協會之研究〉，臺北市：中國文化大學歷史研究所碩士論文，1984 年。

11. 林素珍，〈日治後期的理蕃：傀儡與愚民的教化政策（1930～1945）〉，臺灣臺南：國立成功大學歷史研究所博士論文，2003 年。

12. 林麗卿，〈日治時期臺灣的社教團體與社會變革：以臺北州「同風會」為例〉，臺灣臺中：國立中興大學歷史研究所碩士論文，1997 年。

13. 洪麗完，〈清代臺中開發之研究（1683～1874）〉，臺灣臺中：東海大學歷史研究所碩士論文，1985 年。

14. 陳瑛，〈從「部落民」到「國民」：日據時期高砂青年團的教育性格〉，臺

灣新竹：清華大學社會人類學研究所碩士論文，1997年。

15. 陳大元，〈日治時期臺灣教化輔助團體之研究〉，臺灣臺中：東海大學歷史研究所碩士論文，1999年。

16. 陳進盛，〈日據時期臺灣鴉片漸禁政策之研究：1895～1930 年〉，臺北市：國立臺灣大學政治學研究所碩士論文，1988年。

17. 曾素秋，〈日治時期臺灣國家認同教育之探討（1895～1945）〉，臺北市：國立臺灣師範大學教育研究所博士論文，2002年。

18. 曾蓮馨，〈日治時期臺中州社會事業之研究（1920～1945）〉，臺灣桃園：國立中央大學歷史研究所碩士論文，1997年。

19. 游秀玟，〈殖民體制下的文化革新：1920年代的同風會與文化協會〉，臺北市：國立臺灣大學社會學研究所碩士論文，1995年。

20. 黃招憲，〈日本的青年活動研究〉，臺北市：中國文化大學日本研究所碩士論文，1986年。

21. 黃敏原，〈論教育與規訓：以日治時期臺灣的皇民化現象為例〉，臺北市：國立臺灣大學社會學研究所碩士論文，1998年。

22. 楊永彬，〈臺灣紳商與早期日本殖民政權的關係：1895～1905年〉，臺北市：國立臺灣大學歷史學研究所碩士論文，1996年。

23. 楊雅慧，〈戰時體制下的臺灣婦女（1937～1945）：日本殖民政府的教化與動員〉，臺灣新竹：國立清華大學歷史研究所碩士論文，1994年。

24. 楊境任，〈日治時期臺灣青年團之研究〉，臺灣桃園：國立中央大學歷史研究所碩士論文，2001年。

25. 詹茜如，〈日據時期臺灣的鄉土教育運動〉，臺北市：國立臺灣師範大學歷史研究所碩士論文，1993年。

26. 劉怡芬，〈日本殖民地時期臺灣的高等教育之研究〉，臺灣臺北：淡江大學日本研究所碩士論文，2003年。

27. 蔡易達，〈臺灣總督府基層統治組織之研究：保甲制度與警察〉，臺北市：中國文化大學日本研究所碩士論文，1988年。

28. 蔡明達，〈日據時期臺灣的實業學校與社會流動〉，臺北市：國立臺灣師範大學歷史研究所碩士論文，1999年。

29. 蔡欣雁，〈日治後期臺中州國家神道之傳播及影響（1931～1945）〉，臺灣臺中：東海大學歷史研究所碩士論文，1994年。

30. 蔡榮任，〈一種傅科權力技術的歷史性結構：從臺灣日治時期神社到戰後忠烈祠〉，臺灣臺南：國立成功大學建築研究所碩士論文，2001年。

31. 鄭麗玲，〈戰時體制下的臺灣社會（1937～1945）：治安、社會教化、軍事動員〉，臺灣新竹：國立清華大學歷史研究所碩士論文，1993年。

32. 賴珍寧，〈日治時期臺灣思想控制法令之研究〉，臺北市：中國文化大學
    史學研究所碩士論文，1995 年。

33. 謝振榮，〈日本殖民主義下臺灣衛生政策之研究〉，臺北市：中國文化大
    學日本研究所碩士論文，1989 年。

五、網路資料

1. 余傑，〈大東亞之夢〉大紀元網站：
   ttp://www.epochtimes.com/b5/4/9/6/n652343.htm（2006/12/25）。

2. 雅虎日本辭典網站：
   http://dic.yahoo.co.jp/dsearch?enc=UTF-8&p=%E9%83%A8%E8%90%BD
   &dtype=0&dname=0na&stype=0&pagenum=1&index=16296600（2007/03
   /14）

3. http://dic.yahoo.co.jp/dsearch?enc=UTF-8&p=%E7%B4%99%E8%8A%9D
   %E5%B1%85&stype=0&dtype=0（2007/03/14）